新編

九州の戦争遺跡

江浜 明徳

海鳥社

カバー・表紙・本扉デザイン／いのうえしんぢ

はじめに

二〇一二年に『九州の戦争遺跡』を出版してちょうど十年、続編『新装改訂版　九州の戦争遺跡』を出版してはや四年、この度最終版となる『新編　九州の戦争遺跡』を出版することになりました。戦争遺跡に関する書籍の出版を決意して、まさか十年間にわたり九州各地の戦争遺跡を調査し、三冊もの書籍を出版することができるとは自分では思いもしませんでした。これもさまざまな方々の支え、またさまざまなメディアに取り上げていただいたお蔭と心より感謝しております。

今回は前に出した著書の問題点などを検証し、戦争遺跡に関する文献やインターネット内の情報の正確な精査、細密な現地調査に努めました。また、前回・前々回から漏れていた、さらに新しく知りえた戦争遺跡を、九州本土だけでなく北は壱岐・対馬から南は種子島まで網羅しました。特に今回の現地調査で感じたのは、戦後七十七年を超え、前回にも増して貴重な戦争遺跡が消滅し、戦争・平和に関する民間の資料館が次々と閉館していることです。また、直接戦争体験を証言してくださる方もほとんどない状況になっています。しかし、一方で地域住民や平和団体、自治体の方々の努力により、戦争遺跡が整備・保存され、公営の資料館も各地に建設されていることに大きな希望を持つことができました。

今回も九州各地を調査して回って強く感じたのは、「銃後」と呼ばれた人々の苦難と犠牲の実態です。基地建設のため、愛する故郷を追われた人々、戦後返還されても原状復帰に血のにじむような努力をしなければならなかった人々、さらに返還されることもなかった人々、故郷への哀惜の碑さえ見ることができました。また、基地建設のために、お年寄りから女性を含む地元の人々や、上は現在の高校生にあたる旧制中学・高等女学校から、下は現在の小学生にあたる国民学校の生徒・児童などの学徒、さらに朝鮮半島・中国から徴用された多くの労働者、そして連合軍捕虜までもが過酷な労働に従事させられました。

また米軍の空襲を受けた都市や農村に建立された慰霊碑の犠牲者の芳名を見ると、ほとんどが女性・お年寄り・子どもばかりです。戦争がなければ楽しい学園生活を送っていたはずの生徒・児童が、軍需工場などの動員中に、また学校への空襲で多数犠牲になっています。かつて教育に携わった者として、二度とこのようなことがあってはいけないと本当に心が痛みます。また、南九州を前回同様調査して回ると、本土決戦のための軍事施設の遺構が数多く残されています。もしも米軍の上陸と本土決戦が行われていれば、どれだけの人が犠牲になり、戦場となった国土がどれだけ荒廃したか想像を絶します。今その遺構に立つと平和のありがたさが本当に心に伝わってきます。

さて、本書は前回同様、戦争遺跡とは「軍事的建造物・軍需工場・交通機関・記念碑・慰霊碑・空襲や銃撃跡・資料館など、戦争に関連するものすべて」と定義し、時代も明治期から戦後の占領期までとしました。さらに本書では以前掲載した重要な戦争遺跡を一部再掲載していますが、その際は可能な限り再調査を行い、再調査できないものは最新の資料・ホームページなどで確認して掲載しています。またアクセスについては車利用・公共交通・徒歩の場合など、さらにハイキングコースではコース・タイムを記載しておりますが、経路の選び方や個人差など、さまざまな状況で変化しますので、あくまで目安とお考え下さい。また、公共交通は減便・廃線になっていたり、コミュニティバスに変わっている場合もありますので、直接事業者にお尋ねください。

最後に、戦争遺跡が存続していくには、諸団体や各機関の努力だけでなく、一般市民の方々の関心がとても大事だと思っています。これら皆様方の関心や反響の大きさが戦争遺跡の保存や整備への大きな動きに繋がります。

本書を読まれて「近くにあるから」「ちょっと興味があるから」「名所旧跡の観光のついでに」など、どんなきっかけでも構いません。実際に戦争遺跡に行かれて、何かを感じていただければ、著者として読者の方々のお役に立つことができたと、心より嬉しく思います。

江浜明徳

新編　九州の戦争遺跡◉目次

はじめに　3

福岡県

博多区の疎開道路　博多区各地域……12
立石ガクブチ店内防空壕　福岡市博多区大博町……14
博多大空襲爆撃中心ポイント　福岡市博多区綱場町……16
九州飛行機試験飛行場跡　福岡市東区塩浜三丁目……18
海の中道海浜公園内掩体壕　福岡市東区西戸崎……20
油山観音（正覚寺）境内米軍捕虜処刑者慰霊地蔵　福岡市城南区東油山……23
小呂島砲台跡　福岡市西区小呂島……25
宗像大島津和瀬砲台跡　宗像市大島津和瀬……29
小倉城内陸軍司令部跡　北九州市小倉北区城内……32
富野堡塁　北九州市小倉北区小文字一丁目……34
砲台山高射砲陣地［ハイキングコース］　北九州市小倉北区足原・小倉南区湯川……36
高蔵山堡塁と砲台道［ハイキングコース］　小倉南区吉田……40
門司港駅渡船者監視所跡　北九州市門司区西海岸一丁目……45
北九州市門司区・小倉北区の軍馬関連遺構　北九州市門司区西海岸・門司区清見・小倉北区城内……47
日鉄鉱業二瀬鉱と捕虜収容所　飯塚市枝国……51
明治鉱業平山炭鉱と捕虜収容所　嘉穂郡桂川町土師……53
久留米師団と師団長官舎　久留米市諏訪野町……55
ＪＲ南久留米駅と軍事遺構　久留米市野中町……58
防空壕・弾薬庫に利用された楠名古墳・重定古墳　うきは市浮羽町朝田……61

佐賀県

鳥栖空襲と慰霊碑　鳥栖市藤木町……64
陸軍目達原飛行場跡と西往寺　神埼郡吉野ヶ里町立野・大曲……68

佐賀空襲と空爆焦土碑　佐賀市水ケ江……70
旭ケ岡公園内動員学徒戦没者慰霊碑　鹿島市高津原……72
大鶴炭鉱跡と「にあんちゃんの里」　唐津市肥前町入野・鶴牧……75
光明寺と大鶴礦業所殉職者之碑　唐津市肥前町入野……77

長崎県

生月砲台　平戸市生月町御崎……80
佐世保鎮守府凱旋記念館　佐世保市平瀬町……84
佐世保鎮守府防空指揮所跡　佐世保市平瀬町……87
佐世保鎮守府水道施設　佐世保市桜木町・瀬戸越町・野中町・十文野町……89
干尽・前畑地区旧軍需部倉庫群　佐世保市干尽町・前畑町……93
立神地区レンガ倉庫群　佐世保市立神町・平瀬町……96
第二十一海軍（大村）航空廠の防空壕跡　大村市古賀島町・松並一丁目・二丁目……99
面高砲台　西海市西海町面高郷……102
崎戸旧海軍防備隊聴音所跡　西海市崎戸町本郷……105
虚空蔵防空砲台跡　西海市西海町太田和郷……107
樺島の震洋基地と射堡　長崎市野母崎樺島町……110
牧島震洋基地　長崎市牧島町……112
雲仙普賢岳陸軍電探基地［ハイキングコース］　雲仙市小浜町雲仙……115
黒崎砲台跡　壱岐市郷ノ浦町新田触……118
大韓民國人慰霊碑と天徳寺　壱岐市芦辺町芦辺浦・諸吉大石触……121
上見坂砲台跡　対馬市厳原町北里……124
対馬要塞重砲兵連隊跡　対馬市美津島町鶏知甲……127
城山砲台跡［ハイキングコース］　対馬市美津島町黒瀬……129
姫神山砲台跡　対馬市美津島町緒方……132
棹崎砲台跡　対馬市上県町佐護西里……135
豊砲台跡　対馬市上対馬町鰐浦……138

熊本県

玉名（大浜）飛行場跡　玉名市大浜・北牟田……142
菊池（花房）飛行場跡　菊池市泗水町吉富……145
三菱重工業熊本航空機製作所地下工場跡
熊本市北区龍田町弓削……148
人吉海軍航空隊基地と資料館　球磨郡錦町木上……150
宮地飛行場　阿蘇市一の宮町宮地……154
天草海軍航空隊跡　天草市佐伊津町……156
熊本第二陸軍造兵廠荒尾製造所［ウォーキングコース］
荒尾市荒尾・増永・川登……159

大分県

豊後森機関庫跡　玖珠郡玖珠町帆足……166
駅館川右岸の地下壕跡
宇佐市金屋・高森・川部・上田・宝鏡寺・樋田……169
日出城内の戦争遺跡　速水郡日出町日出城内……175
賀来餅田の地下弾薬庫　大分市賀来……178
伊号潜水艦殉難者慰霊碑・荼毘之地碑
佐伯市上浦津井浦……180
丹賀砲台跡　佐伯市鶴見丹賀浦……183
佐伯海軍航空隊跡　佐伯市鶴谷町・東町・東浜……186
佐伯海軍航空隊引込線と地下壕
佐伯市駅前・野岡町・東町・鶴谷町・中江町……189

宮崎県

延岡空襲殉難碑　延岡市山下町・浜砂一丁目……194
赤水震洋基地　延岡市赤水町……197
特攻第一二一震洋隊細島基地跡　日向市細島……199
爆死学童の慰霊碑　日向市東郷町山陰……201
島浦島空襲慰霊碑　延岡市島浦町……203
都城陸軍墓地　都城市都島町……206
母智丘公園入口のトーチカ　都城市横市町……208
宮崎海軍航空隊遺構Ⅰ　宮崎市田吉・赤江……210

宮崎海軍航空隊遺構Ⅱ　宮崎市本郷北方・本郷南方……212

鹿児島県

出水海軍航空基地跡　出水市知識町・平和町・大野原町……216
天狗鼻海軍望楼台　薩摩川内市寄田町……222
溝辺上床運動公園内特攻慰霊碑　霧島市溝辺町麓……225
バレル・バレープラハ＆GEN内慰霊碑と特攻記念館　霧島市溝辺町麓……227
指宿海軍航空基地跡　指宿市東方……229
権現島水際陣地跡　志布志市帖……233
内之浦砲台跡　海蔵地区要塞跡　肝属郡肝付町北方海蔵……235
岩川海軍航空基地跡　曽於市月野大田尾・志布志市松山町西馬場……238
万世飛行場跡　南さつま市加世田高橋……241
九州海軍航空隊種子島基地跡　熊毛郡中種子町増田……244

戦争・平和資料館

能古博物館　福岡市西区能古……250
北九州市平和のまちミュージアム　北九州市小倉北区城内……253
兵士・庶民の戦争資料館　福岡県鞍手郡小竹町御徳……256
宇佐空の郷　大分県宇佐市江須賀……258
佐伯市平和祈念館やわらぎ　大分県佐伯市鶴谷町……261

参考文献　265
あとがき　270

戦争遺跡の探訪にあたって

戦争遺跡は民有地や国有地にあることも多いため、見学の際は必ず周囲の標識の指示に従い、むやみに敷地内に進入しないこと

防空壕や掩体壕跡などは崩落の危険もあるため、個人の判断でなかには入らないこと

見学の際に事前連絡が必要な場合は、当日の連絡にならないよう、それ以前に早目に連絡すること

山中の戦争遺跡を探訪する際は、登山靴や運動靴を使用すること

福岡県

博多区の疎開道路

博多区各地域

「疎開」という言葉を聞けば学童疎開を想起する人が多いが、これとは別に戦時中の全国の主要都市で「建物疎開」や、「疎開道路」の建設が行われた。

　これは空襲による火災の際、延焼を食い止めたり、重要施設を守る目的で、既存の道路を拡張したり、新設したり、空き地を造ることであり、家屋は強制買収され破壊された。

　博多区中心部は戦前より家屋密集地帯であり、昭和二十（一九四五）年二月から青年団・消防団・在郷軍人会などの手によって作業が行われたが、福岡市内だけで一万五千戸の家屋が撤去された。まず既存の道路の拡張例としては、櫛田神社北門から博多埠頭入口に至る土居通りや、旧博多駅前から築港に至る大博通りである。ちなみに土居通りは天正十五（一五八七）年の博多復興計画、いわゆる「太閤町割《たいこうまちわり》」の土居流《ながれ》、大博通りは呉服町流にあたる。

　新設道路としては、冷泉公園から聖《しょう》福《ふく》寺《じ》西側に至る道路、聖福寺北側から明治通りの呉服町と蓮池の中間地点に至る道路で、この二つは繋がる予定であったが終戦には間に合わず、戦後の都市計画により連結された。また、この道路は現在「疎開道路」と名づけられ、道路標識にも表示されている。

　もう一つは戦前から計画されていた石堂大橋から中央区荒戸《あらと》に至る東西方向の幹線道路で、一部は完成し

冷泉公園から聖福寺西側にいたる疎開道路

ていたが、これも終戦により中断され、その後、戦後の都市計画により五〇メートル道路、現在の「昭和通り」となった。このように、疎開道路として拡張された太閤町割の道路である「流」や、終戦には間に合わなかった新設疎開道路が、戦後の都市復興計画道路となっている例が多い。

聖福寺北側から明治通りの呉服町と蓮池の中間地点に至る疎開道路

【アクセス】
福岡都市高速道路天神インター・呉服町インターより昭和通り・大博通り・土居通り・疎開道路へ
福岡市営地下鉄▽中洲川端駅・呉服町駅・祇園駅下車すぐ
西鉄バス▽中洲川端博多座前・土居町・呉服町・蔵本・奥の堂下車すぐ

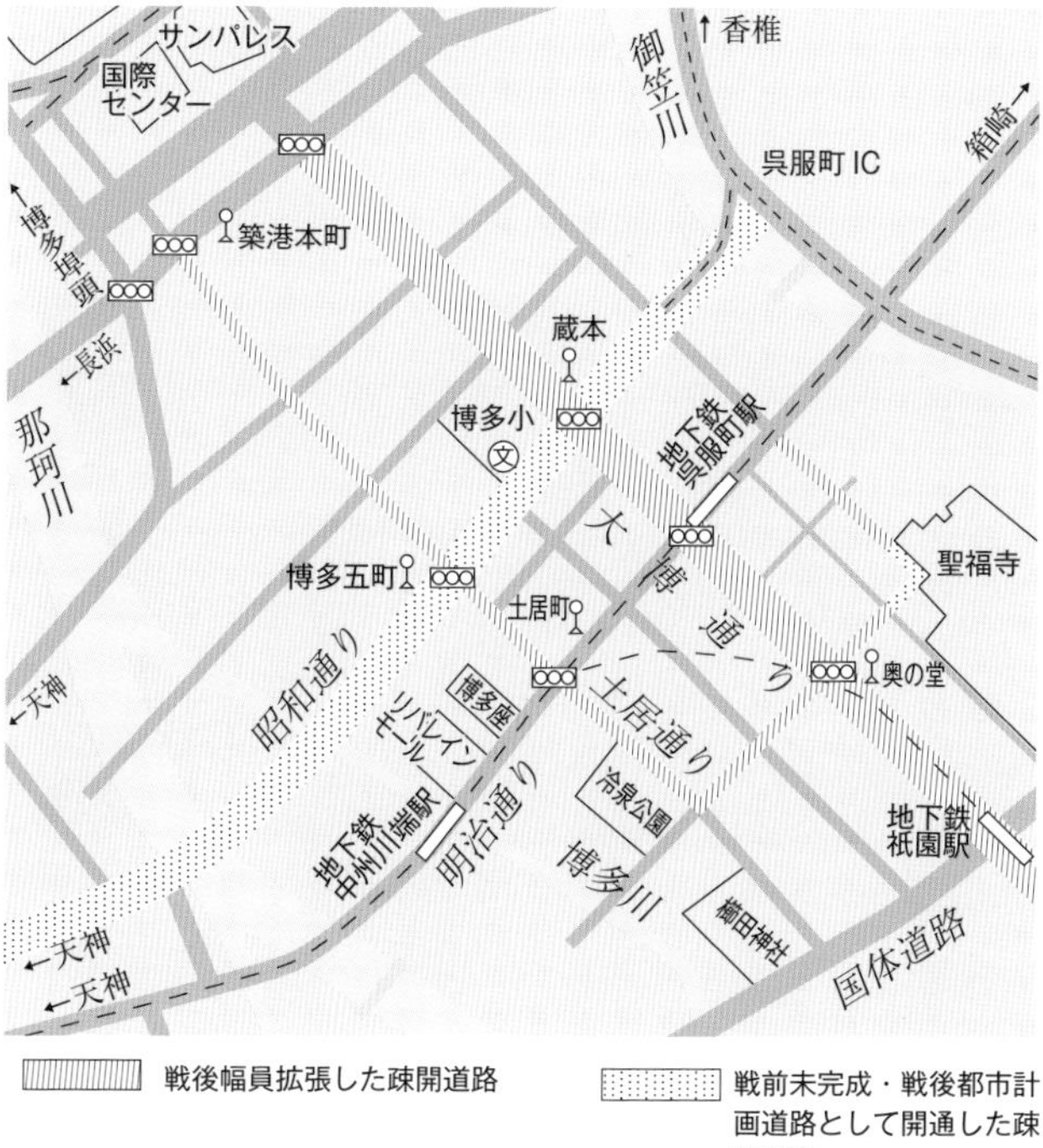

戦後幅員拡張した疎開道路

戦前未完成・戦後都市計画道路として開通した疎開道路

立石ガクブチ店内防空壕

福岡市博多区大博町

大博通りを神屋町方面に進んで右の流灌頂《ながれかんじょう》通りに曲がると、古い博多の「町屋《まちや》」が残っている。その一軒に築百年を超える「立石《たていし》ガクブチ店」がある。この店内に防空壕が残されており、見学することができる。

立石ガクブチ店外観

この防空壕は店主立石武泰《たけやす》さんの祖父が終戦の一年前に店舗の地下に造ったもので、広さは約四平方メートル、側面はコンクリートで固めた頑丈なものであった。昭和二十（一九四五）年六月十九日の福岡大空襲の際は、祖父ら家族三人が逃げ込み、爆撃機が去ったあと東約二キロの公園に避難して助かったが、床下に簡単な防空壕しか造ることができなかった家庭は、家屋が燃え落ちて亡くなった方も多かったとのことである。

現在立石さんが防空壕の公開に踏み切ったのは『福岡の戦争遺跡を歩く』（海鳥社）の著者であり、福岡の空襲の証言や戦争遺跡の保存に尽力されていた故川口勝彦さんのアドバイスによるものである。その防空壕は店舗の床面の一段上の板の間の地下にあり、板製の

店舗の地下につくられた防空壕は一般公開されている

扉を開くと人一人やっと入れる竪穴がある。その先が防空壕本体であるが、以前の地震や付近の再開発工事などの影響で大部分が埋まり、今は小学生が入れる程度である。実際小学校の平和授業で生徒に入ってもらったが、「暗い、怖い、一人じゃ入れない」との感想だったそうだ。

また立石さんは博多の歴史や文化を発信する「ハカタ・リバイバル・プラン」の会長もされておられ、自宅の町屋を開放したり、博多地区に歴史や文化を説明する看板を設置したり、語り部会を開いておられる。博多の街を心より愛されているからこそ、この防空壕を保存・公開されているのであろう。ぜひ一度訪問されてはいかがだろうか。

【アクセス】
福岡都市高速道路呉服町インターより車ですぐ
西鉄バス▽神屋町下車すぐ
【立石ガクブチ店】
TEL ０９２（２８１）４００８

博多大空襲爆撃中心ポイント

福岡市博多区綱場町

昭和二十（一九四五）年六月十九日、福岡市は米軍による大規模な空襲を受け、死者九〇二名・負傷者一〇七八名・行方不明者二四四名・罹災家屋一万二六九三戸・罹災者六万五九九九名という甚大な被害を出した。米軍は都市部を爆撃する場合は、あらかじめ偵察機で上空から航空写真を撮り、それを張り合わせたリト・モザイク（石版集成図）と呼ばれる精密な写真を作り、そのなかに爆撃中心ポイント・主要爆撃箇所などの印を付け、爆撃機の搭乗員に持参させた。

米軍側の資料から福岡市の場合、爆撃中心ポイントは中央区は赤坂門交差点付近、博多区は呉服町交差点付近とされてきたが、正確な位置は不明であった。

立石ガクブチ店店主で博多の歴史を紹介する看板を電柱に取り付ける活動などをしておられる、「ハカタ・リバイバル・プラン」の会長立石武泰《たけやす》さんは、アメリカ公文書館から手に入れた写真から、正確な博多区の爆撃中心ポイントは、呉服町交差点よりやや北西、綱《つな》場《ば》町内の交差点と確定し、令和二（二〇二〇）年、空襲の日にあたる六月十九日に、その交差点に建つ電信柱に「博多大空襲爆撃中心ポイント」の題字と説明文、米軍の航空写真が表示された看板を設置された。

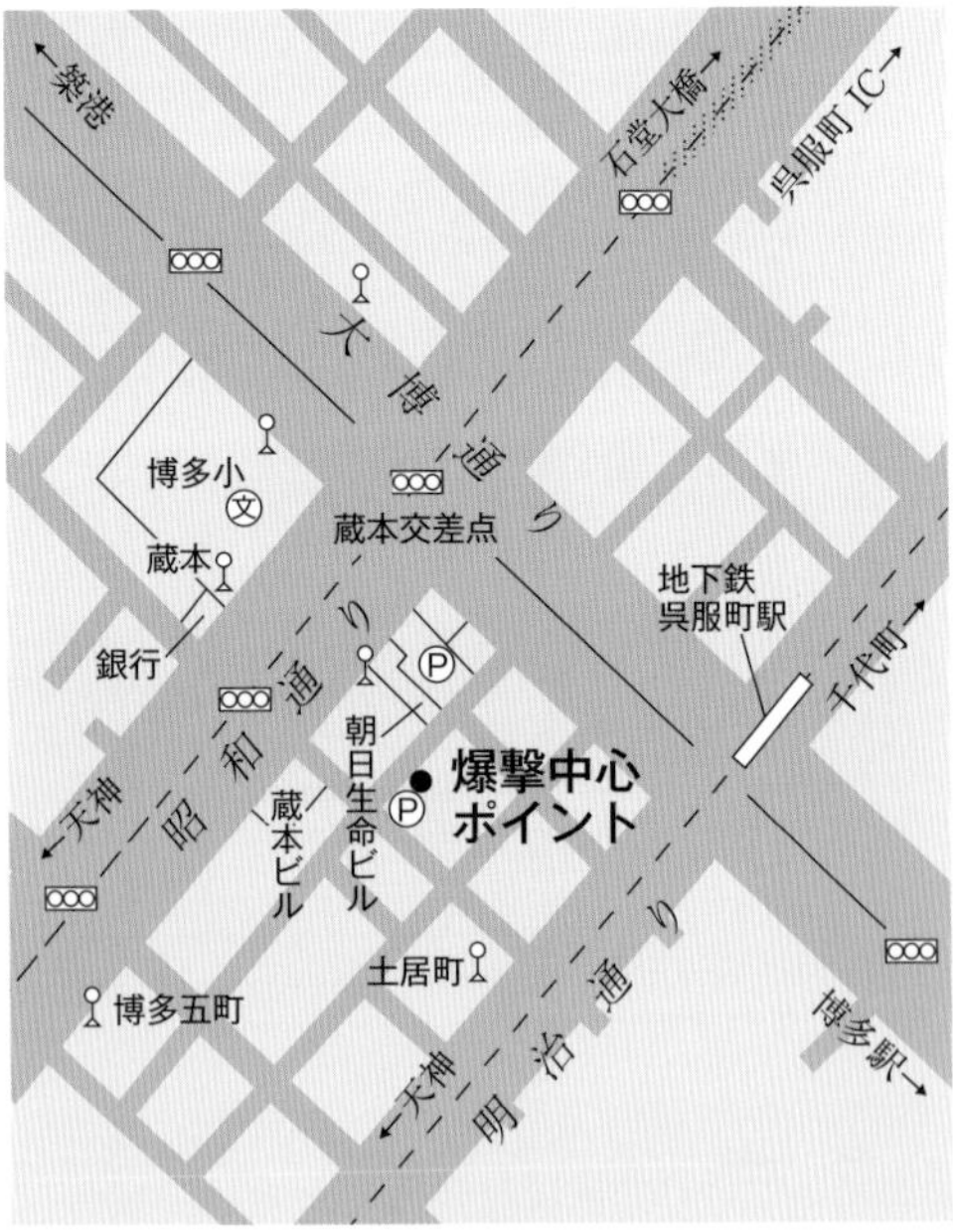

なぜ爆撃中心ポイントは呉服町交差点やその少し北

の蔵本交差点のような大きな交差点ではなく、現在は見落としそうなこの交差点なのか立石さんに問い合わせたところ、戦前は現在のメインストリート大博通りや昭和通りは未完成であったこと、実はこの交差点付近が博多地区の最大の繁華街でしかも人口密集地帯であったこと、ここを中心にして爆撃すれば市民に最も大きな被害を及ぼすことができたからであるとの回答であった。

　また、この写真には中心ポイントを偽装するため、爆撃予定にない港湾施設などにも印がされていたとのことであった。

「ハカタ・リバイバル・プラン」が爆撃中心ポイントに設置した説明板

　筆者も所有していた戦前の博多の地図や資料から、この交差点は安土桃山時代の「太閤町割《たいこうまちわり》」の縦筋「西町流《ながれ》」（博多山笠の通過ルート）と、横筋の「石堂流」（江戸時代に唐津街道として利用）の交差する重要な地点であることも分かった。

　この爆撃中心ポイントのある交差点は、蔵本交差点から見て南西、昭和通りから一つ南側の道筋と大博通りから一つ西側の道筋が交わる所にあり、交差点の電柱に説明板が取り付けられている。今はうっかりすると通り過ぎてしまいそうな場所であるが、戦前は博多で最も栄え人々が集まっていた場所ゆえに爆撃中心ポイントに選ばれて、多くの人々が家を焼かれ死傷するという戦争の残酷さを物語っている。

【アクセス】
福岡市都市高速道路呉服町インターより車ですぐ
福岡市営地下鉄▽呉服町駅下車⇩徒歩5分
西鉄バス▽蔵本下車すぐ

九州飛行機試験飛行場跡

福岡市東区塩浜三丁目

東区和白《わじろ》から海の中道に向かう県道59号線に入り、塩浜地区まで来ると道路から海側に平地が広がる。これは江戸時代に作られた干拓地であり、西側から「一の開《かい》」「二の開」とよばれている。そのうち「一の開」は現在農地・ポンプ場・福岡工業大学のグラウンドなどに利用されているが、昭和十五（一九四〇）年、その一角に「九州飛行機（旧渡邊鉄工所）」の軍用水上機試験飛行場（格納庫・スロープ）が建設された。そこでは搬入された海軍の零式三座《れいしきさんざ》水上偵察機が格納庫から引き出され、海岸に設置されたコンクリート製のスロープ（「スベリ」とよばれた）から博多湾内に入り、そこから試験飛行を実施した。

戦後この施設は米軍に接収され、昭和二十二年、この格納庫は米軍専用のキャバレー（通称「博多・ベイサイド・キャバレー」）となり、利用する米兵・日本人ホステスのために臨時停車場まで開設された。また、日本人従業員が飲み残しのビールをバケツに回収し、「廃ビール」と称して地元の人に配ったり、町内行事や宴会に使ったという話も残っている。

九州飛行機の軍用水上機試験飛行場のスロープの跡

施設返還後格納庫は解体されて更地となり、一時福岡県警の射撃場に利用されていた時期もあったが、現在は干拓地の排水を行う「塩浜ポンプ場」が建設されている。

この試験飛行場の跡として唯一残っているのが、スロープ（スベリ）である。ポンプ場前から海岸に向かう遊歩道があるが、ちょうど海岸に出た所に展望台があり、そこから下を見るとコンクリート製のスロープが博多湾に向かって伸びている。しかし降りてみると表面は波に洗われてかなり風化が進んでおり、保護措置をしなければいつか消滅してしまう可能性も大きい。また、案内板・説明板などがあれば、この遊歩道を利用する市民の方の関心も深まるのではないかと思う。

大潮の干潮の時に行けばスロープの全容がよりわかりやすいので、行かれる時は潮見表を確認した方がよい。

水上偵察機がこのスロープから博多湾内に入り、試験飛行が実施されていた

【アクセス】
福岡都市高速道路香椎インターより車で10分
ＪＲ▽香椎線和白駅下車⇩徒歩15分
西鉄電車▽貝塚線和白駅下車⇩徒歩15分
西鉄バス▽塩浜下車⇩徒歩10分

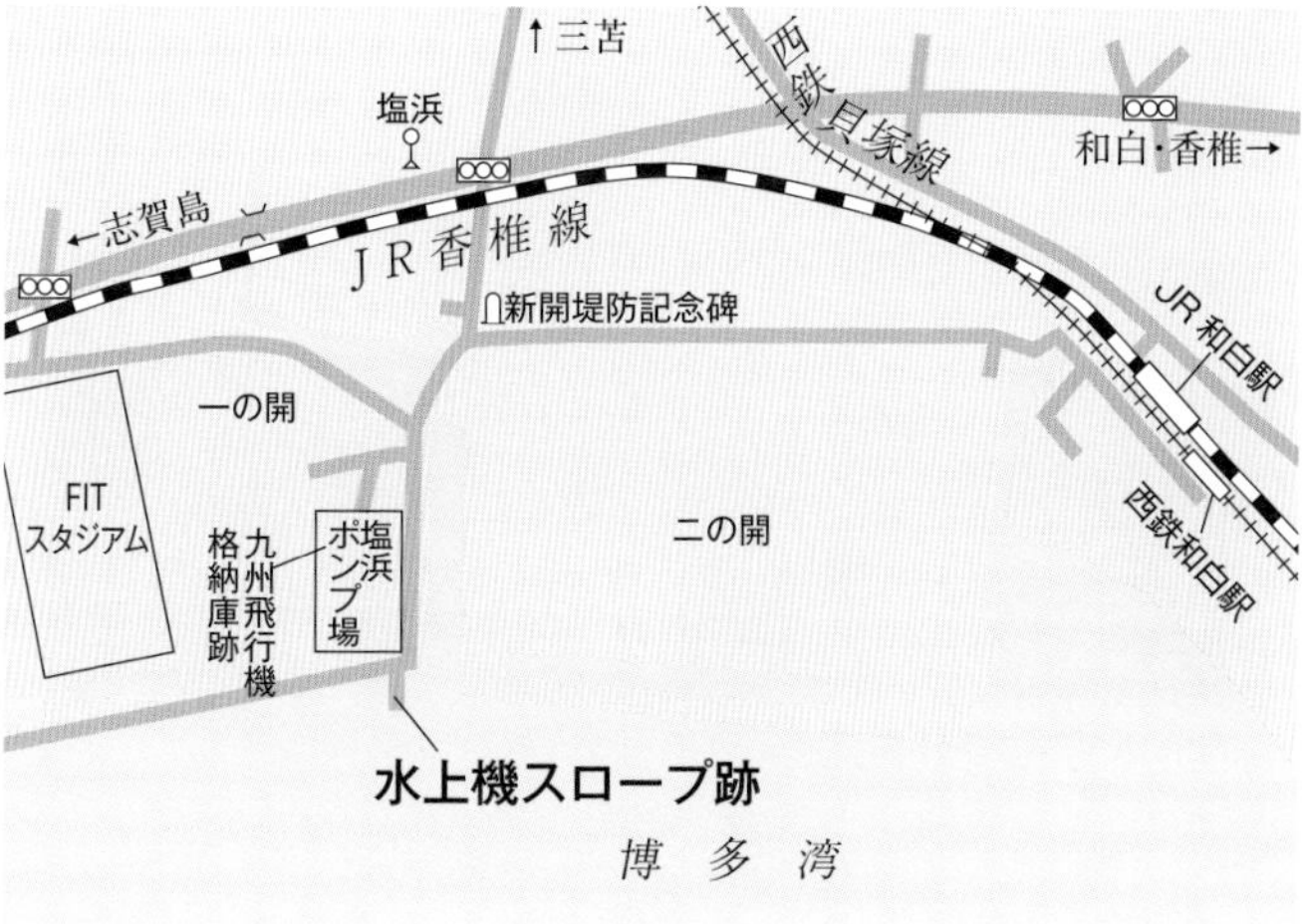

海の中道海浜公園内掩体壕

福岡市東区西戸崎

現在の国営海の中道海浜公園とその周辺は、戦時中海軍基地や軍用機の工場が建設されていた。

まず、昭和十五（一九四〇）年、博多海軍航空隊本部が現在「マリンワールド海の中道」とホテルがある地域に、そしてその航空施設が海の中道海浜公園とゴルフ場がある地域に設置された。

それは水陸両用の施設で、長さ九〇〇メートル・幅七〇〇メートルの滑走路、長さ六〇メートル・幅一二メートルの水上機用の設備、五十八基の掩体壕、誘導路などが造られた。このうち誘導路建設には学徒動員で久留米の中学明善校（現在の福岡県立明善高等学校）の生徒まで使われたとのことである。また、この場所に昭和十七年、九州飛行機（旧渡邊鉄工所）の飛行機組立工場と試験場が建設された。終戦後これらの施設は占領軍が接収し、キャンプ博多とよばれる基地となっていたが、昭和四十七年に返還され現在に至っている。

遊歩道から見える馬蹄形の起伏が無蓋掩体壕

遺構としては、海の中道海浜公園とそれに隣接する「海の中道青少年海の家」のなかに掩体壕が二十基以上現存している。また海浜公園・海の家の敷地内の自転車道・遊歩道の多くが誘導路跡を利用したものである。

この掩体壕を見るには海浜公園西口から入園し、サイクリングセンターで自転車を借り公園西端に向かうのが便利である。やがて海の家との境界の松林のなかに、馬蹄形の起伏が数カ所見えてくるが、これが航空基地の無蓋掩体壕である。さらに進むと海の家に向かう遊歩道入口があるが、海の家の敷地は自転車進入禁止なので、「サイクルP3」と表示された駐輪場に自転車を置いて徒歩で遊歩道に入ると、道の両側に次々と掩体壕が現れる。さらに海の家敷地内の周回遊歩道の両側にも掩体壕が散在する。

敷地内には 20 基以上の無蓋掩体壕が確認できる

　この掩体壕の大きさはさまざまであるが、高さは二メートル程度で小型機用と思われる。また、誘導路の両側の掩体壕は向き合わないようにずらして設置されている。筆者が確認できた掩体壕の数はほぼ原型を保っているもの十九基、道路で寸断されたもの三基、原型を留めないもの二基、合計二十四基であった。海浜公園・海の家に来る機会があったらぜひ見学されてはいかがだろうか。

大きさはさまざまだが小型機用のものと思われる

【アクセス】
福岡都市高速道路香椎浜インターより車で20分
アイランドシティインターより車で10分
福岡市営渡船▽西戸崎下船⇩公園西口まで徒歩10分
JR▽香椎線西戸崎駅下車⇩公園西口まで徒歩7分
西鉄バス▽西戸崎駅前下車⇩公園西口まで徒歩7分

【海の中道海浜公園】
入園料▼15歳以上450円・65歳以上210円・中学生以下無料
開園時間▼3月1日〜10月31日＝9：30〜17：30／11月1日〜2月末＝9：30〜17：00
休園日▼12月31日・1月1日・2月第1月曜日とその翌日
レンタサイクル料金▼3時間まで大人500円（延長30分100円）・小人300円（延長30分30円）／1日乗り放題大人700円・小人400円
※一番近い公園西口から掩体壕のある所まで、徒歩なら約25分かかる。サイクルセンターから自転車なら約5分で着くので、自転車利用をお勧めする。なお、海の家敷地内は自転車進入禁止なので徒歩で回ることになる。全部見て回ると約1時間かかる。

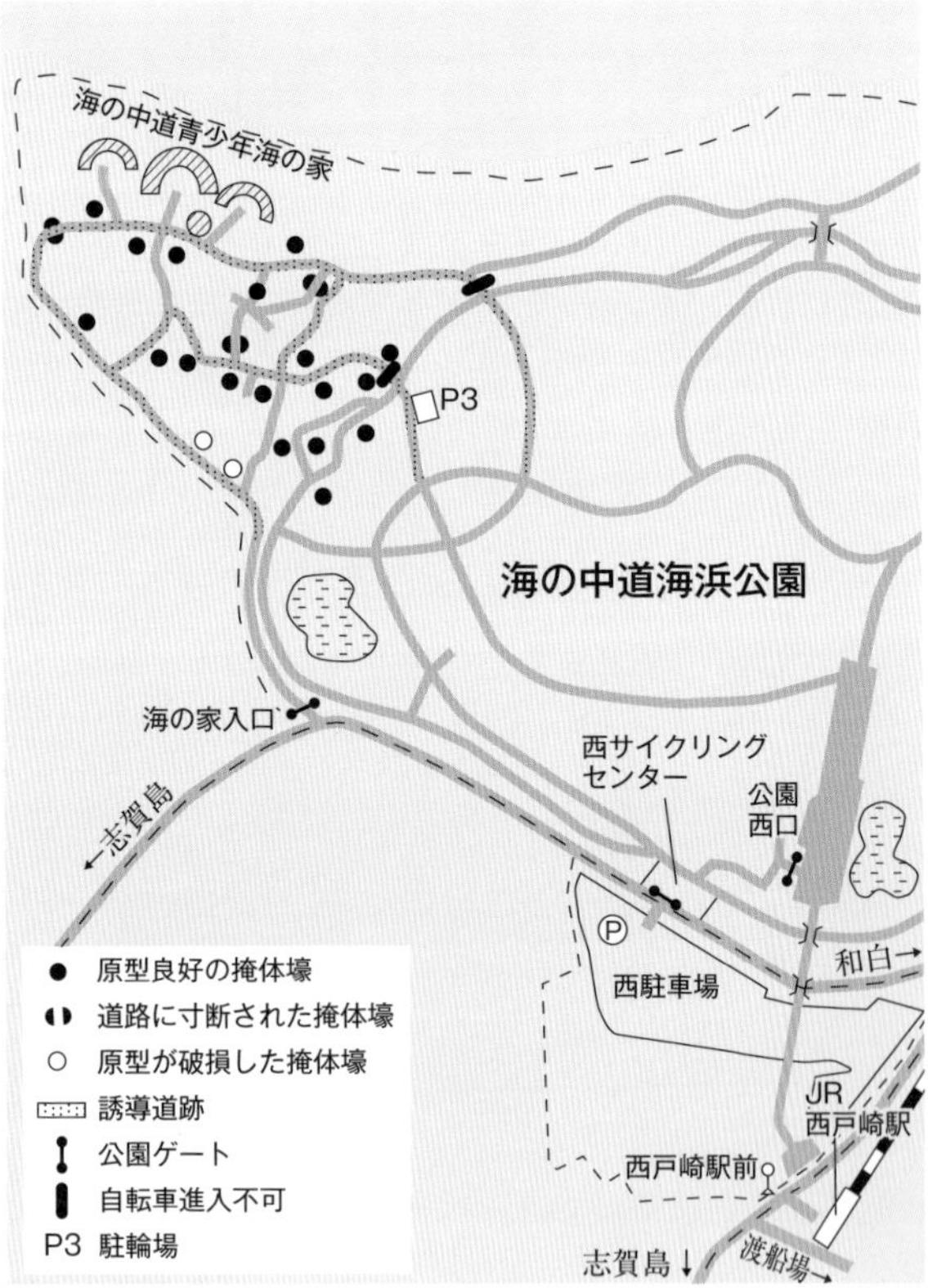

油山観音（正覚寺）境内
米軍捕虜処刑者慰霊地蔵

福岡市城南区東油山

福岡市の南部油山の中腹に油山観音の名前で知られる正覚寺《しょうかくじ》があるが、その境内に終戦直前に処刑された米軍捕虜を慰霊する地蔵が安置されている。

昭和二十（一九四五）年六月十九日福岡市は米軍による大規模な空襲を受け、二千名を超える市民が死傷した。その報復として翌日、福岡城内にあった西部軍捕虜収容所の米軍捕虜八名が、西部軍が接収していた福岡市第一高等女学校運動場（現福岡市立赤坂小学校）で斬殺された。

処刑にあたった者のなかには空襲で母を亡くし、復讐心に駆られた陸軍の青年将校がおり、捕虜四名を処刑している。戦後彼は戦犯として死刑を宣告され、その後減刑により十年間服役したが、自らの行為を深く悔い、出所後自宅の庭に自分が処刑した米軍捕虜の慰霊のため四体の地蔵を安置し祈りを捧げた。

この件に関する「西日本新聞」の記事によると、彼の死後この四体の地蔵は油山観音境内に移されているが、これは自決を覚悟した彼を当時の油山観音の住職が説得して翻意させたのが縁であったという。そして戦後七十五年の節目となる令和二（二〇二〇）年、六月二十日、故人となった当事者の三男、この事件を調査している歴史研究家の深尾裕之氏同席のもと正覚寺住職の読経により、この事件の八名の犠牲者を含む十六名の米軍捕虜の慰霊祭が行われた。

正覚寺境内にたたずむ４体の地蔵尊

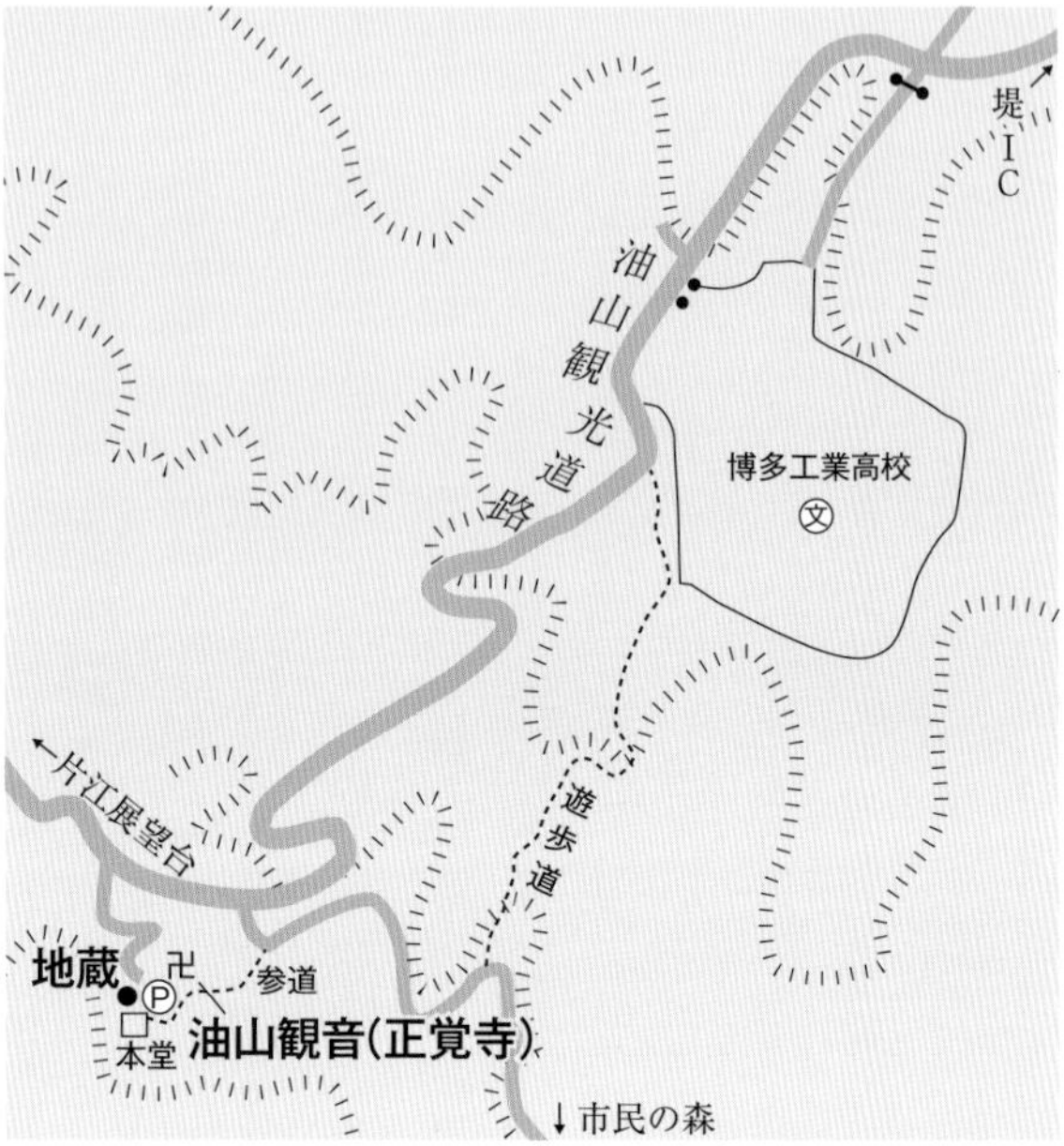

このことについて犠牲者の一人ロバート＝アスピール曹長の息子のラリーさんからは「戦争は善良な人々を敵味方に分けて恐ろしいことをさせる。だから過去のことに罪悪感を持つ必要はありません。戦争という悲劇の記憶を平和という困難な仕事をする意欲に変えていきましょう」とのメッセージがあったという。

油山観音に行くには、油山観光道路経由で油山中腹まで来ると道は左右に分かれ、右は片江展望台に行く道、左は市民の森に行く道になる。車の場合右手に少し行くと、左手に油山観音の駐車場に登る車道があり、すぐ寺務所のある駐車場に出る。ここから左手の本堂に向かうと、本堂右手の山の斜面下に四体の地蔵があるが、案内板などは特にない。地蔵安置の場所がわからない場合は寺務所で聞けば教えてもらえる。

徒歩の場合は先ほどの分岐を左に少し行くと油山観音への参道があり、そこを登ると石の山門があり、階段をあがると本堂正面に出るので右手に回ると地蔵が安置されている場所に着く。

【アクセス】

福岡都市高速道路堤インターより車で10分

西鉄バス▽油山下車⇩徒歩25分（途中から遊歩道を経由することもできるが、険しい所もあるので車道経由の方が安全である。なお、所要時間はどちらのコースも同じ）

小呂島砲台跡

福岡市西区小呂島

小呂島《おろのしま》は連絡船の出る西区の姪浜渡船場から約四〇キロ、玄界灘に浮かぶ絶海の孤島で、面積は僅か〇・四三平方キロメートル・人口約二〇〇人である。漁業が盛んで、釣り人にも人気の島であるが、戦前は対馬海峡方面を防御する壱岐要塞の一つ、小呂島砲台が設置されていた。

この砲台は島の北端の高地に昭和十（一九三五）年に着工、昭和十二年に完成した。ここには一五センチカノン砲を装備した砲台が四カ所、弾薬庫が二カ所、また島の最高地点（標高一〇九メートル）に海軍の望楼（監視哨）などがあり、陸軍の兵士二〇〇〜三〇〇名、海軍の兵士三〇〜六〇名が駐屯していた。終戦までにこの砲台は一度も実戦に使用されることはなかったが、終戦直前の七月三十日には小呂島近海で、輸送船が米軍機に攻撃され兵士四名が死亡、また八月五日には空襲があり、島民の犠牲者はいなかったものの焼夷弾によって民家の大部分が焼失した。

砲台跡はよく元型をとどめている

弾薬庫の出入口

戦後砲台や関連施設は廃棄されたが、島の北端まで行けばその遺構を見ることができる。そこに行くには、港から右にカーブする車道を登るが、この道路は砲台まで続くかつての軍用道路である。この道路をさらに北に向かって進むとやがてハシルクラとよばれる峠に差し掛かるが、かつてここには歩哨が立ち、その先は島民の立入が禁止されていた。ここから見える福岡市

格子状の鉄筋で補強された弾薬庫の内部

立小呂小中学校の敷地は陸軍の兵舎、その一段下の雨水ダムは海軍の兵舎があった所である。

坂を下って学校の入口まで来ると砲台の案内板があり、さらに校庭に入ると生徒が作った詳しい案内板がある。この案内板に従って校舎の裏側からロープの付いた急坂を登ると雑木林のなかに円形のコンクリート製の砲台跡があり、良く原型を留めている。すぐその先に小山のような、頂部を土で覆われた第一弾薬庫がある。爆風を防ぐためにカーブした出入口が二カ所ある。なかに入ると主室と副室に分かれた内部はかなり広く、コンクリート製の壁は格子状の鉄筋で補強されている。これは奄美大島の手安《てあん》弾薬庫と同じ構造であり、軍の建造モデルがあると思われる。ここを出るとその先に砲台跡と思われる盛土と窪地が見えるが藪になっているので近づくことはできない。

ここから学校入口まで同じ道を引き返し、案内板に従って右の歩道に進むとすぐ右手に第二弾薬庫へ向かう道があるが、足元は草が茂る悪路である。やがて小山のような弾薬庫が見えてくるが、手前には素掘りの防空壕のような施設がある。弾薬庫の正面の出入口か

望楼の入口（左）と2階の監視哨（右）

ら入ると内部は前述の第一弾薬庫と同じ構造になっているが、もう一つの出入口は籔になっていて通行不能なので、正面の出入口から出て同じ道を引き返す。

もとの道に戻って少し進むと右側に、海軍望楼への標識があり、よく整備されてロープが付けられた遊歩道があるので、ここを登るとすぐにコンクリート製の二階建ての望楼が現れる。一階はかなり広く、厨房やトイレも設置された居住区域で、階段を上がった二階は大きな窓がある監視哨となっている。現在は繁茂する樹木のため窓から何も見えないが、望楼の右側の小道を最北端まで行くと玄界灘が一望できる。また、望楼の左側には水槽跡と「海軍借地」と刻まれた石碑がある。

遊歩道を下って右に進むと、学校敷地側の急傾斜にコンクリート製の煙突状の建造物が二つ見える。これは防空壕の換気塔であり、その下に発電機用のコンクリート製の頑丈な防空壕がある。再びもとの道を下って校内に入りその斜面を見ると金網で塞がれた穴が数カ所あった。たまたまおられた学校用務員さんに聞くと、駐屯していた兵士の防空壕であるとのことであった。また、現在の生徒数は小中学校合せて十名前後で、この生徒たちが自分の島の戦争遺跡を熱心に学習し、手作りの案内板を作り、その保護の手

防空壕の換気塔

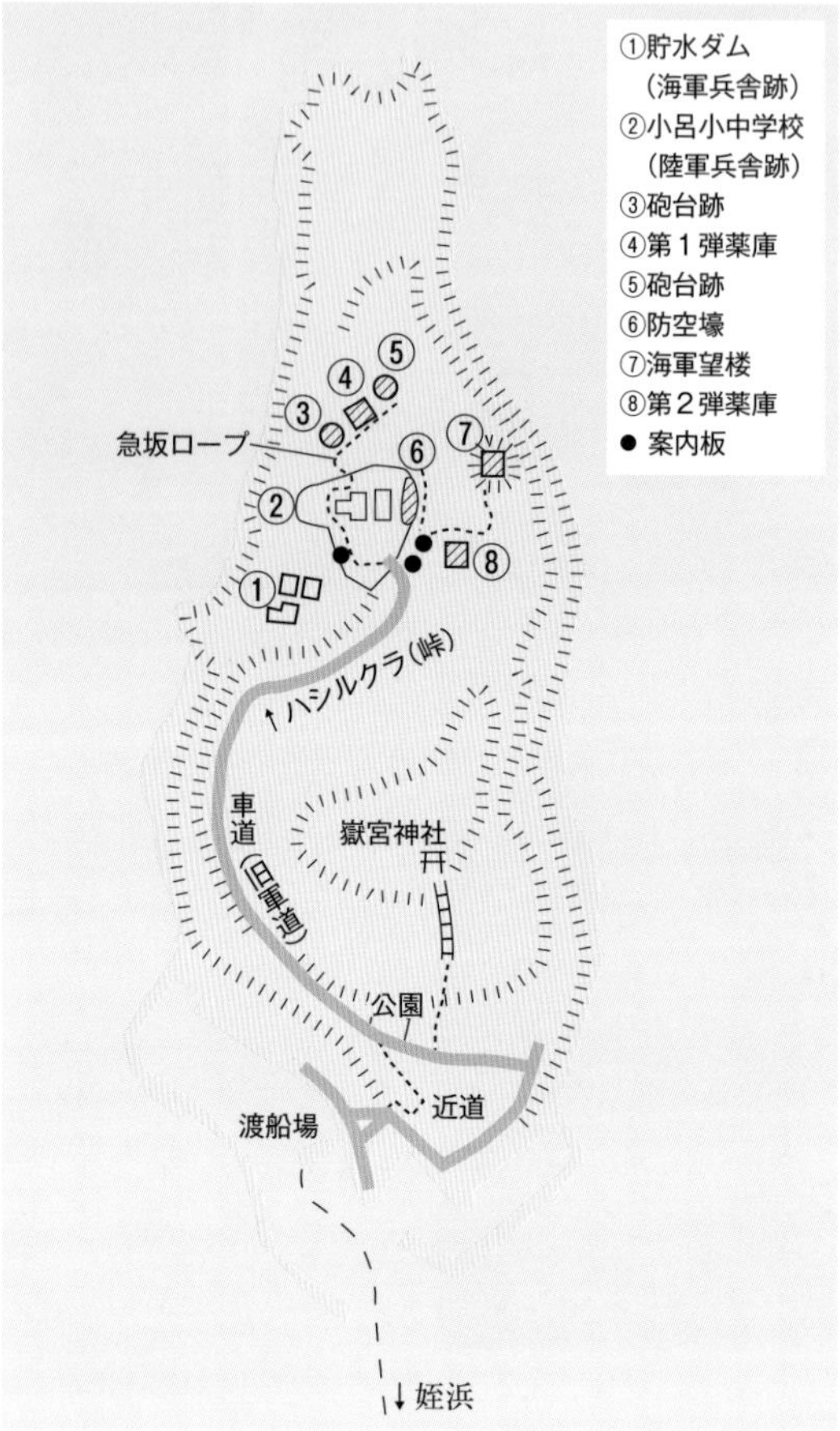

助けをしていることにも感心させられた。また各所に案内板を設置し、道を整備していただいた島民の方々の好意に頭が下がる思いである。

【アクセス】

西鉄バス▽能古渡船場下車、車の場合は渡船場横の有料駐車場に停める

能古渡船場より小呂島まで連絡船で65分（月水金は15：00発の1便のみで日帰り不可／火木土日は9：00・15：00発の2便で姪浜9：00で乗船して小呂島発13：20に乗船すれば日帰り可）

上陸後港から車道経由で小呂小中学校入口まで徒歩15分

小呂小中学校入口から砲台・第1弾薬庫まで徒歩5分、第2弾薬庫まで徒歩3分、海軍望楼まで徒歩5分

※小呂島航路は波が高い場合は欠航する可能性が高い。出発前に必ず運行状況を「姪浜旅客待合所」＝TEL092（881）8709＝に問い合わせること。また、島に渡っても帰りの便が欠航し、島に足止めされる場合もある。宿泊施設や飲食店はないので注意。

※砲台とその関連施設がある所は、急斜面で滑りやすいので運動靴を用意すること。

※山林内は迷いやすいので案内板に表示されたコースから外れないように。また、勝手に私有地・農地などに立ち入らないこと。

宗像大島津和瀬砲台跡

宗像市大島津和瀬

宗像《むなかた》大島北西部にある大島砲台は昭和十一（一九三六）年に建設され、現在はよく整備され観光地となっている。しかし、あまり知られていないがこの宗像大島にはもう一つ、終戦末期島の南西部に津和瀬砲台が建設されている。これは大島砲台が島の小高い所にあり、敵機の爆撃を受けやすいとの理由で、秘匿性の高い場所に砲台を移設する必要があったからである。

『下関重砲兵聯隊史』（下関重砲兵聯隊史刊行会）によると、島の南西部津和瀬集落の南側の丘陵地に昭和二十年二月に砲台構築を開始したが、地質が悪く断念。同年八月、さらに南東部の丘陵地に砲台構築を再開し、終戦寸前に完成、大島砲台から一五センチカノン砲二門を移設した。しかし、この砲台は試射することもなく終戦を迎え、砲台は廃棄され、砲弾は住民の協力のもと海中に投棄された。

この砲台に行くには津和瀬集落の手前から左手の農道に入り、砲

砲台建設の際に攪拌中のセメントが放棄されたもの

弾薬庫か倉庫の跡と思われる洞窟

素掘りの砲台入口

台道が通っていた谷間に入る。しかし、現在この谷間は灌木《かんぼく》や竹林によって通行が困難であり、左手の尾根を迂回し谷の奥から鞍部に向かうことになる。また、その谷間の手前に農道の分岐があり、左に入ると廃屋がある。その先は雑草や灌木に覆われているが、そこを少し進むと小道が現れ前述の鞍部に至る。ここから丘陵の斜面を登る滑りやすい道を進むとやがて浅い谷間にでる。

その谷間の中央部にセメントの塊が見えるが、これは砲台建設のため、攪拌中のセメントが放棄されたものである。さらに丘陵前面を見ると洞窟の入口が見えるが、これがトンネル式の砲台の入口である。ここからなかに入ると丘陵尾根を貫く幅約二・五メートルの素掘りのトンネルが続き、その先に海側に開口するコンクリートで覆われた砲座がある。

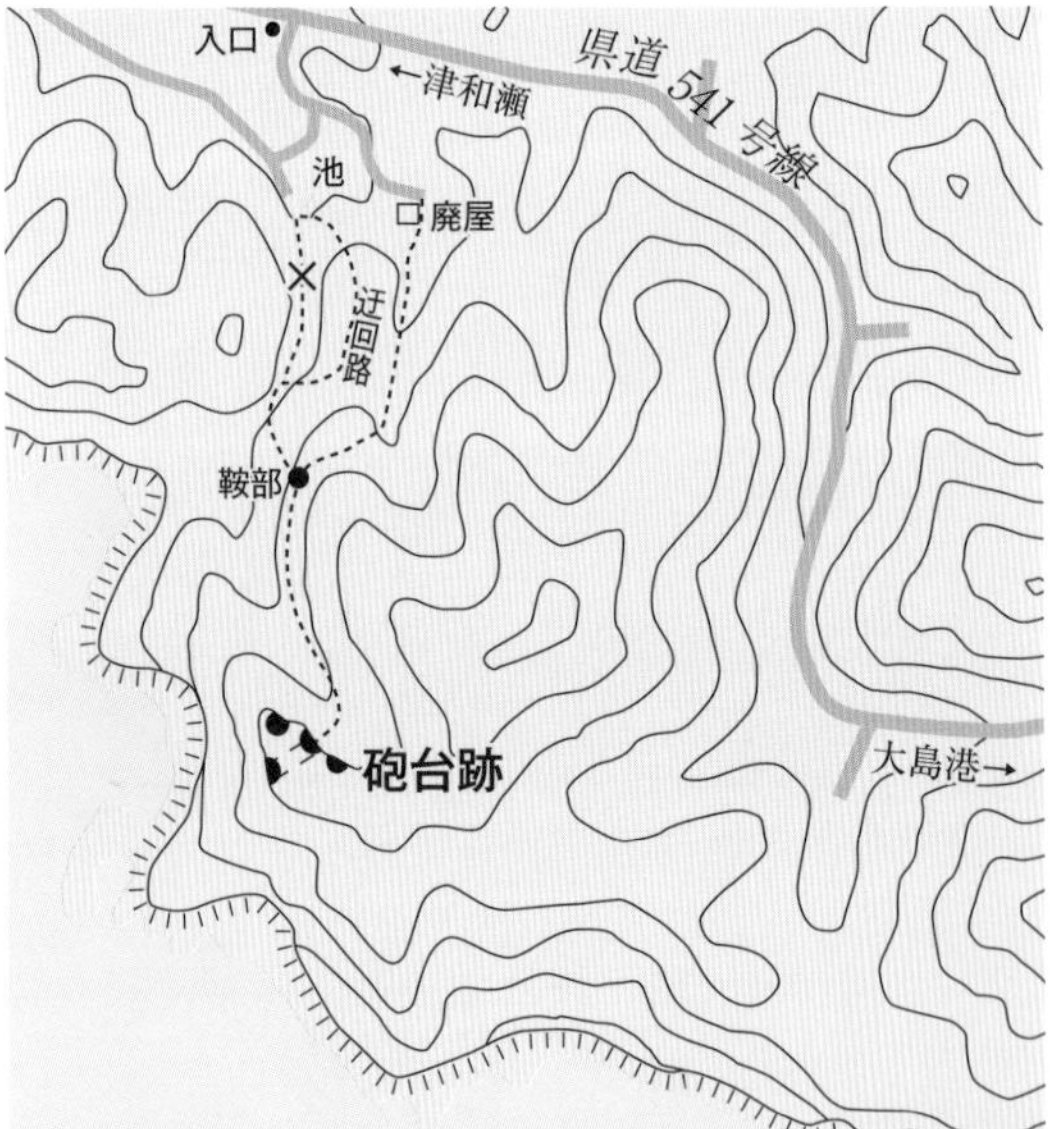

砲座は扇形で幅約五メートル、長さ約七メートルで射角は六〇度である。砲座の底部は木材と泥に覆われ、また雨水が溜まることもあり見ることはできない。

また、この正面の砲台の右側にも奥が行き止まりになっている洞窟があるが、これは砲台ではなく、弾薬庫か倉庫の可能性が高い。さらに正面の砲台の左側に

コンクリートで覆われた砲座

石垣の護壁がある掘り込みがあり、その先は行き止まりになっているがここにもう一つのトンネル式砲台があったとされている。しかし、入口は崩壊し入ることはできない。

この砲台に至る道の入口は不明瞭で、道も雑草・灌木・竹林に覆われて通行が困難で迷いやすい所も多い。また、急傾斜の悪路となっている所もあり、運動靴・登山靴を用意する必要がある。

【アクセス】
九州自動車道古賀インターより、神湊波止場まで車で40分
フェリー便が利用できるが本数も搭載可能車両数も少ない。波止場に有料駐車場があり、ここに停めて大島渡船に乗った方がよい。所要時間フェリー便25分・高速艇15分
JR▽福間駅・東郷駅下車⇩駅前から西鉄バス乗車、神湊波止場下車
※大島港から砲台入口までは徒歩で50分かかる。大島港ターミナル内の観光案内所に電動アシスト付き自転車があり、これをレンタルすれば15分で着く。その他レンタカー・タクシーも利用できる。大島観光バスは津和瀬には行かないので利用できない。

小倉城内陸軍司令部跡

北九州市小倉北区城内

江戸時代の城郭は廃城後、軍隊の駐屯地となったものが多いが、小倉城址も明治四（一八七一）年に西海道鎮台が置かれ、「軍都小倉」の歴史が始まった。

明治十八年には歩兵第十二旅団本部（後に司令部）が、さらに明治三十一年北部九州を統括する第十二師団が開設され、司令部が置かれた。

しかし、第十二師団司令部は軍備縮小により大正十四（一九二五）年に久留米に移転し、城内から軍事施設はなくなった。

第十二旅団司令部の門柱跡

第十二師団司令部の正門跡

現在小倉城に残っている軍事施設の跡は十二旅団と十二師団の門柱だけである。小倉中心街から紫《むらさき》川を渡り、商業施設「リバーウォーク北九州」を通り抜けると小倉城の入口があり、真っ直ぐ進むと大手門に至る。ここを右手に上がるとすぐ左手に「松の丸」と呼ばれる区画があり、表面はコンクリート、内部はレンガ造りの門柱が二つあるが、これは十二旅団司令部の正門の跡である。

その右手の階段を上がると本丸になるが、すぐ目の前にレンガ造りの三つの門柱と付属の塀が見える。これが十二師団司令部の正門で、横の説明板には当時の司令部の写真があり、師団の簡単な歴史が書かれている。そのなかに当時軍医部長であった文豪森鷗外もこの門を潜って登庁していたという記述もある。

この門を抜けて天守閣に向けてやや歩いた右側に「第十二師団司令部跡」と刻まれた記念碑がある。小倉城見学の際はこれらの司令部の正門跡も回ってみてはいかがだろうか。

「第十二師団司令部跡」碑

【アクセス】
北九州都市高速道路勝山インターから勝山公園駐車場まですぐ。そこから徒歩ですぐ
西鉄バス▽室町・リバーウォーク下車⇩徒歩5分
JR▽小倉駅下車⇩徒歩15分、西小倉駅下車⇩徒歩12分

棲息掩蔽部跡（倉庫・兵舎）

富野堡塁

北九州市小倉北区小文字一丁目

日本陸軍は明治十九（一八八六）年、朝鮮半島を巡る清国・ロシアとの緊張関係に備えるため、関門海峡両岸にまたがる地域に砲台・堡塁《ほうるい》の建設を開始した。四年後にはこの地域は「下関要塞地帯」に指定され軍事機密地域となり、第二次世界大戦終了まで継続される。ここ小倉北区にも清国海軍の攻撃に備えて、明治二十年田向山《たむけやま》砲台・笹尾山砲台が完成し、両砲台を側面から防御するため富野堡塁が翌年建設された。これらの施設は一度も実戦に使われることなく、明治末期には廃止された。なお、田向山砲台は手向山公園として整備されてよく遺構が保存されている。笹尾山砲台は一部遺構が残っているが、荒廃が進んで見学は難しい。

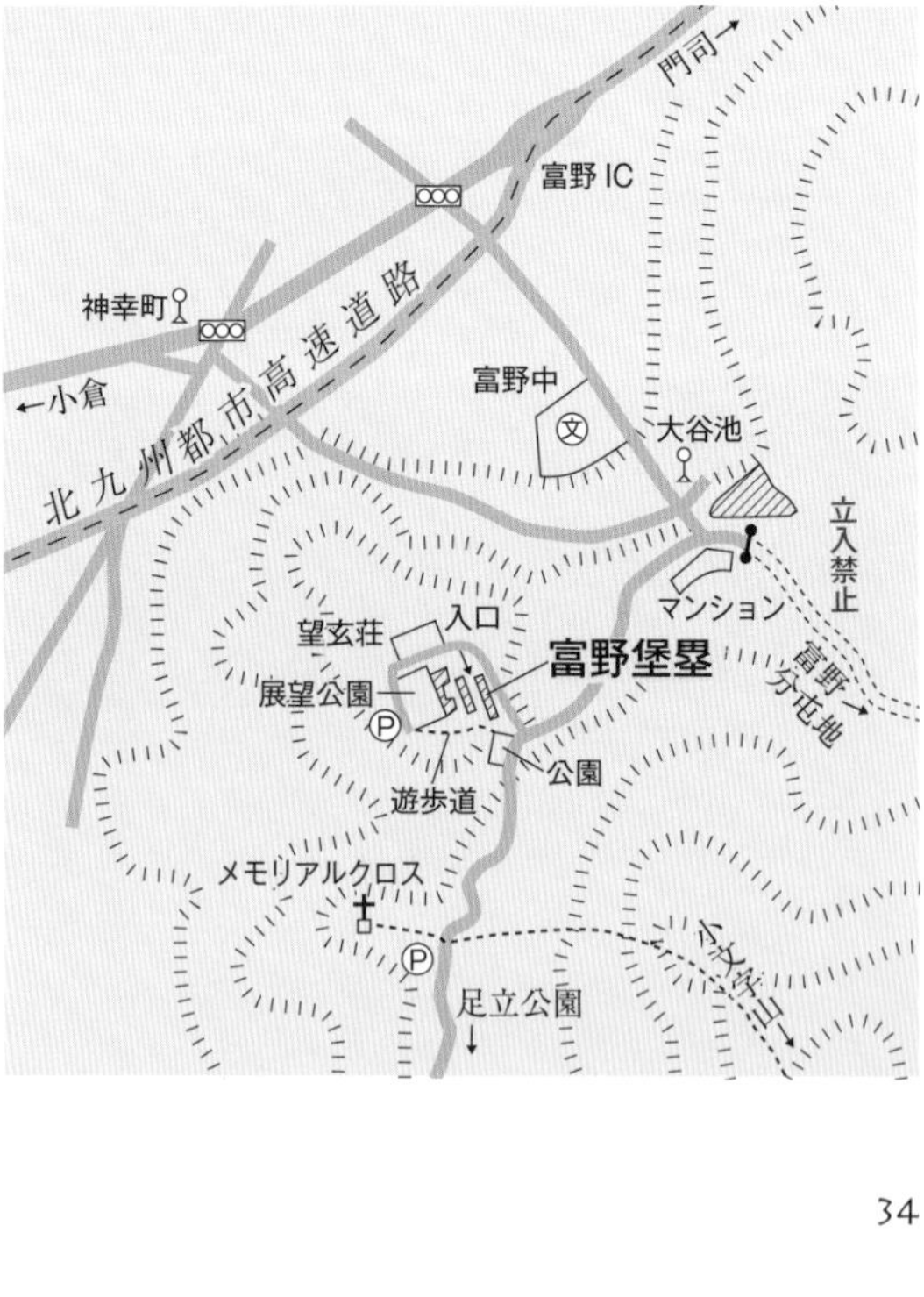

富野堡塁に行くには西鉄バスの大谷池行きに乗り、終点で降りるのが便利である。バス停の先で道は二つ

壁面は塩害に強い焼過レンガが使用されている

に分かれているが、左は陸上自衛隊富野分屯地に行く道で、立入禁止となっている。ここは昭和九（一九三四）年に着工され、昭和十六年竣工した、かつての陸軍富野弾薬庫で、その跡地を現在も自衛隊が弾薬庫として使用している。この分岐から右の坂道を上がるが、この道はかつて富野堡塁に向かう砲台道であった。

　やがて公園があり、右手に介護施設「望《ぼう》玄荘《げんそう》」とその先の足立公園展望広場に向かう道があるので、ここを上がるとすぐに望玄荘の玄関に着く。すぐ横の駐車場の壁面にブロックに塞がれている弾薬庫が一つ見える。ここを少し引き返して右手を見ると柵が途切れて土塁の間に小道があるが、これも砲台道である。ここから入って土塁の間を通り右に曲がると左側の足立公園展望広場の斜面下に七つの棲息掩蔽部《せいそくえんぺいぶ》（倉庫・兵舎）が見える。入口や窓はブロックで塞がれているが、壁面は当時の状態をよく残している。

　壁面のレンガは塩害に強い焼過《やきすぎ》レンガと呼ばれるものが使われており、上部には交互にレンガを積んで隙間を作った通気口が設けられている。右手の二つの土塁は堡塁の防御用と思われ、土塁の間を通る道は侵入した敵兵が直進できないように大きくカーブするように造られている。

　砲台はこの棲息掩蔽部の上の足立公園展望広場の場所にあったと思われるが今は何も残っていない。またこの堡塁も次第に草木に覆われ始めており、何らかの保存の必要があると思われる。

【アクセス】
北九州都市高速道路富野インターより車で5分
西鉄バス▽大谷池下車⇩徒歩10分

砲台山高射砲陣地

【ハイキングコース】

北九州市小倉北区足原・小倉南区湯川

レンガ造りの建物の基盤

戦時中現在の北九州市とその周辺地域では、防空のため各所に高射砲陣地が造られた。その一つが、企救《きく》山地の最高峰足立山から南西にある砲台山高射砲陣地である。この陣地は昭和十六（一九四一）年に完成し、第十一高射砲中隊が駐屯した。標高四四二メートルの山頂部を削平して高射砲台四門が設置され、その周辺に水槽・兵舎・弾薬庫なども造られた。しかし、昭和二十年春に本土決戦に備えた高射砲の再編成が行われ、この砲台は廃止された。現在は山頂・登山道周辺に砲台・水槽・建物基盤などの遺構が、かなり広範囲に残っている。

　ここに行く一般的な登山コー

大型水槽（左）とカマドの跡（右）

スとしては、まず小倉北区の黒原一丁目から車道を通って、足立山妙見宮に向かう。そして、境内左奥の和気清麻呂《わけのきよまろ》像まで来ると企救自然歩道の妙見山登山口の表示があり、ここから砲台山・妙見山・足立山の登山道が始まっている。この登山道は途中急坂となり雨でえぐれた箇所、梯子が掛けられている箇所もあるが、注意して登れば大丈夫である。やがて道は緩やかになって足立山と砲台山の鞍部に着くが、ここが足立山と砲台山の分岐点である。ここからまず左手の足立山に向かうと、いくつかのレンガ造りの建物基盤が現れるが、なかには登山道がその上を横切っているものもある。基盤のレンガは独特の灰褐色をしているが、これは鉱滓《こうさい》レンガと呼ばれるもので、八幡製鉄所から出た鉱滓から作られたと思われる。さらに進むと右手に建物基盤と石垣、左手に小型水槽とカマド、その左先の灌木《かんぼく》のなかにコンクリート製の巨大な水槽が二つあるが、近くに湧水や谷川はなく、雨水を溜めていたと思われる。その先には四角のコンクリート製基礎が三つ並んでいるが、用途は不明である。これより先に遺構はないので来た道を分岐点まで引き返し、砲台山に向かう。

梯子型のトイレの跡

すぐに登山道が建物基盤を横切るが、その右手には梯子型のトイレが二つ並んでいる。さらに進むと石垣があり、その先の左側に建物基盤

山頂にある砲台跡

砲台建設や物資運搬のための砲台道

が次々と現れる。また、先ほど見たコンクリート製の巨大水槽が一つあり、その左側にも梯子型トイレがある。ここまで来て合計してみると建物基礎が十二カ所、巨大水槽が三カ所、トイレが三カ所となる。

この先の急斜面を上がると砲台があった平坦な山頂であるが、中央部にコンクリート製の砲台の基盤が一つ見えるだけである。ここから先ほどの急傾斜を戻ると、右手に壁面とのり面を石垣で補強されたやや幅の広い道が下っているが、これは麓の小倉南区湯川地区から砲台建設・物資運搬用に造られた砲台道である。そこを下って行くと、石垣以外に右手に石を組んだ建物の跡が三つ現れるが、何であるか不明である。そこから石垣はなくなるが、道は樹林のなかをジグザグに下っており、やがて砲台道を離れロープの付いた急斜面を降りると、湯川から登ってきた舗装された車道に出合う。車の場合ここに数台分の駐車スペースがある。この林道を左に下ると国道10号線の安部山入口に着く。

[登山モデルコース]

黒原一丁目バス停⇩（15分）⇩足立山妙見宮⇩（50分）⇩足立山分岐⇩（5分）⇩砲台遺構⇩（5分）⇩足立山分岐⇩（5分）⇩砲台山⇩（35分）⇩湯川への車道⇩（25分）⇩安部山入口バス停　合計2時間20分

[その他のコース]

①モデルコースと逆に安部山入口から登り、黒原一丁目に下るコース　所要時間はモデルコースと同じ

②正面登山口（小文字山登山口）から小文字山・妙見山経由で砲台山に至るコース　所要時間は1時間45分、逆コースは1時間35分（小文字山と小文字山登山口の間は急傾斜でロープ・梯子があり、下りに利用する際

は足元要注意）

※紹介した各コースはよく整備されているが、一部足元が悪い所があるので、運動靴または登山靴を用意した方が良い。

【アクセス】

北九州都市高速道路富野インターより小文字山登山口まで車で5分、足立インターより妙見宮駐車場まで車で10分、足立山森林公園赤松林駐車場まで車で5分

車は小文字山登山口、妙見宮駐車場、足立山森林公園赤松林駐車場に停める。ただし妙見宮駐車場は社務所に届け出が必要

西鉄バス▽大谷池バス停下車⇩小文字山登山口まで徒歩10分／黒原一丁目バス停下車⇩妙見宮登山口まで徒歩15分／安部山入口バス停下車⇩安部山登山口まで徒歩25分（安部山公園行で終点下車の場合時間が短縮できるが、バスの本数が少ないので、安部山入口バス停下車の方が便利）

※登山口と下山口が異なる場合は公共交通を利用した方が良い。車を利用する場合は足立山森林公園赤松林駐車場が比較的便利。そこから足立山妙見宮登山口まで徒歩15分、小文字山登山口まで徒歩15分

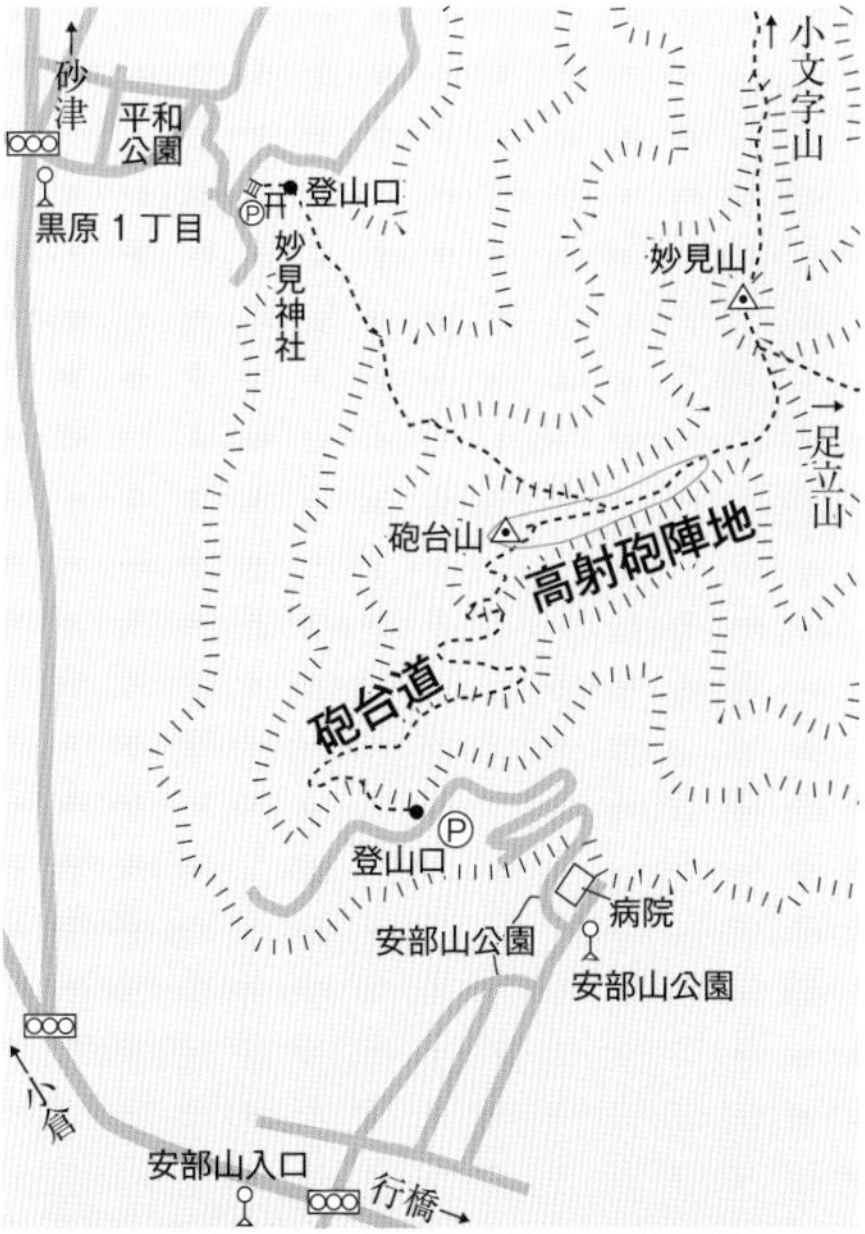

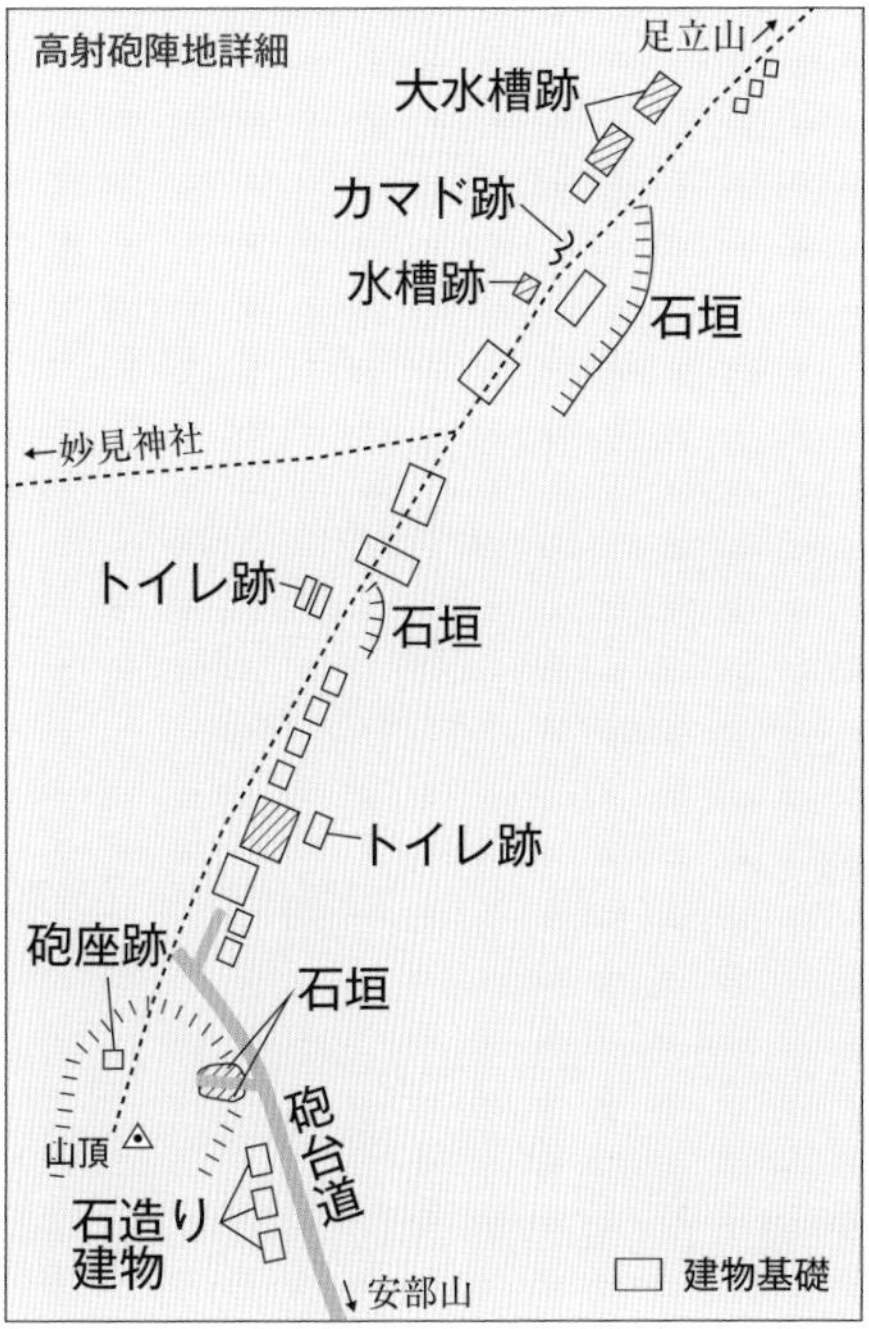

高蔵山堡塁と砲台道

【ハイキングコース】

小倉南区吉田

棲息掩蔽部

明治三十三（一九〇〇）年、企救山地南面の高蔵山中腹に完成した高蔵山堡塁《ほうるい》は、周防灘《すおうなだ》方面からの敵の侵入を防ぎ、関門海峡側の笹尾山砲台などを守る目的で造られたものである。この堡塁も一度も使用されることなく、関門海峡側の砲台と同じく明治末期に廃止されている。

また砲台道は普通直近の麓から造られるものであるが、この砲台道は麓の小倉南区沼地区ではなく、遠く離れた関門海峡側の小倉北区富野地区から陸軍富野弾薬庫（現陸上自衛隊富野分屯地）のある谷間を通り、企救山地の峠を越えて堡塁につながっている。おそらく関門海峡側の砲台との連絡の利便性や、周防灘から

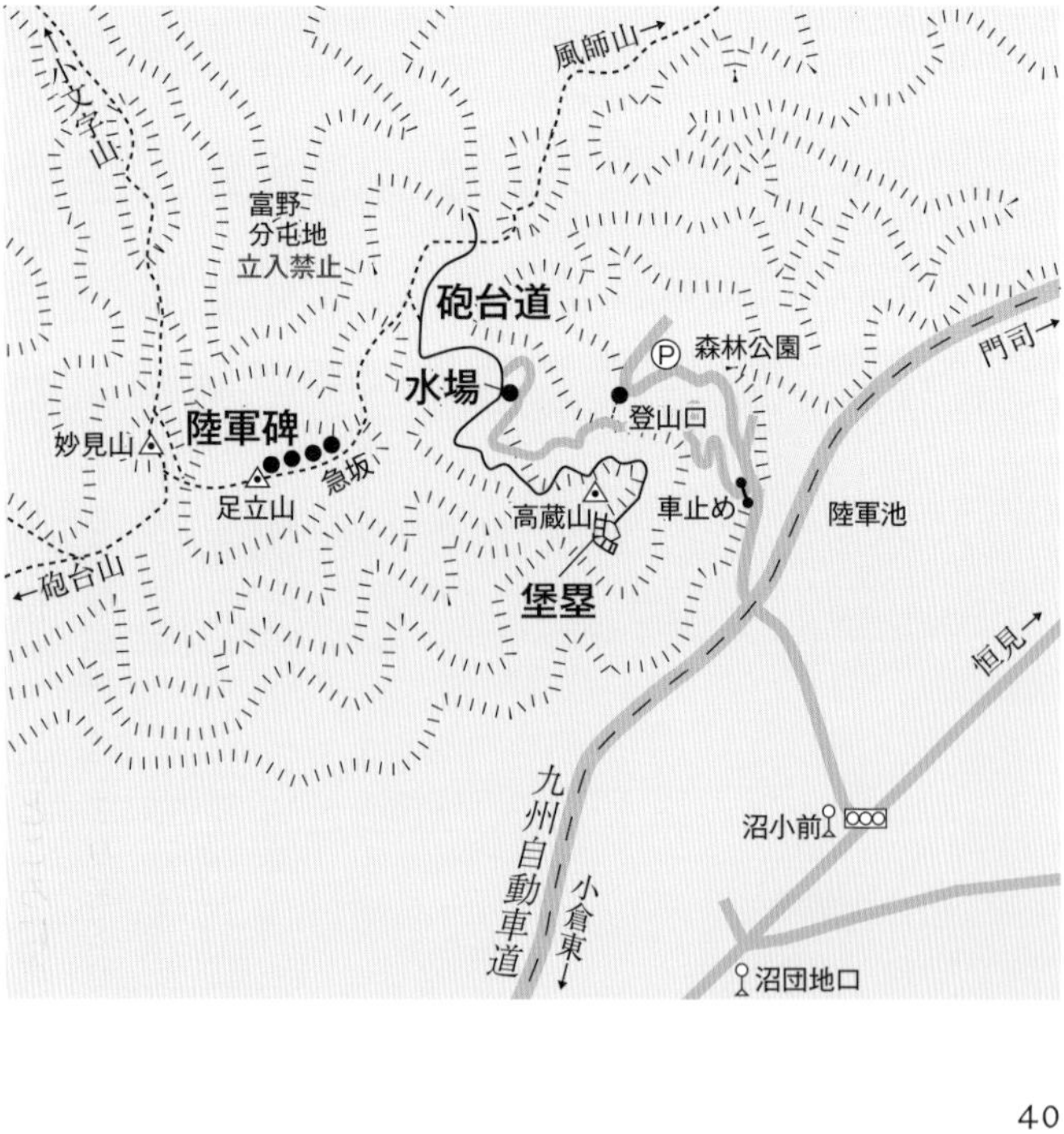

上・弾薬庫外観
中・弾薬庫の入口の様子
下・棲息掩蔽部の内部

進入した敵に補給路を遮断されないためだと思われる。

高蔵山堡塁へ行くには、国道10号線津田西交差点から県道25号線を恒見《つねみ》方面に向かい、沼本町三丁目の交差点まで来ると、高蔵山森林公園の標識があるので、ここを左折する。九州自動車道のガードを潜り抜けると、左に沼林道が登っているが、車止めがあり一般車両進入禁止である。舗装された林道を直進すると森林公園の駐車場があり、その先を三分ほど歩くとやがて谷を横切るカーブとなり「企救自然歩道から足立山3200m」の標識があるが、ここが高蔵山及び足立山方面への登山口である。

ここから左に急傾斜の歩道を登るとしばらくして、左から来た沼林道と合流する。林道は右に山腹を登っていくが、大きくカーブし道が狭くなったところに高蔵山広場一六〇〇メートルの標識がある。この高蔵山広場が高蔵山堡塁がある所である。さらにその先の足

軍馬の水飲み場跡

立山方面へのショートカットの標識の前を過ぎ、しばらく行くと高蔵山広場一三〇〇メートルの標識とベンチがあり、右の足立山方面から来た前述の砲台道と合流する。

　ここから左に続く高蔵山堡塁までの道も砲台道で、壁面・のり面に石垣の護壁や水門があり、「明治三十二年九月一日」と刻まれた石碑も見受けられる。やがて小広場（もみじ広場）に着くと分岐があり、右が高蔵山山頂への登山道、左が高蔵山堡塁への砲台道である。砲台道は高蔵山北面さらに南面を巻いて進むが、途中軍馬の水飲み場も見受けられる。道が尽きると広場（営庭）が現れるが、奥の斜面にはコンクリートとレンガで造られた棲息掩蔽部《せいそくえんぺいぶ》（倉庫・兵舎）が八カ所並んでいる。その入口はすべて開いており、入ってみると各室は奥でつながっている。その背面に回ると八カ所の砲台跡・弾薬庫・水槽などが並んでいる。ただこれらの遺構は筆者が以前に来た時より荒廃し、営庭も雑草に覆われており、何らかの整備・保護措置が必要であり、また説明板があれば来訪者の関心が高まると思われる。

　ここから、先ほどの森林公園と砲台道の分岐点に戻り、砲台道を企救山地尾根に向かって進む。砲台道の壁面とのり面は石垣になっており、水門と軍馬の水飲み場の所まで続いている。その先の路肩に六本の石柱があるが、軍馬の転落防止のためらしい。砲台道は谷を越えてそのまま尾根に続いているが、登山道は砲台道を外れて、急坂で尾根を通る縦走路（企救自然歩道）と合流する。ここから右手の戸ノ上山方面に進み、一つ起伏を越えて鞍部に出ると、右手から先ほどの砲台道が合流し、鞍部を越えて富野分屯地方面に抜けている。

　ここからは自衛隊用地なので立入禁止であるが、目

この砲台道の壁面やのり面は石垣になっている

視すると草木に覆われて、廃道になっているようだ。ここから縦走路を先ほどの登山道の合流点に戻り、さらにロープが張られた急坂を足立山方面に向かう。登山道の右側は自衛隊用地であるが、その境には「陸」とだけ刻まれた旧陸軍の境界碑が数カ所建てられている。やがて道は緩やかになって足立山山頂に至るが、ここからは同じコースを引き返すか、小文字登山口・足立山妙見宮登山口・安部山入口登山口に下山することになる。

[モデルコース]
沼小学校前バス停⇩（30分）⇩高蔵山・足立山登山口⇩（10分）⇩沼林道出合い⇩（20分）⇩高蔵山・足立山分岐⇩（25分）⇩高蔵山堡塁⇩（25分）⇩高蔵山・足立山分岐⇩（15分）⇩企救自然歩道出合い⇩（5分）⇩砲台道出合い⇩（5分）⇩企救自然歩道出合い⇩（35分）⇩足立山山頂　合計2時間50分
※このコースのうち、高蔵山堡塁への道の一部に崖崩れ・倒木・路面荒廃により、通りにくい場所がある。また、足立山山頂直下付近はかなりの急傾斜で注意を要する。

[下山コース]
①モデルコースを下山する。（砲台道出合い・高蔵山堡塁は立ち寄らない）　所要時間1時間40分
※足立山山頂に行かないで、高蔵山森林公園に戻る場

合は往復で約1時間短縮できる。
②足立山山頂から妙見山・小文字山経由で小文字山登山口へ　所要時間1時間30分
※下山後「メモリアルクロス（国際連合軍記念十字架）」・富野堡塁を見ることができる。小文字山と小文字登山口の間はかなり急斜面なので足元注意
③足立山山頂から砲台山鞍部・足立山妙見宮経由で黒原一丁目へ　所要時間1時間20分
※砲台山鞍部と砲台山山頂を往復すれば砲台の遺構を見ることができる。往復所要時間10分
④足立山山頂から砲台山経由で安部山入口へ　所要時間1時間30分
※砲台遺構と砲台道経由で下山できる
⑤足立山山頂から企救自然歩道を戸ノ上山経由で門司区寺内へ　所要時間2時間45分
※足立山山頂に行かないで戸ノ上山方面に行く場合約30分短縮できる

旧陸軍の境界碑

【アクセス】
九州自動車道小倉東インターより高蔵山森林公園駐車場まで車で15分、登山口まで徒歩3分、登山口にも2～3台駐車可能
西鉄バス▽沼小学校前下車⇩登山口まで徒歩30分、ただし便数が少ないので、便数の多い一つ手前の沼団地口下車が便利、沼小学校前と沼団地口間は徒歩10分
※紹介したコースは、一部急斜面・がけ崩れ・路面の荒廃・谷を横切る地点など足元の悪い場所があるので、できれば登山靴を用意すること。また、長時間にわたるコースもあるので、体力を考え、目的地のカット、途中下山も考慮に入れること。

門司港駅渡船者監視所跡

北九州市門司区西海岸一丁目

門司港駅に残る地下通路の入口跡

門司港駅はかつての門司駅であり、明治二十四（一八九一）年に開業したが、本土側の下関まで鉄道が伸びると、明治三十四年門司と下関の間に関門連絡船が開通した。しかし、当時の門司駅は桟橋から離れすぎて不便だったため、大正三（一九一四）年に二〇〇メートル海岸寄りの現在の位置に移転した。現在国指定重要文化財になっている駅舎は、この時造られたものである。

それと同時に駅のプラットホームから直接連絡船の桟橋に向かう長さ一〇〇メートルの地下道が完成し、連絡船を利用する大量の乗客がここを通過した。また、各地の戦場に送られる兵士が門司港に向かったのも、この地下道である。

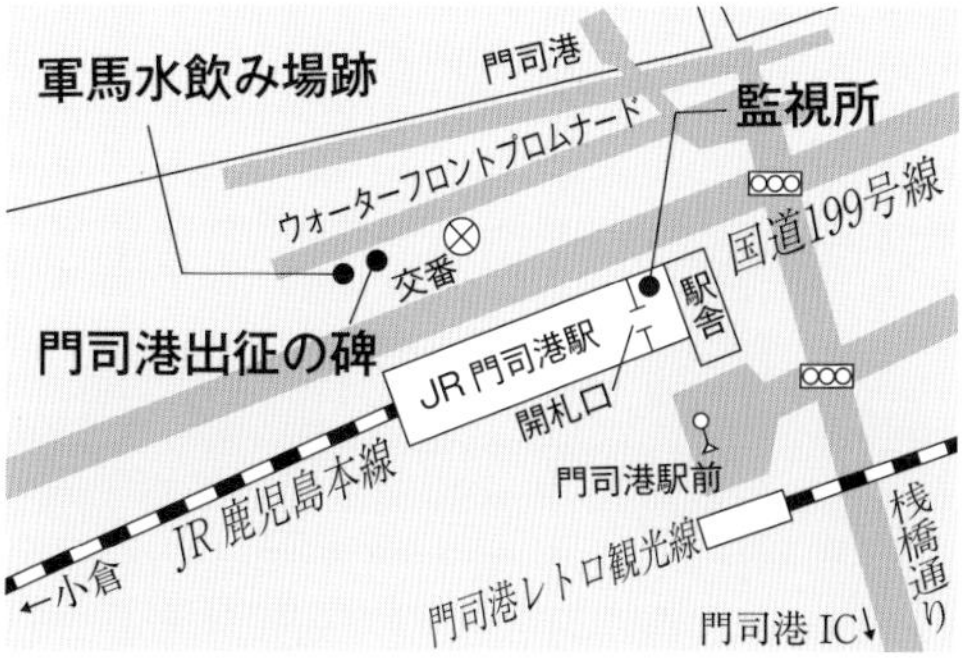

しかし、昭和十七（一九四二）年大里《だいり》駅（現在の門司駅）から下関駅間に関門鉄道トンネルが開通し、列車が

のぞき窓から渡航者を監視していた監視所跡

直接運行するようになると、利用客も減少し昭和三十九年、連絡船も廃止された。

門司港駅の改札口を出て左手に向かうと、今も地下通路の入口の部分が残っており、階段を降りると奥は閉鎖されているが、当時の駅の写真が壁一面に掲示されている。そして、階段の左手を見ると、のぞき窓の付いた不思議なコンクリート製の建造物がある。説明板を見ると「旧監視孔　詳細は不明ですが、ここは戦争末期、軍の命令で設置された渡航者の監視所跡です。門司港は、外国航路寄港地の為、関門連絡船の通路は、戦時下の不審者を監視する絶好の場所でした。監視孔は反対側にもあり、内部が分かりにくい構造で、横に入口を塞いだ跡があります」と書かれている。

のぞき窓は監視しやすい通路正面に開けられており、室内には特高警察の係官が駐在していた。狭いのぞき窓は逆に外から室内の様子を見ることはできず、秘密裏に不審者を監視できる構造になっていたようである。戦争と門司港駅の関係を物語る貴重な遺構であり、門司港レトロ観光に出かける前に、立ち寄ってみたらいかがだろうか。

【アクセス】
九州自動車道門司インターまたは北九州都市高速道路春日インターより車で5分
JR▽鹿児島本線門司港駅下車すぐ
西鉄バス▽門司港駅前下車すぐ

北九州市門司区・小倉北区の軍馬関連遺構

北九州市門司区西海岸一丁目▽門司港軍馬水飲み場跡

　門司港は前述の通り、海外の戦場に赴く兵士の出発地であったが、同時に多数の軍馬の出発地でもあった。門司港駅から国道１９９号線を渡り、左に行くと細長い公園があり、しばらく進むと真ん中に蛇口のついた半円形のコンクリート製の建造物と案内板がある。

出征軍馬のための水飲み場跡

　これは出征軍馬の水飲み場跡であり、説明板には「昭和六年の満洲事変勃発から第二次世界大戦にかけて、日本全国の農村から多くの農耕馬が軍馬として徴発され、この門司港から軍用船で戦地に渡りました。その数、百万頭に及ぶといわれています。そして、馬は、再び故国の土を踏むことはありませんでした。このため、馬にとって最後のお別れの水を飲んだところとなってしまったのがこの水飲み場です。当時は西海岸通り周辺に数カ所あったといわれていますが、今は一つだけ残っています。港町・門司港の歴史を後世に伝えていくとともに、平和の尊さを忘れないように、ここに保存するものです」とある。

　日本敗戦の際、海外に出征していた兵士には復員措置がとられたが、軍馬は戦場に置き去りにされ、二度と日本の土を踏むことはできなかったという。

　また、この軍馬水飲み場の左側に「門司港出征の碑」が建っている。これはここから出征した元兵士を中心とする建設委員会が建立したものだ。説明板には、この門司港から二〇〇万人を超す将兵が南方戦線に赴き、半数の一〇〇万人が生きて帰ることができなかったことや、その将兵を偲び、恒久平和を願いこの碑を建設したこと、そして「門司港出征記念碑建設委員会」と記されている。

※地図は「門司港駅渡船者監視所跡」を参照

【アクセス】
九州自動車道門司インターまたは北九州都市高速道路
　春日インターより車で5分
JR▽鹿児島本線門司港駅下車⇩徒歩5分
西鉄バス▽門司港駅前下車⇩徒歩5分

北九州市門司区清見一丁目▽正蓮寺軍馬塚

門司港から門司港インターに向かう県道を清見地区まで来ると、左手に浄土真宗正蓮寺がある。寺の山門を潜り本堂の右手に回ると、右奥に「軍馬塚」、左に「日支事変殉難軍馬之碑」と二つの供養碑が建立されている。

右奥の軍馬塚は明治二十八（一八九五）年関門海峡の海難事故で死亡した五十七頭の軍馬の供養碑で、軍

「日支事変殉難軍馬之碑」（左）と「軍馬塚」（右）

馬を所有していた熊本第六師団の関係者が翌年建立したものである。背面に漢文で碑の由来が刻まれており、それによると第六師団の兵士と軍馬を乗せて日清戦争から帰還中の「門司丸」が、彦島検疫所を出て門司港に向かう途中にほかの船舶と衝突し沈没、兵士は全員助かったが、軍馬は全頭が死亡した。遺骨は引き揚げられその後埋葬されていたが、この供養碑に合葬された。なお日清戦争当時の軍の資料によると、全体で四万頭前後の軍馬が戦場に送られ、約三分の一が死亡したという。

日支事変殉難軍馬之碑は満州事変後の昭和八（一九三三）年、日中両軍が衝突した熱河《ねっか》作戦の際に死亡し

た第六師団所有の軍馬の遺骨・遺髪（タテガミや尾の毛）が、所縁のある正蓮寺に送り届けられたため、当寺婦人会が寄付を募り、昭和九年に建立したものである。そして驚かされるのは、この時期までは軍馬は生きて本土に帰還したり、遺骸を引き揚げて埋葬、遺骨・遺髪を本土に送り返すなど、兵士と同じような措置が取られていることである。しかし、その後の戦争では兵士も軍馬も戦場に打ち捨てられる過酷な状況に置かれることとなった。

　これらの供養碑は戦災や寺の改築で三度境内を移転し現在の場所にあるが、戦後占領軍に撤去を求められ、住職が困惑したとの話も残っている。

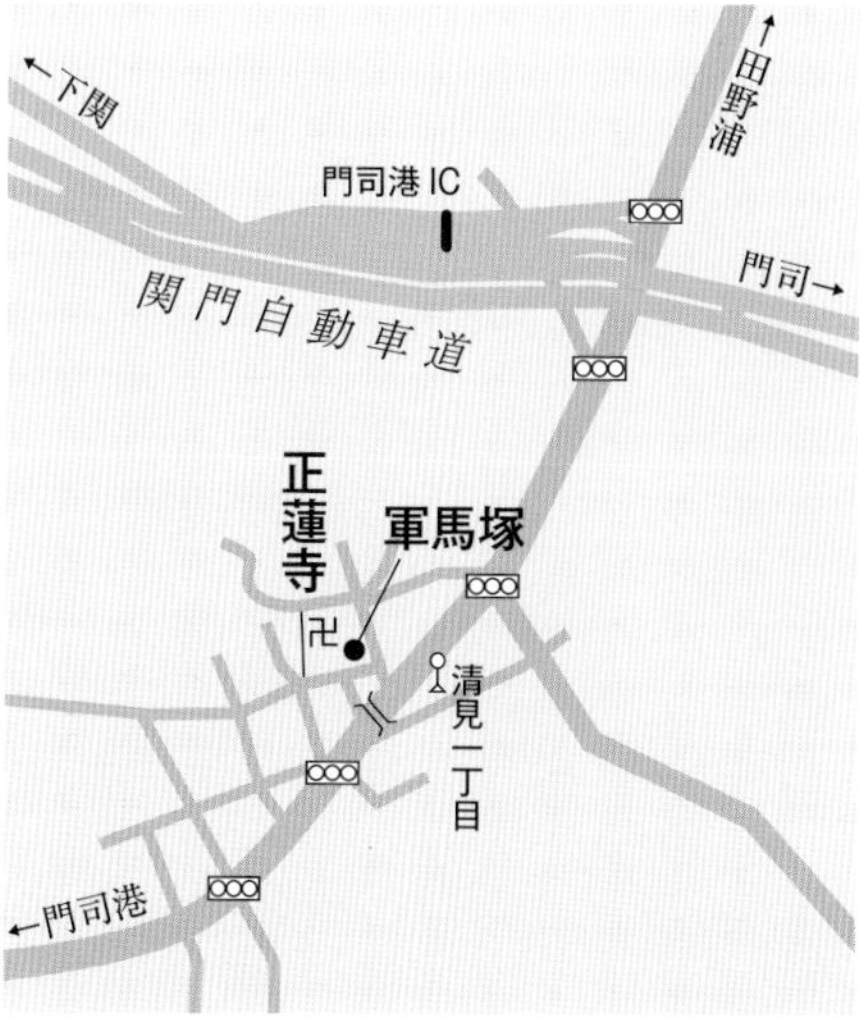

【アクセス】
九州自動車道門司港インターよりすぐ（境内に駐車場あり）
西鉄バス▽清見1丁目下車すぐ

北九州市小倉北区城内▽八坂神社境内軍馬忠霊塔

「リバーウォーク北九州」を抜けて小倉城大手門に向かう途中、左手に八坂神社の東門に向かう広場があるが、堀側の小高いところに、台座の上に軍馬の座像を乗せる「軍馬忠霊塔」、その横には馬の守り神である生《いき》馬神《うまのかみ》と馬頭観音がある。

　この「軍馬忠霊塔」は当時旅館経営者であり、軍馬の取り扱いも行っていた坪根金一氏が建立したもので、坪根氏自身も日露戦争に従軍経験があり、戦場での軍馬の悲惨さを目の当たりにしており、それが建立の動機になったという。そこで昭和十三年から国内はもとより朝鮮・旧満州・台湾まで募金行脚を行い、昭和十七年建立に至った。裏面に、当時の小倉市長が「軍馬は戦場で兵士と生死を共にし、犠牲となるものの、告げることも訴えることもできないことは惻隠《そくいん》の情に堪えない」との趣旨の碑文を寄せている。

また、台座の上の軍馬は座り込んで後ろを振り向いているが、戦場で負傷するか病気で倒れ、やむを得ず残していくことになった軍馬と兵士の別れの姿を現しているといわれている。

戦争では世界中で徴用された多数の動物が犠牲になっているが、二度とこのようなことがあってはならないと、これらの軍馬の碑は訴えているように思える。

犠牲となった軍馬を慰霊する「軍馬忠霊塔」

【アクセス】

北九州都市高速道路勝山インターより勝山公園駐車場まですぐ。駐車場から徒歩5分

JR▽小倉駅下車⇩徒歩15分、西小倉駅下車⇩徒歩10分

西鉄バス▽室町・リバーウォーク下車すぐ

日鉄鉱業二瀬鉱と捕虜収容所

飯塚市枝国

　第二次世界大戦中、日本軍の捕虜になった三十五万人の連合軍兵士のうち、三万五千人が日本に連行され、土木建設・鉱山・炭鉱などの過酷な現場に送り込まれたが、筑豊地方の炭鉱でも九カ所の捕虜収容所が設置され、捕虜たちを採炭現場などで働かせていた。

　飯塚の日鉄鉱業二瀬鉱でも、約八〇〇名の連合軍捕虜が福岡捕虜収容所二瀬分所に収容され、五〇〇〜一〇〇〇メートル地下の切羽《きりは》（掘り進めている坑道の先端。最も危険で重労働）で発破・採炭などに従事し、過酷な収容所生活を送っていた。収容所はかつて炭鉱夫の福利厚生施設であり、娯楽や各種集会が行われた「労働者クラブ（二瀬会館）」が昭和十八（一九四三）年に改装されたものであった。

　終戦時点の捕虜はオランダ三五九名・アメリカ一八六名・イギリス二名、合計五四七名であったが、五十四名が坑内事故・栄養失調などで死亡している。

　この連合軍捕虜以外に二瀬鉱全体で中国人労働者八〇〇名が、華北労工協会の斡旋で就業したとの記録があるが、実際は中国兵の捕虜や強制連行の労働者であったといわれている。また、朝鮮人徴用工も二瀬鉱全体で二五〇〇名が使役されている。

　日本の敗戦で連合軍捕虜も自由の身となり、米軍はただちにB29爆撃機から食料・医薬品・衣服などを収容

二瀬鉱が残す唯一の遺構である正門の門柱

所に投下しているが、この収容所では担当者が捕虜の暴動を恐れ、将校・下士官を招待して牛肉を振舞ったという。

　平成二十二（二〇一〇）年十月、外務省の招聘事業の一環として元捕虜六名と親族八名が日本に招待された（この事業には「ＰＯＷ〈戦争捕虜〉研究会」のメンバーが全面的に協力している）。そのなかでドナルド＝ヴァーソー氏は二瀬鉱跡と収容所跡を再訪しており、苦しかった日々回顧しながらも、当時親しくなった池主哲夫氏と再会できたことを喜んでいた。ヴァーソー氏はその五年後に年に亡くなったが、令和元（二〇一九）年十月、いとこにあたるジョン＝バーカー氏がここを訪れ、その足跡を辿っている。

二瀬鉱は八幡製鉄所の製鉄用原料炭の供給炭鉱として明治三十二（一八九九）年に開業、戦後のエネルギー革命で昭和三十八年に閉山した。鉱業所の本部・中央坑竪坑・発電所があった場所は日鉄鉱業の子会社が使用した後、平成六年年にジャスコ（現在のイオン穂波ショッピングセンター）となった。また、国鉄幸袋《こうぶくろ》線の終点二瀬駅から中央坑まで引込線があったが、その跡地はイオン西側を通る車道となっている。

　現在二瀬鉱の遺構が唯一残っているものとして、イオンから道路を隔てて東側、公園の下に二瀬鉱の正門だったレンガ製の門柱が移築され、説明板が立てられている。またこの道をイオンの敷地沿いに上がっていくと、右手の高台にゴルフ練習場が見えてくる。かつてその一角に捕虜収容所として利用された労働者クラブ（二瀬会館）があったが、今は何も残っていない。

【アクセス】

八木山バイパス穂波東インターより車で5分、正門まで徒歩ですぐ（イオン敷地内に駐車場あり）

西鉄バス▽イオン穂波ショッピングセンター前下車⇩正門まで徒歩すぐ

明治鉱業平山炭鉱と捕虜収容所

嘉穂郡桂川町土師

前述の通り、筑豊では連合軍の捕虜を炭鉱労働に使役するため九カ所の収容所を設けていたが、現在の嘉《か》穂《ほ》郡桂川《けいせん》町にあった明治鉱業平山炭鉱にも収容所があり、終戦前には一九七名の連合軍捕虜が使役されていた。もちろんそれ以前からこの炭鉱も朝鮮人労働者九七〇名が使役されていたが、これを合計した外国人労働者の割合は、全労働者の約半数に達していた。このうち捕虜の死亡者は終戦時まで五名であった。

連合軍捕虜の収容所は米軍の撮影した航空写真によると、土師《はじ》地区を貫く泉河内川《いずみかわち》の右岸、現在の県道の北側の社宅にあった。朝鮮人労働者は社宅で寮制度のような生活を送っていたが、捕虜は小高い所にある社宅に収容され、周囲は高い塀で囲まれたうえに厳重に有刺鉄線が張られ、出入口には軍の分遣隊が、衛兵や監視兵を勤務させて、常時警戒する状態であった。

連合軍捕虜は終戦後直ちに解放され帰国したが、その後、外務省の招聘事業により元捕虜の親族が平山炭鉱跡を訪問している。アメリカ人のウィリアム＝ライト氏はフィリピンで捕虜となり、昭和十九（一九四四）年門司港に上陸し、平山炭鉱に連行された。ウィリアム氏は昭和四十年七十四歳で亡くなったが、息子のジェームズ氏が父から捕虜になった時の話を詳しく聞いており、平成三十（二〇一八）年十月来日し、「ＰＯＷ（戦争捕虜）研究会」の案内で父の足跡をたどっている。そこで当時の事を知る元炭鉱夫と面談しているが、当時は日本人鉱夫と捕虜は協力して仕事をしてお

平山炭鉱址の碑

り、暴力や虐待もなく人間関係も良好であったと父から聞いているとジェームズ氏は話している。また当時、父親の監督担当であり、親切にしてもらった家入荒雄氏の行方を捜していることであった。

平山炭鉱は戦後のエネルギー革命により、昭和四十七年閉山したが、炭鉱跡は工業団地とソーラーパネル置き場となって何も残っていない。社宅跡は現在一般住宅に変わっているが、その中央部の公園内に「明治鉱業株式会社平山炭鉱址」と刻まれた自然石の記念碑が建っている。また唯一平山炭鉱を物語る遺構として、県道90号線を嘉麻市役所方面に進み、泉河内川に架かる集橋を渡ったすぐ左手に、下部が民家の車庫に使われているレンガ造りの建造物がある。これは坑内から地上に石炭を揚げるための蒸気式巻き揚げ機の土台である。筑豊の炭鉱には多数の巻き揚げ機が設置されていたというが、今はここを含めて、僅かしか残っていない。また、この巻き揚げ機の先の住宅地に朝鮮人労働者の寮と捕虜収容所があったと推定される。

【アクセス】
八木山バイパス穂波東インターより車で15分
西鉄バス▽恵比須町下車巻き揚げ機跡まですぐ、平山炭鉱址碑まで徒歩5分、工業団地まで徒歩10分

坑内から地上に石炭を揚げるための蒸気式巻き揚げ機の土台

久留米師団と師団長官舎

久留米市諏訪野町

軍都久留米の第一歩は明治三十（一八九七）年の歩兵第四十八連隊の移設、第二十四旅団司令部開庁からであるが、さらに明治四十年に第十八師団が設置され、翌年には師団司令部が現在の諏訪野町に完成した。

第十八師団は第一次世界大戦の青島攻略などに出兵するが、大正十三（一九二四）年の軍縮政策により、廃止が決定した。しかし、久留米では官民あげて軍隊の誘致活動を行い、小倉から第十二師団が移駐した。その後師団名を変えながら、日中戦争、太平洋戦争などに出兵し、特にビルマ戦線では兵力の三分の二以上の犠牲者を出している。

戦後師団司令部は久留米税務署の建物に利用されていたが、新官舎建築に伴って解体された。現在師団司令部の遺構として税務署入口に「久留米師團司令部」と書かれた右側の門柱が残されている。

また、その横には昭和三十六年（一九六一）年に、久留米市長・久留米商工会・元師団関係者などが設置した記念碑があり、師団の歴史を説明した碑文が刻まれている。

師団設置と同時期に師団長と副師団長の官舎が、司令部から国道3号線を七〇〇メートルほど南下した所

久留米師団司令部の右の門柱が残る

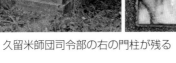

久留米師団長官舎は現在「高牟礼会館」となり、一般市民に活用されている

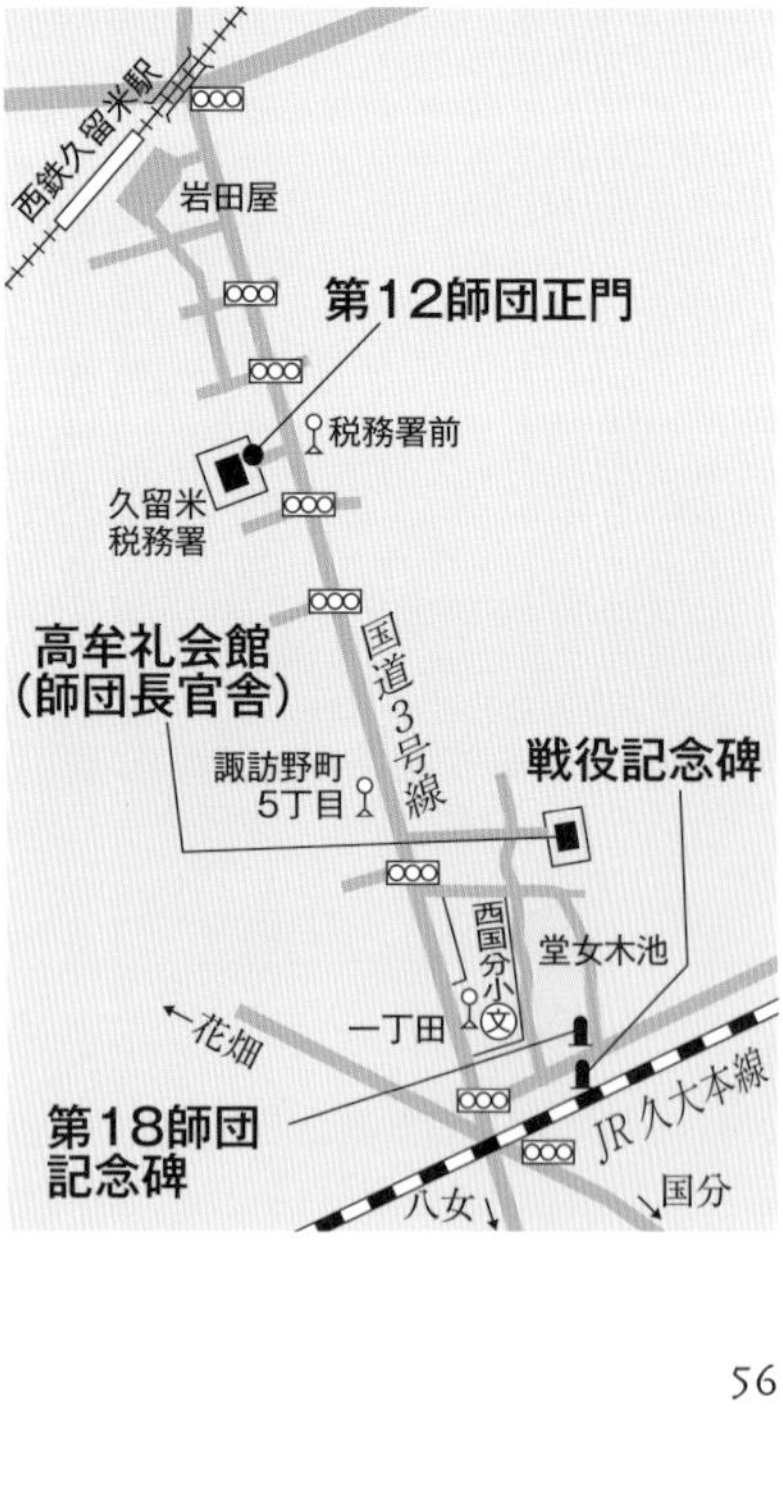

に建てられ、歴代の師団長・副師団長が使用したが、師団長官舎は現在も残っている。

官舎は瀟洒《しょうしゃ》な和洋折衷の入母屋《いりもや》造りで、モダンなデザインのガラス窓やマントルピースの煙突があり、屋根の軒先には銅板が張られている。内部のロビーと洋間は明治四十四年に造られたが、左に接する日本家屋は大正後期に増築されたものである。

終戦後、この官舎は占領軍に接収されたが、返還後は市長公舎、助役公舎として利用された後、久留米市職員共済組合が運営する「高牟礼《たかむれ》荘」となった。現在ここは公益財団法人久留米文化振興会が運営する「高牟礼会館」となり、一般市民も文化教室などに利用できるようになっている。
そのほか久留米師団に関係する建造物として、高牟礼会館からさらに三〇〇メートル南下した堂女木《どうめき》池のほとりに、第十八師団が廃止される時に建立された「第十八師團記念碑」が設置されている。また、この記念碑から道路を挟んだ南側には「日清日露日獨戦役記念碑」があり、戦死者の芳名が刻まれている。

第十八師団が廃止される時に建立された「第十八師團記念碑」

【アクセス】
九州自動車道久留米インターより各師団遺構まで車で15分
久留米師団司令部跡
西鉄大牟田線▽久留米駅下車⇩徒歩7分
西鉄バス▽税務署前下車すぐ
久留米師団長官舎
西鉄バス▽諏訪野町五丁目下車すぐ
第十八師團記念碑
西鉄バス▽一丁田下車すぐ
【高牟礼会館】
休館日▼月曜日・年末年始
TEL0942(32)2248

JR南久留米駅と軍事遺構

久留米市野中町▽南久留米駅舎の六芒星

駅舎入口の天井に施された六芒星

ＪＲ久大本線の南久留米駅は昭和三（一九二八）年開業したが、駅の南東、現在の国分町に駐屯していた、歩兵連隊・戦車隊・工兵隊などの陸軍各部隊の玄関口であり、日常的に軍隊の移動・兵器・物資の運搬に利用されていた。

南久留米駅は昭和五十九年に無人駅となり、その後業務委託駅（ＪＲから委託された民間の人が駅の業務を行う）となり、駅舎の半分も改装された。しかし、開業当時から駅舎の入口部分の天井に、不思議な星形の装飾があるとの利用者の声があり、平成二十六（二〇一四）年「西日本新聞」の記者が取材して記事にしている。

それによると、この星形の装飾は三角形を二つ組み合わせた「六芒星《ろくぼうせい》」と呼ばれるものであり、なぜここに取り付けられたか疑問であった。ここを利用していた旧陸軍に関係があるのではないかとの声が以前からあったが、陸軍のマークは五芒星（いわゆる星形）である。さらに記者が調査すると、陸軍は旅団司令部の地図上の表示として六芒星を使っていたことが分かった。かつて久留米第二十四旅団司令部のあった陸上自衛隊久留米駐屯地に問い合わせてみると「符号は実際の建物に書くものではないし、司令部ではなく駅に六芒星を書く理由も説明がつかない」との回答であった。

一方で旧国鉄時代から社内に「駅から出征した兵士が、久留米に無事戻ってこられるよう施されたのではないか」との言い伝えが残っていたという。

歴史上の記号に詳しい大阪成蹊大学の岡田保造名誉教授(日本史)も魔除けの可能性が高いと指摘している。古来日本では六芒星の形は籠目《かごめ》と呼ばれ魔除けに使っていた。この駅は戦前多くの兵士を戦地に送り出してきた。六芒星は戦地からの生還を祈る「おまじない」だったのだろうかと記者は推定している。

まだまだ設置の謎が残る六芒星、ここに来る機会のある方は駅舎の天井を見上げて考えてみてはいかがだろうか。

【アクセス】
九州自動車道久留米インターより車で15分
JR▽久大本線南久留米駅下車すぐ
西鉄バス▽一丁田下車⇩徒歩6分(途中第十八師團記念碑・日清日露日獨戦役記念碑が見える)

▽南久留米駅の戦車台

南久留米駅のプラットホームは開業当時より盛土式で、改札口よりかなり高い所にあり、乗客が通行しやすいように盛土内を地下道で上がるようになっていた。そこを上がってプラットホームの下りの日田方面を見ると、異常に長いことがわかる。多数の兵士を移動させたり、大量の軍需物資を運搬する為ではなかったかと思われる。

プラットホームの端まで行くと、線路の右側にかなり離れて傾斜の付いたコンクリートの台が見える。これは戦車台と呼ばれる戦車積載専用のプラットホーム

日田方面行きのプラットホームが長いのは、かつて大量の兵士や軍需物資を運んでいたためと思われる

で、ここから貨車に戦車を載せたものである。

実際ここから昭和六年の満州事変、昭和十二年の第二次上海事変の際、戦車が中国大陸の戦場に運ばれている。

この戦車台はここからは見えにくいうえに、この先は鉄道敷地内で立入禁止なので、一旦駅を出て右に線路沿いの道を歩いて行くと、広い道が踏切を渡っている。バスも通っているこの道はかつて国分町の陸軍駐屯地と師団司令部などがある諏訪野町を結んでいた軍用道路であり、戦車はこの踏切の所から戦車台に入っていく構造になっていた。この踏切からも駅構内へは立入禁止であるが、踏切手前の小さな空き地からは戦車台がよく見える。

戦車台と呼ばれる戦車積載専用のプラットホームの跡

今は雑草に覆われて人々から忘れ去られている戦車台、鉄道敷地の工事などで消滅しないように祈るばかりである。

【アクセス】
九州自動車道久留米インターより車で15分
JR▽南久留米駅下車⇩徒歩4分
西鉄バス▽一丁田下車⇩徒歩10分、堀川バス上川原下車すぐ

防空壕・弾薬庫に利用された楠名古墳・重定古墳

うきは市浮羽町朝田

JR久大本線うきは駅からやや南東、朝田地区には国指定史跡の楠名《くすみよう》古墳と重定《しげさだ》古墳があるが、両古墳とも戦時中住民の防空壕、弾薬庫に利用されていた。

防空壕・弾薬庫として使用された楠名古墳の入口

「西日本新聞」の取材によると、現在装飾古墳としても有名な重定古墳は戦時中に防空壕として利用されていたが、終戦末期の昭和二十（一九四五）年六月、久留米師団管区司令部からの要請で、弾薬貯蔵庫として使われていたという。

重定古墳は築造当時からは改変されているが、長さ五一メートル、高さ八・五メートルの前方後円墳で、現在石室内部には入れないが巨石を積み上げた、長さ約一五メートル、最も高いところで約三・八メートルもあり、弾薬庫として利用するには最適であったと思われる。

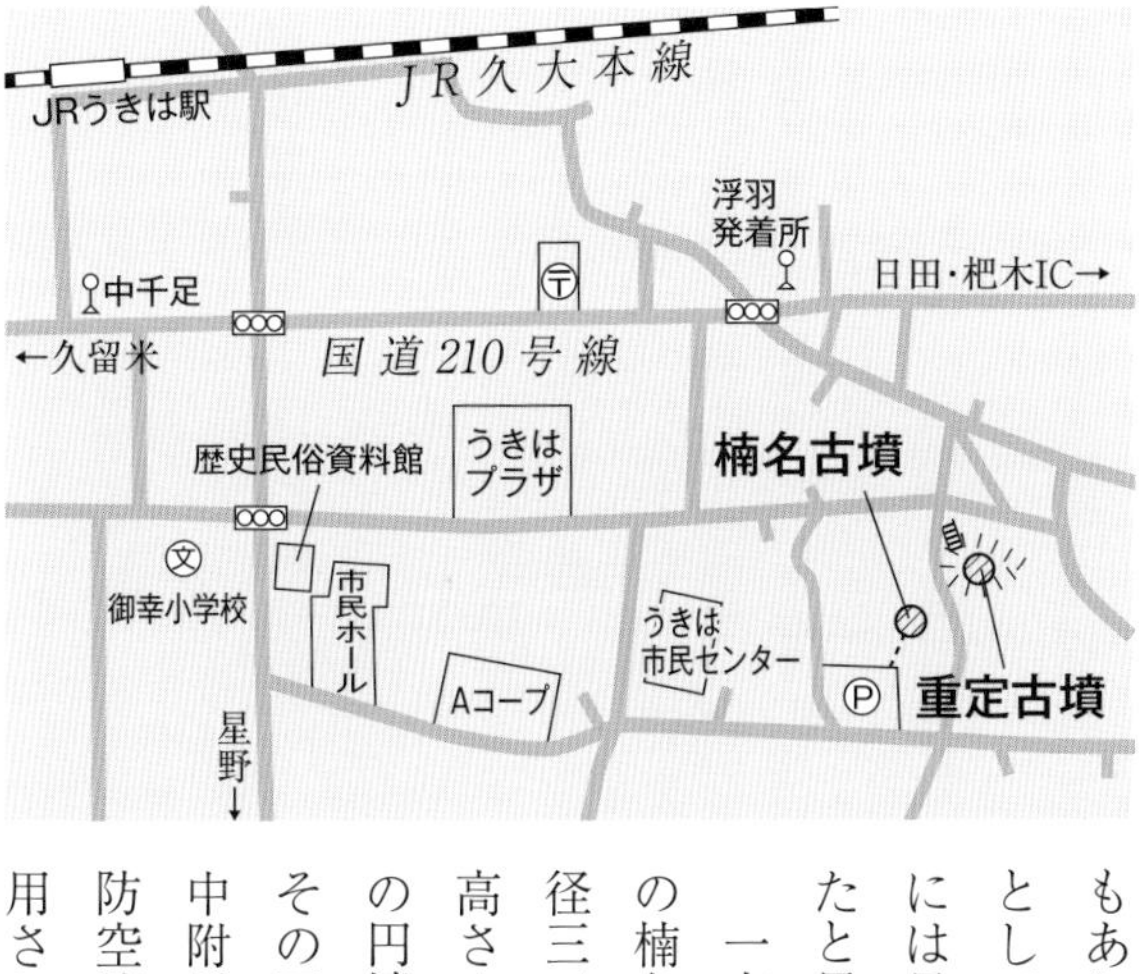

一方すぐ近くの楠名古墳は直径三二メートル、高さ六メートルの円墳であるが、その石室は戦時中附近の住民の防空壕として利用され、戦後は

楠名古墳の石室は一般公開されている

家を失った人たちが住んでいたという。この古墳の石室は一般公開されており、ボランティアガイドの案内で見学できる。

筆者も参加させていただいたが、石室は重定古墳よりさらに大きく全長は一六メートルもあり、九州内では三番目の長さである。ガイドさんの説明によると、この楠名古墳も前述の重定古墳もともに防空壕・弾薬庫に利用されていたとのことであった。

これ以外にも戦時中古墳の墳丘上に砲台が設置されたり、横穴古墳が拡張されて地下工場に利用されたり、飛行場建設により古墳群が消滅したような例は多い。

軍事利用されながらも、破壊されずに残ったこの歴史遺産を機会があったら見学していただきたい。

【アクセス】
大分自動車道杷木インターより車で10分（楠名古墳すぐ横に無料駐車場あり）
JR▽うきは駅下車⇩徒歩10分
西鉄バス▽浮羽発着所下車⇩徒歩5分

【うきは市の古墳見学について】
うきは市郷土史会のボランティアガイド案内
実施日▼毎月第3土曜日（必ず実施日5日前までにうきは市吉井歴史民俗資料館に申し込むこと）
時間▼1回目10：00／2回目14：00／所要時間2時間程度
集合場所▼吉井歴史民俗資料館前（必ず出発時間前までに集合のこと）
コース▼日岡古墳⇩月岡古墳⇩珍敷塚《めずらしづか》古墳⇩楠名古墳（重定古墳は非公開、楠名古墳より歩いてすぐ）
コースの移動は参加者各自の車で行うので、必ず車で来ること。ガイドの車での送迎はできない。車での移動が難しい方はタクシー利用となる。
見学申込▼吉井歴史民俗資料館／9：00～16：30／月曜日休館（祝日の場合は翌日）
TEL 0943（75）3120

佐賀県

鳥栖空襲と慰霊碑

鳥栖市藤木町

戦前の国鉄鳥栖駅は鹿児島本線・長崎本線・久大本線・甘木線の結節点となる交通の要所にあたり、民間の物資輸送だけでなく、軍事物資・兵員の輸送に重要な役割を果たしていた。特に長崎本線は佐世保海軍基地、甘木線は陸軍大刀洗飛行場への重要な輸送路になっていた。また、日清製粉株式会社や片倉製糸紡績株式会社・笠井食糧工場・鳥栖倉庫株式会社などの大規模な工場や倉庫が集中していたが、戦時中は日清製粉は火薬、片倉製糸は航空機部品、笠井食糧は軍に供給するための精米・精麦を行う軍需工場となっており、前述の鉄道網を使って輸送された。さらに鳥栖駅周辺には高射砲陣地・通信隊などの軍事施設も備えられていた。このことが、複数回に渡って鳥栖が空襲を受ける原因となっていたと思われる。

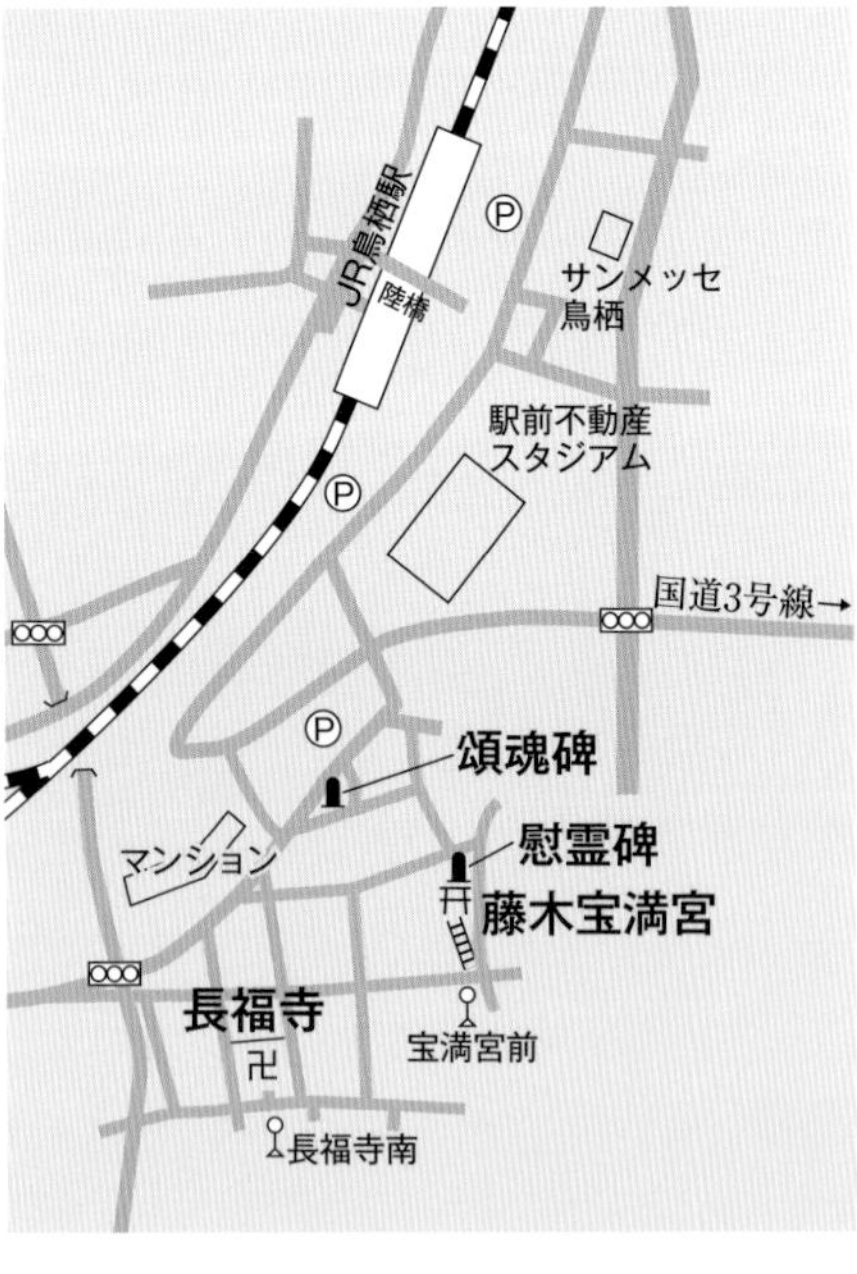

昭和二十（一九四五）年になると、鳥栖地区とその周辺への空襲が始まり、鳥栖倉庫が炎上、機銃掃射により市民が死亡した。そして、終戦直前の八月十一日、米軍のA26攻撃機・B25爆撃機による、通常爆弾を使用した最大規模の空襲を受けた。そのため、工場・倉庫・鉄道・軍事施設は壊滅、また周辺の住宅も被害を受け罹災者三二〇〇名、軍関係者・一般住民百名以上が死亡した。

軍関係では高射砲陣地が直撃弾を受けて、一個中隊全員が死亡した。また、防空壕に避難していた鳥栖電力区職員と動員学徒が直撃弾を受けて死亡した。この空襲で最も被害が大きかったのは鳥栖駅の南東部の藤《ふじ》木《のき》地区で、三十五戸の家屋が焼失し、住民三十二名が死亡している。しかし、このような大規模な被害に関わらず、なぜか戦後「戦災復興都市」に指定されず、戦災の事もほとんど知られていない。現在鳥栖駅周辺は、商工団地・住宅地・サッカースタジアムなどになり、被害の跡はほとんど残っていないが、藤木地区には唯一空襲跡が残る寺院があり、また二つの慰霊碑が建立されている。

鳥栖空襲で亡くなった鳥栖電力区の職員と動員学徒の慰霊碑

▽頌魂碑

JR鳥栖駅から陸橋を渡って、サッカースタジアムの横を通り、さらにスタジアム駐車場まで進むとその先に小さな公園があり、「頌魂碑《しょうこん》」と刻まれた石碑が立っている。これは鳥栖空襲の際に死亡した鳥栖電力区の職員と動員学徒の慰霊碑であり、昭和二十年十二月十一日、門司鉄道管理局内の有志と鳥栖電力区職員によって建立されている。碑文には「此ノ地ハ昭和二十年八月十一日米國機空襲ノ際碑記ノ鳥栖電力區職員及ビ動員學徒諸氏ガ職務執行中其ノ直撃彈ヲ蒙リ悲壮ナル戰死ヲ遂ゲタルノ地ナリ依ッテ其ノ英魂ヲ弔慰シ冥福ヲ祈ルモノナリ」と記されている。また、背面には殉職した電力区職員七名（うち女子一名）、動員学徒六名（うち女子四名）の芳名が刻まれている。なお、空襲のあった八月十一日には関係者によって慰霊祭が行われている。

▽藤木宝満宮境内慰靈之碑

頌魂碑からやや南東、藤木集落のなかに藤木宝満宮があるが、その社殿の後ろに、台座の上に「慰靈之碑」と刻まれた自然石が乗る石碑が建立されている。これは藤木地区の住民が昭和二十七年に建立したもので、空襲があった八月十一日には慰霊祭が行われている。台座前面の右側には藤木地区出身の戦死者四十一名、左側には空襲による戦災死者三十二名の芳名が刻まれている。そのうち女性は二十一名と多数を占め、男性も高齢者か子供と思われ、青壮年男性が戦場に行った後、集落に残された女性・高齢者・子どもが犠牲になったと推定できる。

藤木地区の住民が建立した「慰靈之碑」

▽**長福寺の戦災跡**

藤木宝満宮からやや南西の藤木集落内に臨済宗の長福寺があるが、山門の手前のレンガ塀には生々しい機銃掃射の跡が残り、左手の墓地の墓石も銃弾によって破損しているものがある。前住職堀田善昌《ぜんしょう》さんに当時のお話を伺うことができたが、それによると自分が四歳の時空襲があり、寺院の建物は直撃弾を受けて崩壊し、祖母と、自分を含む子ども四人のうち兄二人が亡くなり、自分も爆風に吹き飛ばされ足を爆弾の破片が貫通したが、何とか命は助かった。父は警防団員として出動中、母は一歳の弟と防空壕に逃れていて助かったが、母は戦災のショックで耳が聞こえなくなったという。藤木集落も多くの家が破壊されて多くの犠牲者が出た。またここから南方の田んぼには多数の爆弾による穴が空き池になっていたが、資材の不足のため昭和三十年頃まで放置されていた。その場所は現在商工団地になっている。高射砲陣地跡には回転式の砲座が残され、子供たちが乗って遊んでいた。学校に呼ばれて当時の話をするが、子供たちは当時の状況が今一つ理解できずピンとこないようだと話された。

銃弾によって破損された墓石

上・生々しい機銃掃射の跡が残るレンガ塀
中・爆弾の破片で破損した経本
下・飛び散った爆弾の破片は鐘を貫通し反対側まで穴をあけている

さらに本堂に案内して頂いたが、直撃した爆弾は、破裂すると鉄片が四方八方に飛散する構造で、正面の仏壇の左手の鐘《きんす》には複数の穴が開き、反対側まで貫通している。また経本を入れた箱を見せて頂いたが、爆弾の破片が箱を貫いてなかの経本を破損させていた。しかし、分厚い和紙製の経本は一部が破損しただけで、経文を読むことができる状態であり、和紙の頑丈さには驚かされた。鳥栖空襲で最大の被害を受けた藤木集落も、現在はその跡は何も残っておらず、この寺院の被弾レンガ塀・墓石・破損した鐘・経本だけが戦災の悲惨さを物語っている。最後に善昌さんは、戦災で自分の運命は完全に狂わされてしまった、絶対に戦争はいけないということをぜひ伝えてほしい、またこれらの戦災の遺構・遺物をいつまでも残して、後世に伝えて頂けたらと言っておられた。なお、前記の藤木宝満宮境内「慰霊之碑」には善昌さんの亡くなられた二人のお兄さんの名前も刻まれている。

【アクセス】

九州自動車道鳥栖インターより慰霊碑・長福寺まで車で10分

JR▽鳥栖駅下車⇩頌魂碑まで徒歩10分／藤木宝満宮境内慰霊之碑まで徒歩13分／長福寺まで徒歩15分

※鳥栖市ミニバスを利用すれば、藤木宝満宮は藤木宝満宮前、長福寺は長福寺南のバス停で下車してすぐであるが、便数が少ないので事前に時間を調べておくこと。

陸軍目達原飛行場跡と西往寺

神埼郡吉野ヶ里町立野・大曲

佐賀県吉野ヶ里町を通る国道34号線の南側に陸上自衛隊目達原《めたばる》駐屯地があるが、ここは鹿児島県知覧《ちらん》・万世《ばんせい》飛行場に向かう特攻隊員の待機基地であった陸軍目達原飛行場の跡である。

大刀洗陸軍飛行学校
目達原教育隊正門跡

この飛行場は昭和十六（一九四一）年に完成したが、その際六〇戸の農家が移転を余儀なくされ、敷地にあった目達原古墳群も破壊され、都紀女加《つきめか》王墓とよばれる前方後円墳が一基だけ残されている。

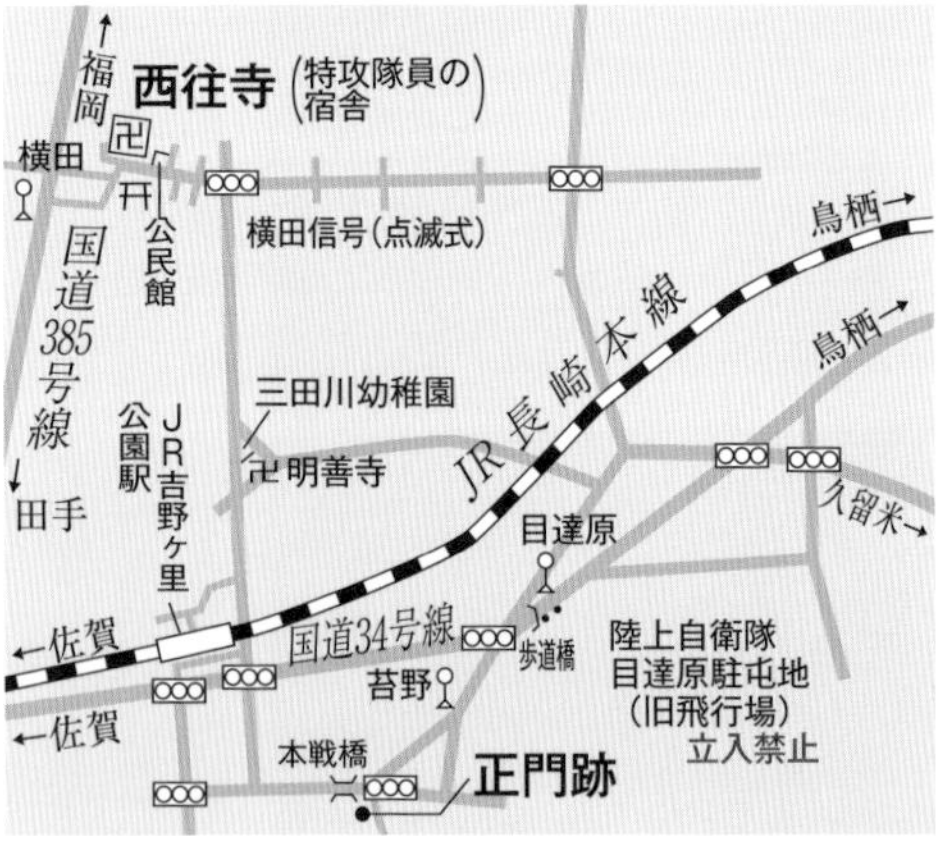

現在ここに飛行場があったことを物語るのは、自衛隊敷地の西方に残る正門跡だけであり、門柱には、この飛行場の正式名「大刀洗陸軍飛行学校目達原教育隊」の看板が復元されて取り付けられている。その横には航空隊の写真が入った説明板や、特攻隊員を慰霊する歌碑などが設置されている。

また、平成五（一九九三）年公開された映画「月光の夏」は、音楽学校出身の特攻隊員が佐賀県鳥栖市の

かつて待機中の特攻隊員の宿舎となった西往寺

小学校にあったピアノを弾いて出撃して行くストーリーとなっているが、そのモデルとなった特攻隊員はこの飛行場に所属していたといわれている。なお、そのピアノは現在鳥栖市の「サンメッセ鳥栖」内に置かれている。

さらにこの飛行場跡から北西に約二キロ、吉野ヶ里町大曲にある西往寺《さいおうじ》はかつて待機中の特攻隊員の宿舎であり、現在でも隊員の手紙や遺品が残されている。

当時の住職夫人、寿賀さんは、若い隊員からお母さんのように慕われ、また娘の静江さんは、隊員は陽気でよく自分と遊んでくれたが、母親と面会できなかった隊員が夜になるとお寺の墓地の周りで「お母さん」と叫んでいるのを見たという。そして、この飛行場から出撃した特攻隊員五十三名が二度と帰らぬ人となった。

西往寺では毎年お盆のときには、亡くなった特攻隊員の位牌を安置して、供養を行っている。

【アクセス】

陸軍目達原飛行場正門跡

長崎自動車道東脊振インターより国道385号線田手信号左折、国道34号線経由で車で15分

JR▽長崎本線吉野ヶ里公園駅下車⇩徒歩10分

西鉄バス▽目達原下車⇩徒歩10分

西往寺

長崎自動車道東脊振インターより車で5分

JR▽長崎本線吉野ヶ里公園駅下車⇩徒歩25分

吉野ヶ里町コミュニティバス▽横田下車すぐ（便数が少ないので時間を確認すること）

佐賀空襲と空爆焦土碑

佐賀市水ケ江

昭和二十（一九四五）年になると米軍機による地方都市への空襲が頻繁になってくるが、七月になると佐賀市周辺の集落への機銃掃射により住民十一名が死亡している。そして、八月五日深夜南東方面から飛来したＢ29爆撃機により、佐賀市とその周辺が小型爆弾と油脂焼夷弾による大規模な空襲を受け、死者六十一名、焼失家屋四四三戸という甚大な被害を被っている。当初米軍が攻撃目標としていた佐賀市街地は、灯火管制で爆弾を投下できなかったため被害がなく、むしろ市街地南東部の水ケ江地区・川副地区・諸富地区が集中的に攻撃され、最も大きな被害を出した。

『佐賀市史』（佐賀市）に寄せられた被災者の証言では、隣家の工業学校生徒が腹に焼夷弾の破片を受けて瀕死の状態になり、リヤカーで負傷した母と共に病院に運ぼうとしたが、その母の膝の上で亡くなった、焼け落ちた家屋に可愛い女の子が残され、母親は炭のように焼け死んでいた、諸富国道（現国道２０８号線）から次々とバスで死体や負傷者が運ばれてきたなど、悲惨な状況であった。

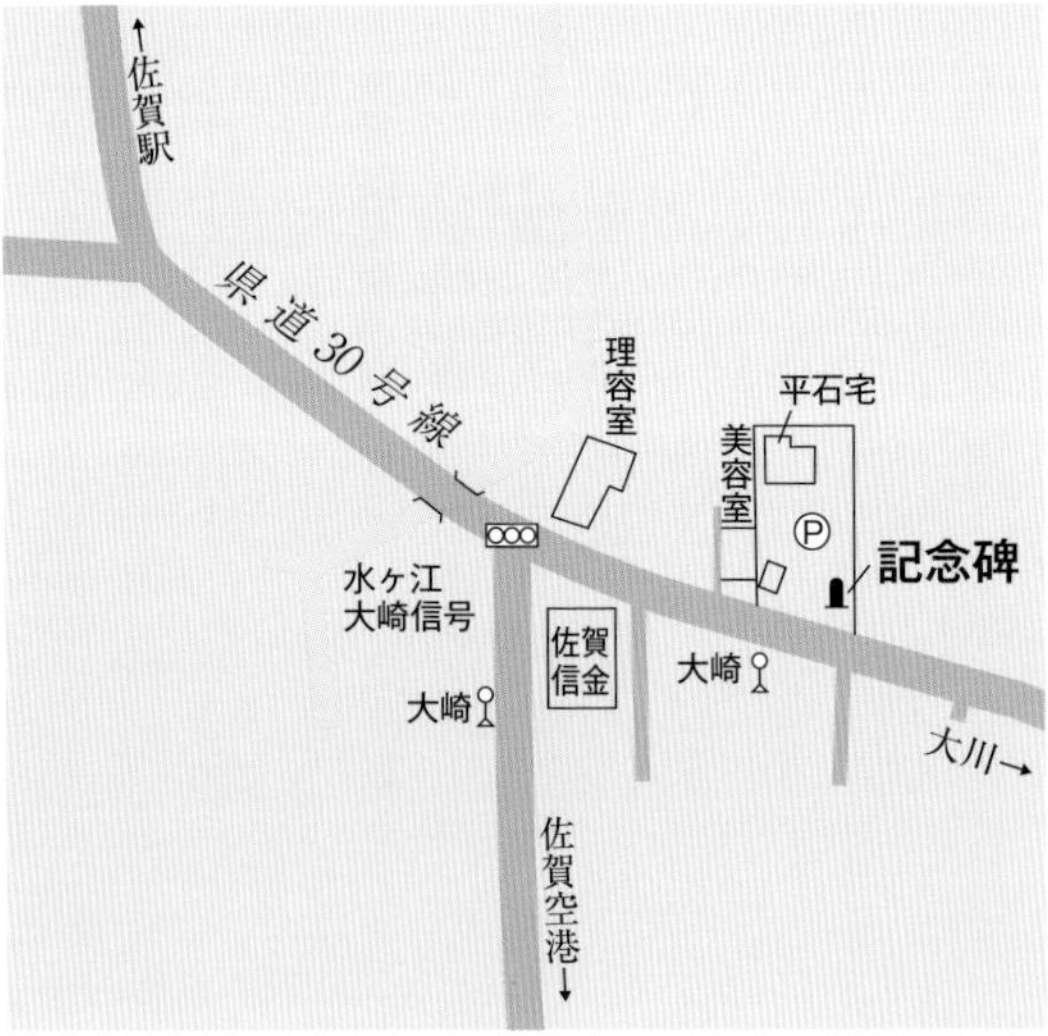

その佐賀空襲で被害がひどかった水ヶ江地区の駐車場の一角に「昭和二十年八月五日Ｂ29空爆焦土」と刻

まれた石碑が建立されている。左側面には「かあちゃん　たすけて」の言葉、右側面には建立した平成二十三（二〇一一）年八月十五日の日付と平石四郎・トエの氏名、背面には「太平洋戦争罹災」と書かれている。

この石碑については令和二（二〇二〇）年に「佐賀新聞」が、建立者の平石強さんに取材しており、その記事によると当時強さんは旧制中学の生徒で十四歳であったが、小児麻痺で足が不自由であった。空襲の際母は足に火傷を負っているにも関わらず、強さんをおぶって、近くの橋まで逃れた。母のおかげで助かったとの思いから、碑には「かあちゃん　たすけて」の文も刻んだ。戦災の恐ろしさを忘れないように碑を建てたとのことである。

なお、筆者が強さんの息子さんに碑文に刻まれた平石四郎・トエの名前をお伺いしたところ、四郎さんは当時出征中の強さんの父の名前、トエさんは強さんを助けた母の名前であるとのことであった。佐賀市内には自治体や団体が建立した戦災記念碑がないなか、戦災の恐ろしさと母への感謝の気持ちを後世に伝えるため、個人で敷地内に石碑を建立された強さんの行為に深く感銘を受けた。

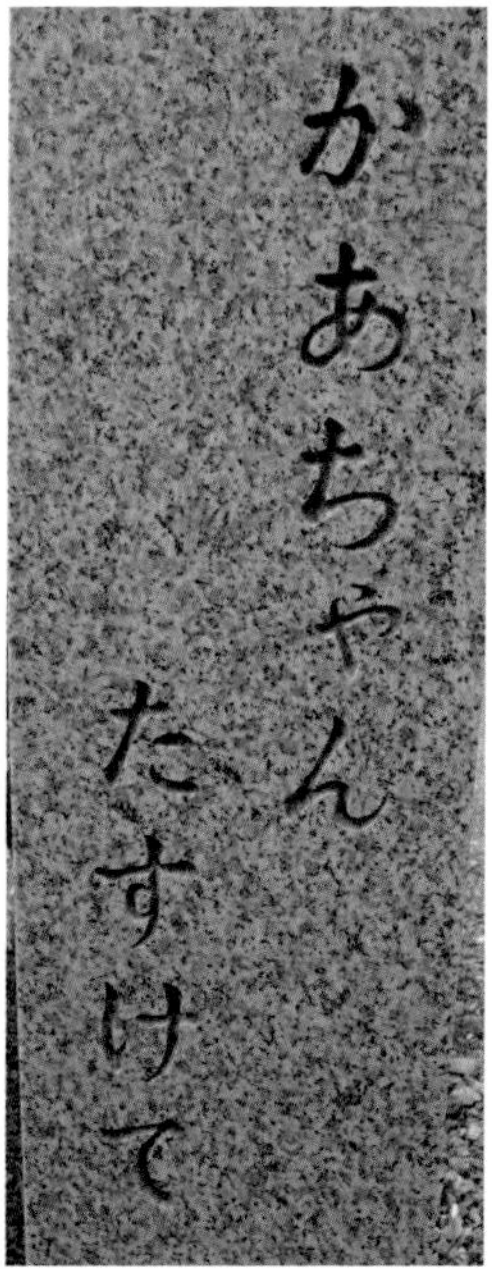
かあちゃん
たすけて

昭和二十年八月五日B29空爆焦土

戦争の恐ろしさと母への感謝を後世に伝えるため、平成23年に個人で建立された石碑

【アクセス】
長崎自動車佐賀大和インターより車で20分
佐賀市営バス・西鉄バス▽大崎下車すぐ

旭ヶ岡公園内 動員学徒戦没者慰霊碑

鹿島市高津原

長崎本線JR肥前鹿島駅から南に二十分ほど歩くと、佐賀県立鹿島高等学校大手門学舎・赤門学舎・旭ヶ岡公園があるが、ここはもともと佐賀鍋島藩の支藩鹿島藩の城跡である。

その大手門学舎の裏門と道路を挟んだ旭ヶ岡公園の一角に、「友よ安らかに」と刻まれた慰霊碑が建立されている。昭和十九（一九四四）年九月に、佐賀県立鹿島高等女学校（現鹿島高等学校赤門学舎）と鹿島立教実業学校（現鹿島高等学校大手門学舎）の生徒約三〇〇名が大村市の第二十一海軍航空廠に動員された。同年十月二十五日の米軍の大規模空襲により、工員・動員学徒・市民など約四〇〇名が死亡したが、その時に鹿島高等女学校の生徒六名・同校卒業生の女子挺身隊一名と鹿島立教実業学校の生徒一名が犠牲になった。さらに終戦直前の昭和二十年七月三十日に工場の寮が米軍機に銃撃され、鹿島高等女学校の生徒二名が亡くなっている。この慰霊碑は犠牲者の五十回忌に当たる平成五（一九九三）年に同窓生が中心になって建立したものである。

碑の裏面には「この碑は太平洋戦争当時学業半ばにして、十代の若い命を国家の危急に捧げ、祖国復興の礎となった私達の亡き十名の学友のみ霊を合祀し、再びこの戦争の悲劇を繰り返さないための悲願を込めて建てるものであります。思えば昭和十九年学徒動員令により、私達は大村の第二十一海軍航空廠に動員され航空機生産に励み日夜汗を流して挺身しました。しかし、戦火は次第に本土に迫り、連日の空襲にさらされ、不幸にして若き十名の命を一瞬にして奪われました。その惨状は今なお脳裏にやきつき涙なくしては語ることができません。今日焼土から蘇生した日本の平和と繁栄のなかで、ただお国のためにと短い生涯を閉じた彼女達に思いを致す時、これもひとえにそのみ霊のお加護によるものと深く感謝するものであります。ここ

令和２（2020）年、佐賀県立鹿島高等学校で復活された追悼式

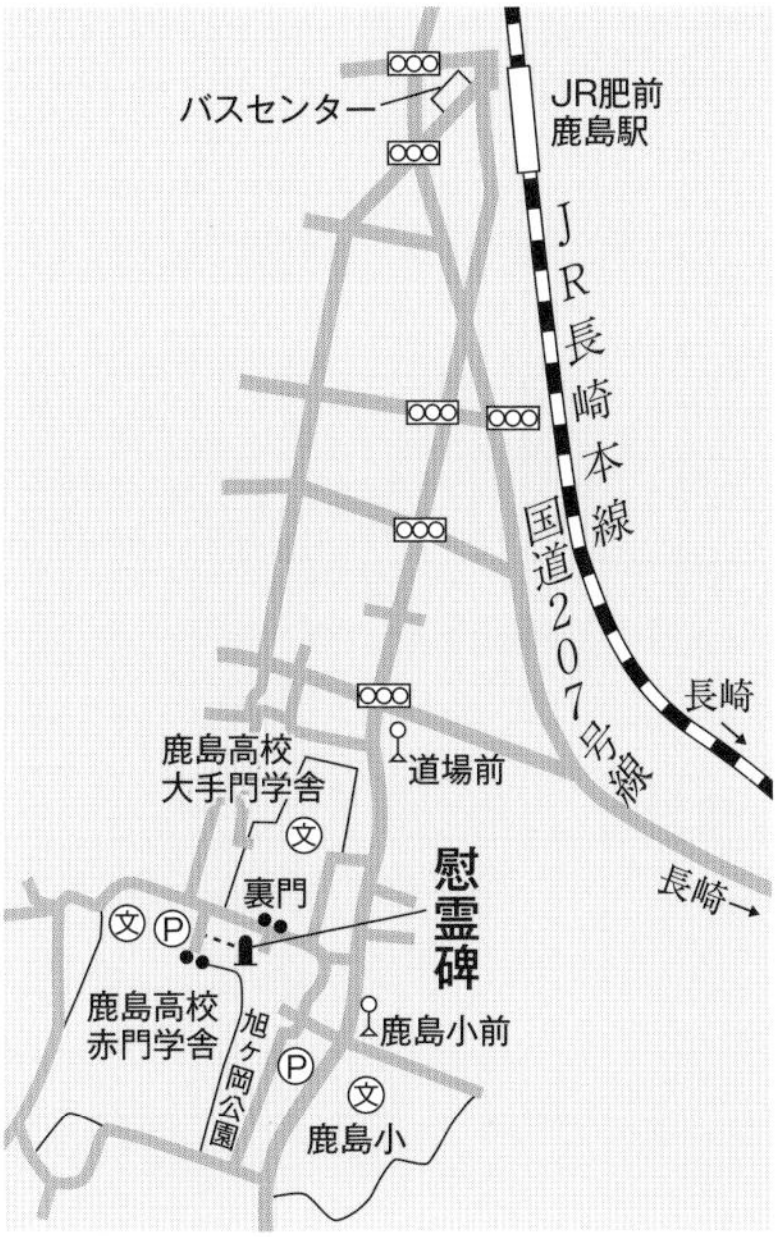

に五十周年を迎えるに当りその岩に刻んでとこしえに平和の祈りを捧げ生前の面影をしのぶよすがと致します」とある。さらに戦没した十名の生徒の芳名と建立した同窓会名が記されている。

この場で昭和四十三年から行われていた追悼式も、慰霊碑が建立された平成五年を最後に、参加者の高齢化などを理由に中止された。しかし、この慰霊碑と動員学徒の悲劇に注目した在校生がいた。鹿島高校二年川島花笑《はなえ》さんは、令和二（二〇二〇）年、国連に核兵器廃絶を訴える署名を届ける「高校生平和大使」に選ばれていたが、新型コロナウイルスの流行により、活動が制限されていた。そこで「地元で平和活動を」と考え、自身と同じ若者の戦争体験を知るため、学校の百周年記念誌を調べていた時、同校の動員学徒の悲劇を知ることとなった。

川崎さんは「亡くなった学生はもっと学びたかっただろう。その気持ちを考えると行動せずにはいられなかった」と追悼式の復活を提案し、川崎さんの熱意に共感した学校側も全面的に協力、令和二年十月二十四日に追悼式が執り行われた。

追悼式は犠牲者への黙禱に始まり、学校長・地元代表の追悼のことば、川崎さんの「犠牲者の方々のことを決して忘れてはいけない。戦争の記憶を後世に語り継がなければならない。私たちが平和な世界をつくり出していく責任がある世代だ」との平和への誓いと続き、慰霊碑への献花で締め括られた。

式の後、川崎さんを始めとする在校生と遺族の方・目の前で学友を失くした当時の動員学徒・鹿島市原爆被害者の会の方との交流会が行われ、参加者からは当時の悲惨な体験が語られ、在校生たちは熱心に聞き入っていた。

本来は学業生活に青春を謳歌していたはずの生徒たちの悲劇に涙せずにはいられない。一方でこの戦争の悲劇を知り、後世に伝えていこうという熱意を持った生徒がおり、それを全面的に協力した学校があることに感動し、さらに平和運動への希望を持つことができた。

【アクセス】
長崎自動車道武雄北方インターより車で25分、旭ヶ岡公園駐車場より徒歩すぐ（旭ヶ岡公園赤門前にも若干駐車可）
JR▽長崎本線肥前鹿島駅下車⇩徒歩20分（祐徳バス道場前・鹿島小前下車徒歩5分であるが、バスの本数が少ないので利用は難しい）

大鶴炭鉱跡と「にあんちゃんの里」

唐津市肥前町入野・鶴牧

東松浦半島西部にあった大鶴炭鉱は明治時代に開山し、その後昭和十一（一九三六）年杵島《きしま》炭鉱大鶴鉱業所となり、戦争による燃料需要の増加などで、石炭生産も本格化した。それに伴う労働者不足を解消するため、朝鮮半島から募集、さらに強制連行などによって、佐賀県の炭鉱全体で戦争末期には約六〇〇〇人もの朝鮮人炭鉱夫が働かされていた。

大鶴炭坑第２坑口の跡

この大鶴鉱業所でも昭和十四年には九十七人、昭和十七年までには七五六人、翌年には四四九人が連行されており、その数は県内最大規模であった。炭鉱での労働と生活は過酷で、落盤や爆発事故を伴う危険性の高い仕事にあてられ、賃金等待遇の格差もあったという。

日本の敗戦により、朝鮮人労働者は一部を残して帰国したが炭鉱は生産を続行。最盛期には大鶴地区の人口は四千人を数えたが、昭和三十年代からのエネルギー革命により、昭和三十一年閉山した。各種の炭鉱施設や建ち並んでいた炭住（社宅）はなくなり、現在の人口は約五十人、静かな漁村になっている。

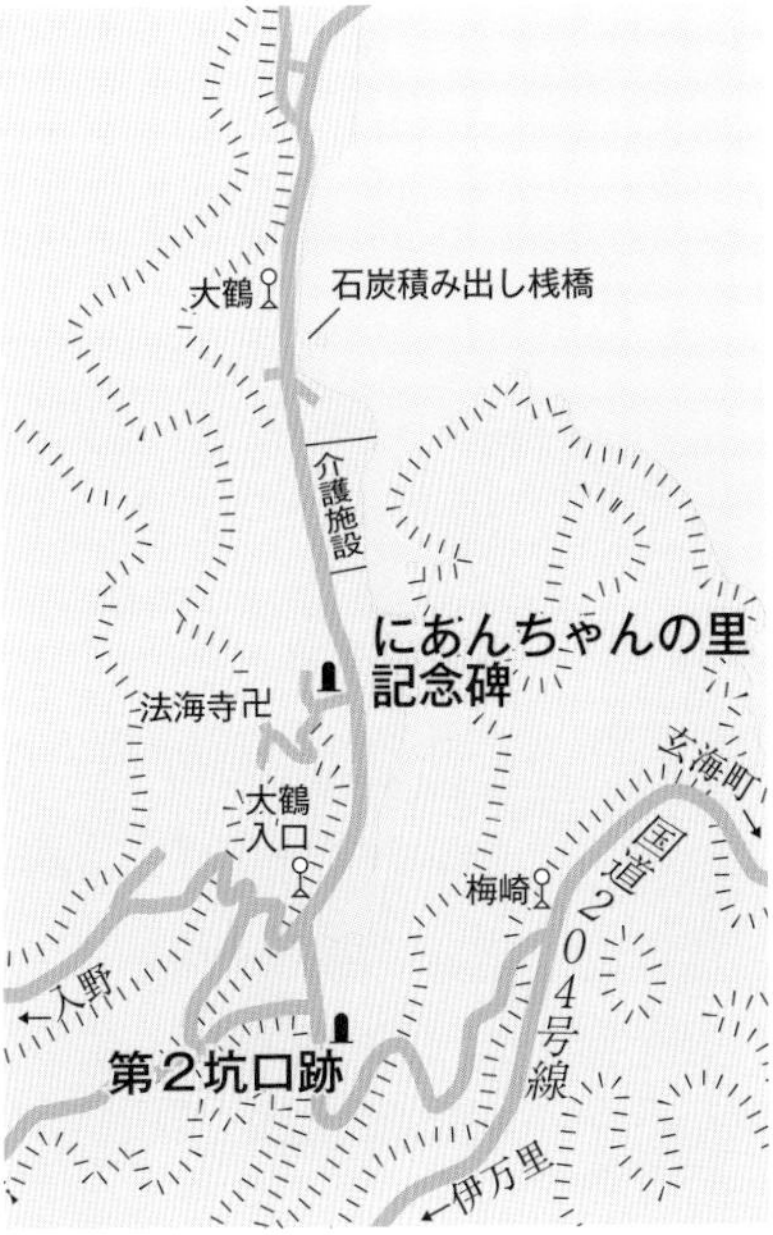

炭鉱の遺構として残っているのは、第二坑口と石炭の積み出し桟橋だけである。第二坑口は国道204号線の梅崎バス停から坂道を下った大鶴地区の入口右側にある。平成十六（二〇〇四）年に文科省登録有形文化財に指定され、それを示す標識が道路脇に立っている。また、大鶴バス停の手前に積み出し桟橋跡あり、老朽化しているが現在は漁船の係留に使用されている。

しかし、ここが多くの人々に知られるようになったのは、在日朝鮮人少女安本末子さんが、小学校二年生から五年生の間に綴った日記『にあんちゃん』（光文社）が世に出てからである。

末子さんの両親は全羅道《チョラルド》の両班《ヤンバン》階級（当時の最上級の身分）出身の豪農であったが、祖父が知人の保証人となったため没落し、両親は生活のため昭和二年に日本に渡り、この炭鉱の労働者となった。しかし戦後に母を、ついで父も亡くし、兄妹四人で貧困に負けず助け合って生きていくというこの日記が、昭和三十三年に出版されるとベストセラーとなり、さらにラジオドラマ、今村昌平監督による映画にもなった。

「にあんちゃん」とは末子さんの二番目の兄高一さんのことである。その後末子さん一家は神戸に転居するが、末子さんの同級生が中心となって「にあんちゃんの里記念碑建設世話人会」を結成し、地元の人の協力や全国からの募金を受けて、平成十三年、炭鉱跡の一角に「にあんちゃんの里記念碑」が完成した。

石碑の右側に建つブロンズ像の少女は末子さん、左側に立つ少年は高一さんであり、裏面には大鶴鉱業所の歴史が刻まれている。

現在『にあんちゃん』の本は復刻版が出ており、興味のある方は一読されてはいかがだろうか。

【アクセス】

西九州自動車道北波多インターより車で30分

昭和バス▽唐津より古保志気《こぼしき》乗り換え、梅崎下車⇩徒歩10分（莒津《しょうづ》行きで大鶴下車は朝夕2本しかないので利用は難しい）

「にあんちゃんの里記念碑」

光明寺と大鶴礦業所殉職者之碑

唐津市肥前町入野

前述の大鶴炭鉱から南西に約二キロ、唐津市役所肥前支所から北に少し行くと浄土宗光明寺の伽藍が見えてくる。この寺院は慶長六（一六〇一）年旧入野村殿《との》木場《こば》に開山、享保二十（一七三五）年の火災により現地に移転再建された古刹であるが、実はこの寺院は大鶴炭鉱と深い関わりがある。

「大鶴礦業所殉職者之碑」

現住職の先々代の住職は、毎日のように五キロ近い道のりを大鶴炭鉱まで通い、死者の葬儀・供養だけでなく、日本人のみならず、異国の地に来ての過酷な労働環境・生活環境の朝鮮人労働者やその家族の心のケアまでその役目は及んでいたという。

筆者はありがたくも御住職の川原浩心《こうしん》さんに境内を案内していただいた。本堂の裏山の墓地内に「大鶴礦業所殉職者之碑」と「法名塔」が建立されている。

「大鶴礦業所殉職者之碑」は昭和三十三（一九五八）年に、大鶴炭鉱で亡くなった引き取

り手のいない日本人・朝鮮人炭鉱夫とその家族の遺骨を納めた供養塔である。その右側の「法名塔」は平成二年（一九九〇）年建立で、ここに祀られていた朝鮮人五十一名の生年月日・戒名・俗名・年齢が記されたものであるが、一人ひとり戒名まで授けられている例は珍しい。名前は朝鮮の本名と創氏改名による日本名が混じり、年齢は二歳から六十三歳と幅広いが、子どもの数が比較的多いのは、当時の衛生状態の劣悪さを物語っている。

　このようなことが縁となり、昭和六十二年から韓国との親善交流事業が行われ、翌年からはホームステイを相互交換することになった。

日清戦争から第二世界次大戦までの檀家の戦死者を弔う「英霊御堂」

　また、「法名塔」が建立されたことに感激した金海《キメ》市文化院の柳《ユー》弼《キョル》鉉《ファン》院長が、慶尚南道《キョンサンナムド》知事に働きかけ感謝牌（感謝の言葉が書かれた楯状のもの）が贈られた。現在も韓国からのホームステイの学生が光明寺に参拝したり、韓国のテレビ局の取材があったという。このように先々代の住職が築いた日本と朝鮮半島の人々の親善が、現在も脈々と引き継がれていることには感激させられる。

　一方、墓地から階段を下ると「英霊御堂」と呼ばれる供養堂があるが、日清戦争から第二次世界大戦までの檀家の戦死者の位牌と一人ひとりの写真が並んでいる。位牌は今では制作困難といわれる豪華な金箔が施されている。今は静かで平和なこの地域から、かくも多くの、しかも若い人々が戦場に赴き、二度と帰らぬ人になったことにも心が痛む。

【アクセス】

西九州自動車道北波多インターより車で30分（寺の西側の道路から入ると駐車場がある）

昭和バス▽入野（肥前支所前）下車⇩徒歩10分

長崎県

生月砲台

平戸市生月町御崎

砲台観測所跡の東入口

戦前、福岡県から長崎県にかけての海岸・島嶼《とうしょ》部の各所に、壱岐《いき》要塞が構築されたが、この生月《いきつき》砲台もその一つである。平戸島北方にある生月島の最北端、御崎《みさき》地区の西海岸側の丘陵頂部にあり、すぐ横を九州自然歩道が通っている。生月砲台は壱岐水道防御のため、昭和十二（一九三七）年着工、翌年完成し、一五センチカノン砲二門・観測所・弾薬庫・発電所・電探施設などが設置されたが、実際に使用されることはなく終戦を迎えた。

ここに行くには平戸島と生月島をつなぐ生月大橋を渡り、西回り東回りの道路のどちらでもよいが、島北端の御崎地区に向かう。御崎集落の手前まで来ると左手に「まきの茶屋」の看板があり、その道に入るとすぐに道が左右に分かれるが、右は「まきの茶屋」への道、左は九州自然歩道への道である。左の狭い舗装道

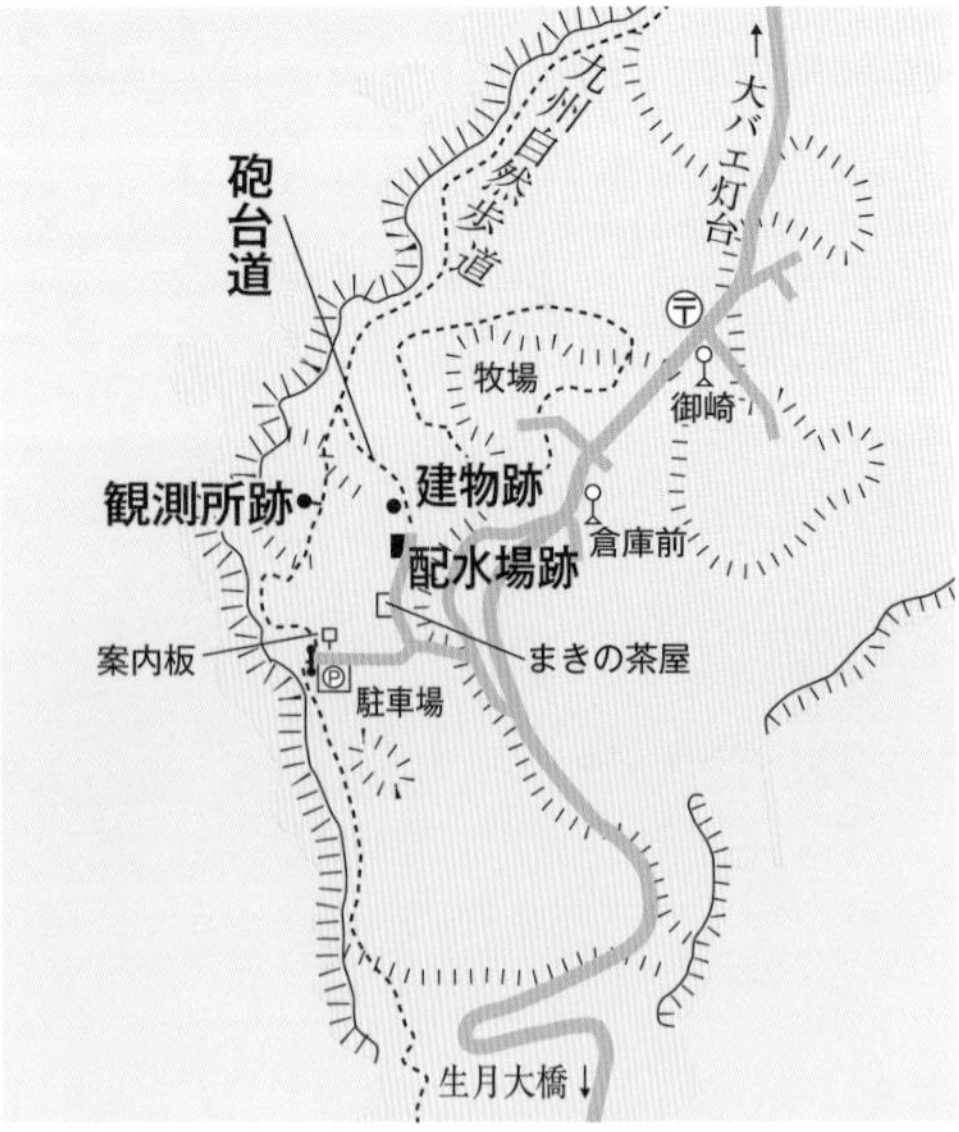

森のなかに巨大なコンクリートの砲台観測所がたたずんでいる

路に入るとすぐ行き止まりになり、左に駐車場、右に九州自然歩道の案内図があり、生月砲台とそこに至るルートが表示されている。ここから九州自然歩道を通って、砲台がある標高一〇九メートルの丘陵頂部に向かう。

この道は地元の方が整備しておられるようであるが、一部雑草で通りにくい部分もある。やがて頂部付近に来ると砲台道の石垣が現れ、そのすぐ先の左側に生月砲台の標識がある。

ここを入るとまず左手に水槽があり、正面にコンク

1階は弾薬庫、2階が砲台観測所になっている

1階入口へ降りていく階段

リート二階建ての巨大な建物が現れ、トンネル式の通路が開いている。なかに入ると左手に四つの部屋があり、その一つには壁面に、「弾丸置場」「砲具置場」の文字が、今も鮮明に残っている。このことから一階部分は弾薬庫・用具倉庫であったことがわかる。

また、右手の階段を二階に上がると広い空間になっており、窓が切られている。天井が開いたその上にさらに空間が見えるが、ここから直接行けないので、一度外に出て建物頂部まで登ると入口がある。そこから入ると大きな窓が開いた空間になっているが、この二階部分が砲台の観測所と思われる。

ここを出て反対側の入口まで来ると、石垣の護壁がある砲台道が北の方向に続いている。これに沿って進むと左手に用途不明の塹壕状の窪みがあり、さらに先に行くとコンクリート製の七角形の砲座のような遺構があるが、戦跡調査でここに行った方の情報では砲座ではなく、電探施設ではないかとのことであった。ここからさらに奥に二カ所の砲台があったようであるが、灌木《かんぼく》・雑草で覆われ見つけることはできなかった。

電探施設跡か

再び砲台の標識まで戻ると、右手に九州自然歩道が続いているが、これは一部砲台道を利用したものである。ここを進むと左手に再び先ほどの二階建ての施設が見えるが、近づいてみると地下室があり、また外から階段で観測所部分に入ることができる。

砲台観測所内部の様子

しばらく行くと分岐があり、九州自然歩道は左手に最北端の灯台まで続いているが、砲台道は右手に下がっている。この砲台道を下って行くと右手にすぐ建物のコンクリートの基礎と水槽がある。さらに下ると御崎地区の配水施設がありここまで車が入る。またしばらく下ると「まきの茶屋」前を通り、九州自然歩道の駐車場への道と合流する。

この遺構はかなり保存状態が良いので、さらに整備して、説明板も立てれば見学者の役に立つのではないかと思われる。

【アクセス】
平戸大橋まで西九州自動車道松浦インターより車で30分／佐々インターより車で40分、平戸大橋から生月大橋まで車で40分、生月大橋から九州自然歩道駐車場まで車で25分（西回り・東回り道路どちらでも同じ時間。西回りの方が海の景色が良い）
ここから砲台まで徒歩10分、配水施設からは徒歩7分
生月バス▽倉庫前下車⇩九州自然歩道駐車場まで徒歩15分（バスの便数は少ないので事前に時間を調べた方が良い。平戸から生月島一部桟橋までバス利用、そこから生月タクシーを利用した方が便利）

佐世保鎮守府凱旋記念館

佐世保市平瀬町

軍港佐世保の歴史は、明治二十二（一八八九）年の佐世保鎮守府開庁から始まるが、以後第二次世界大戦終結まで海軍関係の施設が次々と設置されていった。敗戦後それらの施設の大部分は失われたが、一部は残存して現在も利用されている。その一つが「佐世保鎮守府凱旋記念館」であり、現在「佐世保市民文化ホール」として利用されている。

佐世保駅前から、国道35号線を平戸方面に進み松浦町で左折し、県道をしばらく行くと佐世保川に架かる佐世保橋がある。現在この先には米海軍基地や海上自衛隊総監部などがあるが、かつては佐世保鎮守府と関連施設があり、この橋も海軍橋と呼ばれ現在もこの名前の方が知られている。

橋を渡って左側を見ると「旧海軍下士官集会所跡」と刻まれた石碑が建ち、「下士官や水兵の宿泊・休息・入浴・教養娯楽のため明治三十五（一九〇二）年建てられたもので後にコンクリート造りとなったが、戦後は米軍の司令部が置かれた」との説明文と、当時の写真が表示された説明板が立っている。現在その建物はなくなっており、佐世保市総合医療センターの駐車場になっている。

また、道路の先の右側に見えるガラス張りのビルは「海上自衛隊佐世保史料館（セイルタワー）」で、旧海軍から海上自衛隊までの資料を展示しているが、旧海軍の士官集会所（水交社）の跡地に建てられたものである。

海軍橋から医療センター入口まで来ると、目の前にクラシックな二階建ての巨大な建造物が聳え立っている。これが大正十二（一九二三）年に建立された「佐世保鎮守府凱旋記念館（現佐世保市民文化ホール）」である。入口の説明板には「大正3年（1914）に勃発した第一次世界大戦で日本は連合国側に参戦したが、佐世保鎮守府から艦隊が派遣され、地中海において潜水艦からの護衛という任務に就いた。その活躍により英国国王から勲章を授与されるほどであったが、これを受けて佐世保でも凱旋記念館建設の気運が高まり、鎮守府管轄の各県からも寄付金が集まり完成した」とあり、当時の写真が表示されている。

現在「佐世保市民文化ホール」として利用されている「佐世保鎮守府凱旋記念館」は国登録有形文化財に指定されている

記念館のガイドさんによると、外壁はレンガ、内部の柱はコンクリート造りで、海軍の催事や合同葬儀などに利用された。戦後は米軍に接収され、ダンスホールや映画館などの娯楽施設として利用され、内部も派手に装飾されていた。米軍は戦時中、度々佐世保を空襲したが、この凱旋記念館は被害がなかった。おそらく日本の敗戦後にここを米軍施設に利用しようとする計画があったからではないかとのことであった。
この記念館は昭和五十二（一九七七）年に返還され、昭和五十七年に佐世保市に譲渡され市民文化ホールとなり、市民による演劇や音楽・ダンスなどの発表会などの文化活動や、さまざまな催事に利用できるようになった。

さらに平成九（一九九七）年には国登録有形文化財に指定され、内部はもとのように復元し、数年前耐震補強も行っているとのことであった。なかに入ると八二六平方メートルとかなり広く、正面は美しいデザインの舞台になっており、上部には鎮守府を表す装飾が施されている。二階に上がると回廊になっており、装飾のある円柱が美しい。二階の奥は凱旋記念館時代の資料を展示している。

記念館の外に出て建物を見上げると、再びその大きさと華麗なデザインに驚かされる。かつての海軍の施設が、今は佐世保市民の文化活動の発表の場として、平和利用されていることになにかホッとさせられる建造物である。

佐世保鎮守府凱旋記念館近くに建つ「旧海軍下士官集会所跡」碑

【アクセス】
西九州自動車道佐世保中央インターよりすぐ
西肥バス▽佐世保市総合医療センター入口下車すぐ
【旧海軍佐世保鎮守府凱旋記念館】
営業時間▼9：00～22：00
休館日▼毎週火曜日・年末年始
見学料金▼無料
見学は要予約。催事の際は見学できない場合がある
（建物は外部から自由に見学できる）
TEL 0956（25）8192（佐世保市民文化ホール）

佐世保鎮守府防空指揮所跡

佐世保市平瀬町

昭和 17（1942）年に造られた防空指揮所跡

前述の凱旋記念館から西方にある海上自衛隊佐世保総監部は、かつての佐世保鎮守府跡にあるが、その構内に鎮守府の防空指揮所に使用された地下壕が現存している。

　構内の北東隅に来ると、左側が分厚いコンクリート壁になっている階段があり、そこを下ると巨大なコンクリート製の庇《ひさし》が取り付けられた地下壕の入口がある。入口横には案内板があり、「この防空指揮所は昭和17年（１９４２）に完成したもので、地下2階、総面積約７００㎡の規模があり、軍港周辺の見張所からの情報を統括し、高射砲台の砲戦指揮を行った。昭和20年6月の佐世保空襲の際に鎮守府庁舎は全焼したが防空指揮所は被害を免れた」とある。

　ガイドさんの指示に従って入口から入ると、照明に照らし出された地下壕は、予想を上回る巨大で複雑な構造になっていた。内部には長い通路や鉄扉で隔てられたいくつもの部屋があり、立ち入りはできないが、地下二階へ下る階段もある。また、据え付けられた巨大な換気装置にも驚かされる。

　中央の指令室に入ると巨大な空間で、天井は上部に装飾が施されたコンクリート製の円柱に支えられている。円柱の一つにはいくつもの金属製の穴が開いていたが、これは司令を各部屋に肉声で伝達する「伝声管」の跡、また壁や柱が黒ずんでいるのは米軍占領期に起きた不審火のためとのことであった。ほかの柱には英語の落書きがあったが、米兵によるものかもしれない。指令室は情報室・緊急指令室・電話交換室・放送室・

英語で落書きされた柱

航空管制指揮所・バッテリー室・長官室・ラウンジなどに分かれており、今は何もないが、中央には最新の技術を用いた防空作戦用のレーダースクリーンがあった。しかし、高射砲弾は米軍の爆撃機には届かず、役に立たなかったそうである。

また、ガイドさんに案内してもらっておもしろかったのがトイレである。当時では珍しい水洗式で、しかもトイレは使用者の区分があり、一般兵士用・准士官以上用・電話交換手の女性用と分かれていた。ガイドさんに従って再び外に出たが、改めてコンクリートの護壁の巨大さに驚かされる。福岡市の西部軍地下指揮所跡もこのような分厚いコンクリートの護壁が残っており、なかに入ることはできないが、おそらくここと同じような構造ではなかったかと想像できる。

「准士官以上用」と区分表示されたトイレ

※アクセス・地図は「佐世保鎮守府凱旋記念館」と同じ
※この防空指揮所は通常一般公開していない。見学するには佐世保の海軍施設を巡るガイドツアー「海軍さんの散歩道」（徒歩ツアーまたはバスツアー）に参加すれば見学できる。
問合せ▼佐世保観光情報センター
営業時間▼9：00〜18：00／年中無休
TEL0956（22）6630

佐世保鎮守府水道施設

佐世保市桜木町・瀬戸越町・野中町・十文野町

佐世保鎮守府の用水は、最初は閉山した炭鉱の湧水を利用するのみであったが、その後の施設の拡充や人員の増加により、大量の用水が必要となった。

そこで明治三十三（一九〇〇）年市街地の北部、現在の十文《ともし》野《の》町にあった溜池を改造して岡本貯水池とし、翌年軍港のすぐ近くに完成した矢岳浄水場へ水道管で繋いだ。また、海軍は明治四十一年に土堰《どえん》式ダムの山の田貯水池を造り、同時にダムのすぐ下に大規模な浄水場を完成させ、軍用の余剰水は市民に供給された。現在その水道施設の遺構として瀬戸越町・野中町に「減《げん》圧井《あっせい》」、桜木町に「量水井《りょうすいせい》」が残っている。

なお十文野町の岡本貯水池や、今福町の矢岳浄水場跡に残る貯水所は、見学許可者以外は立入禁止である。

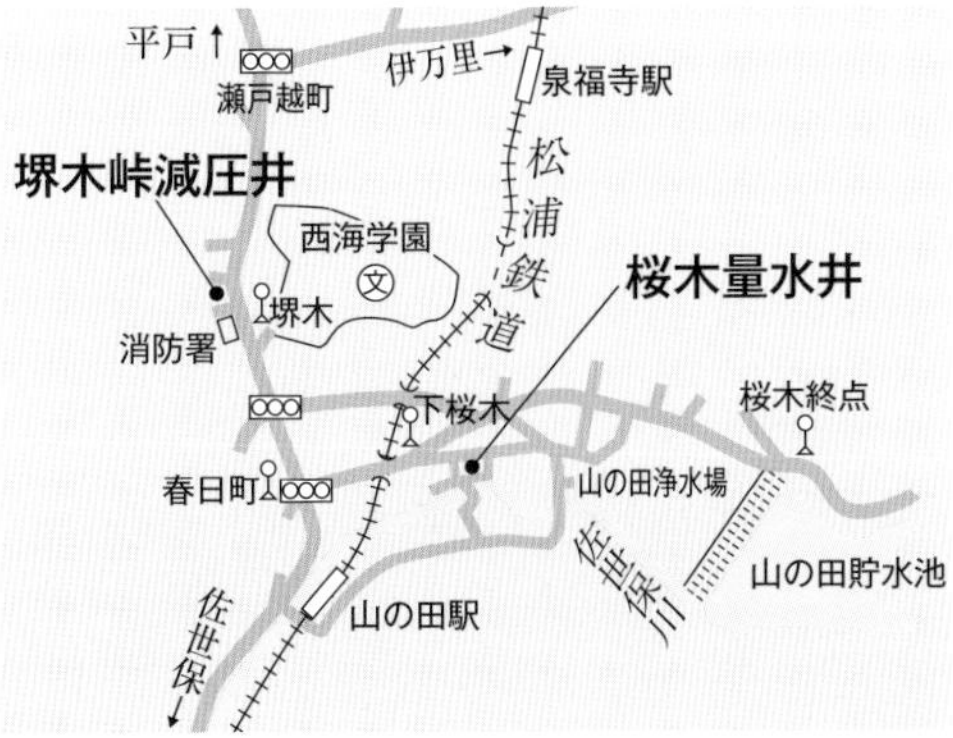

佐世保市桜木町▽桜木量水井

佐世保市街地から国道204号線を北上、春日町で

桜木量水井

右折し、山の田貯水池に向かう道に入る。松浦鉄道の陸橋を過ぎて右折し、しばらく行くとレンガ造りの円筒形の建造物が見えてくる。何の説明板も立っていないが、これが水道水の量を計ったり調整する「量水井」であり、山の田浄水場と同時に造られたが、現在は利用されていない。

この前の道路をしばらく進むと山の田浄水場の入口に着くが、この先は見学許可者以外は立入禁止である。入口の門柱や、正面の「麗泉」と刻まれたコンクリート製の浄水施設の建屋は大正時代のものである。浄水場敷地内にほかにも明治・大正時代の施設が残っているが、増改築を重ねながら現在まで使用されている。

ここから左に坂を登り、バスが通る市道に出て、しばらく行くと山の田貯水池が見えてくるが、現在も佐世保市民の水がめとなっている。

【アクセス】

西九州自動車道佐世保中央インターより量水井・浄水場・山の田貯水池まで車で15～20分

西肥バス▽春日町下車⇩量水井まで徒歩5分、山の田浄水場入口まで徒歩10分、山の田貯水池まで徒歩20分（貯水池は桜木行きで終点下車ならすぐであるが、春日町下車の方が本数が多い）

佐世保市瀬戸越町▽堺木峠減圧井

前述の桜木量水井から、国道204号線にもどり、さらに北上し堺木峠を越えると消防署があり、そのすぐ先に屋根は瓦葺き、壁はレンガ造りの円筒形の建造物が見えてくる。これが「堺木峠減圧井」の建屋で、高さは三・九メートル、地下には減圧井があった。

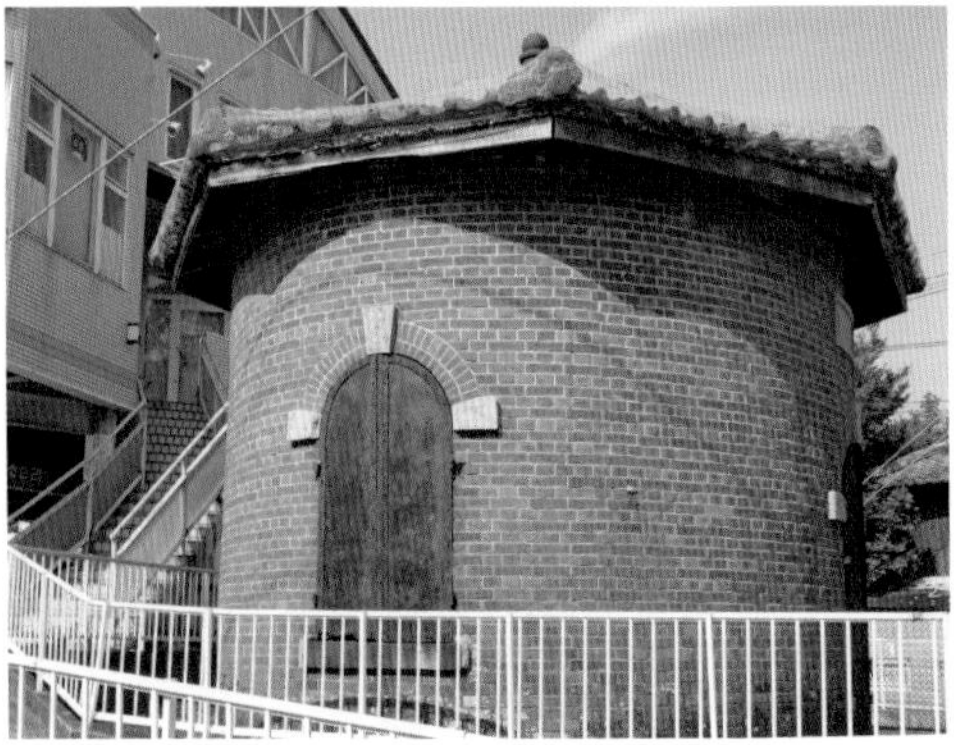

堺木峠減圧井

佐世保市水道局が立てた説明板に「その機能は送水管の破裂を防ぐため、水圧の調整を行う施設であり、旧佐世保鎮守府は岡本貯水池と矢岳浄水場を8インチ（20センチ強）の鉄管で結んだが、両方の高低差が１４６メートルあり、水圧が高くなりすぎることから、調整を行う減圧井を堺木と野中に設けた。この建物は、赤レンガ造りで屋根は日本瓦葺、和洋折衷の当時としてはモダンな水道施設で、旧矢岳浄水場が竣工した明治三十四年頃完成したものと思われる」と書かれている。

この説明文を読むと鎮守府は当時の最高技術を用いて水道施設を造ったことがよくわかる。

【アクセス】
西九州自動車道佐世保中央インターより車で15分
西肥バス▽堺木下車すぐ

佐世保市野中町▽野中減圧井

堺木峠減圧井からさらに２０４号線を北上し、松浦鉄道野中駅まで来ると北側は住宅地が広がる丘陵地帯になっている。

ここを抜けると畑地や山林になっているが、さらに市道をしばらく進み左側の路肩を見ると「水」と刻まれた碑がある。

野中減圧井（左）と「水」とのみ刻まれた碑（右）

ここから右に未舗装の農道を上がると、次々と「水」と刻まれた碑が現れ、その先に堺木峠のものと同じレンガ造りの建造物がある。ここには何の説明板もないが、これが「野中減圧井」である。

道が複雑なので、行かれる際はカーナビなどで確認した方がよい。

【アクセス】
西九州自動車道佐世保中央インターより車で20分／相浦《あいのうら》中里インターより車で15分
松浦鉄道▽野中駅下車⇩徒歩15分
西肥バス▽野中町下車⇩徒歩15分、十文野《ともんの》バス停は本数が少ないので利用は難しい
※車・徒歩どちらも道が複雑でわかりにくいので、地図・カーナビ等で確認のこと。徒歩の場合は野中公民館・矢保佐神社が目印

佐世保市十文野町▽岡本貯水池

野中減圧井からさらに市道を北上した所に、鎮守府の水道の水源地であった「岡本貯水池」がある。

消防団の分駐所の前を通り、十文野バス停を右折し坂道を登りきると右手に「岡本貯水池」と刻まれた石碑があり、説明板が立っている。

そこには「佐世保で最初に出来た貯水池で、旧海軍が明治三十二年（一八九九）に造りました。当時は一荷二銭の手数料で市民にも水が売られました。今も豊富な湧水が田に引かれたり簡易水道として使われています」と書かれている。

しかし、貯水池の入口は施錠され立入禁止のプレートがあり、許可された団体などのほかはなかに入って見学することはできない。貯水池の様子については、佐世保市の観光パンフレットや日本遺産のホームページで紹介されている。それによると、貯水池は周囲をコンクリートで覆った周囲一八〇メートルの円形をしており、現在も一日一〇〇〇トンもの豊富な湧水を溜めて、地元の農業用水や簡易水道などに供給しているとのことである。

【アクセス】
野中減圧井より車でさらに3分、徒歩の場合さらに15分

干尽・前畑地区旧軍需部倉庫群

佐世保市干尽町・前畑町

旧軍需部第5水雷庫は、現在も倉庫として利用されている

佐世保鎮守府は海岸部に多数の軍需用倉庫を建設してきたが、戦後も残存し民間企業・海上自衛隊・米軍の倉庫・公共施設として利用されている。そのなかでも文化庁の「日本遺産」に指定された民間企業の倉庫が集中しているのが、干尽《ひづくし》・前畑《まえはた》地区の旧軍需部倉庫群である。

佐世保駅から干尽地区に向かうと、道路の左手にまず茶褐色のレンガ造りの倉庫が現れるが、これは現在の西九州倉庫株式会社の八号倉庫、かつての旧軍需部兵器倉庫である。さらに道路を進むと茶褐色の石造りの倉庫が現れるが、これは同社の一号倉庫、かつての旧軍需部第五水雷庫である。たまたま入口が開いていたので覗いてみると、なかはかなり広大な空間で巨大

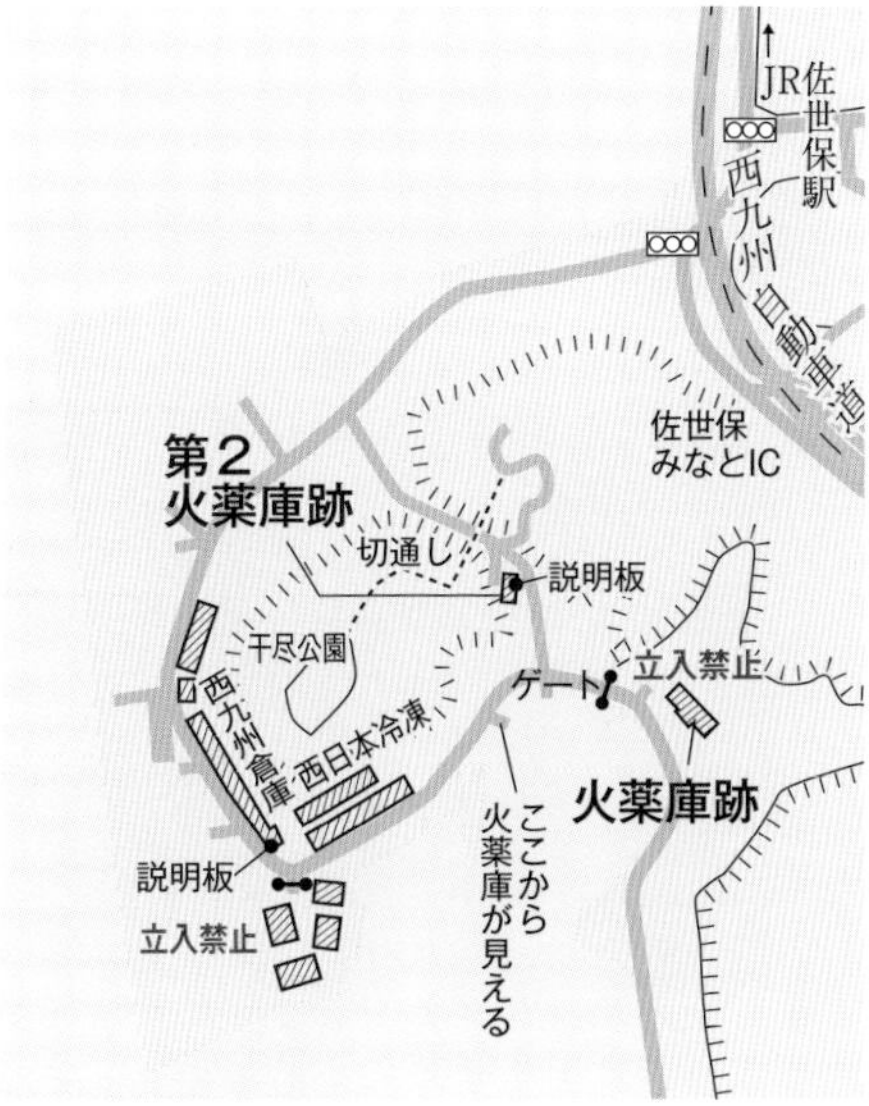

旧軍需部倉庫軍

旧軍需部第５水雷庫外観

旧軍需部第２前畑火薬庫

なコンクリートの支柱が並び、粉状の物が山積みされている。西九州倉庫は飼料原料や国産米・輸入米などの貯蔵を主な業務としており、粉状の物は飼料原料と思われる。

この倉庫の右端には配置図入の説明板があり、これらの倉庫群は大正時代から昭和十年代にかけて建てられ、九棟が現存しており、そのうちの四棟が特に大きいなどと書かれている。この説明板の左奥に茶褐色の鉱滓《こうさい》レンガ造りの倉庫が見えるが、これは同社の七号倉庫、かつての旧軍需部弾丸庫である。なお、道路の右奥の旧軍需部の四棟の倉庫は同社の敷地内にあるため立入禁止である。また説明板の先の道路沿いに赤レンガの倉庫があるが、これは西日本冷凍株式会社前畑工場、かつての旧軍需部第四炸薬弾丸庫である。

旧軍需部火薬庫（現米軍前畑弾薬庫）

さらに道路を先に進むと入江の対岸に瓦屋根の大きな倉庫が見えてくるが、これは米軍前畑弾薬庫で、かつての旧軍需部の火薬庫を利用したものである。ここは立入禁止であるが、道路から突き出した桟橋からよく見える。この先から道路を左折すると現在は魚函製造会社に使われているレンガ造りの倉庫があるが、かつての第二前畑火薬庫である。その前に配置図入の説明板があり、明治二十一（一八八八）年に建てられた佐世保最古のレンガ造りであり、その後も拡張されて火薬工場も造られ、ここで砲弾に火薬を装塡したと書かれている。この先を進むと切通しになっており、前述の佐世保駅から干尽地区に向かう道に合流するが、切通しを抜けるこの道路は、かつての前畑火薬庫（現米軍前畑弾薬庫）への引込線の跡である。

【アクセス】
西九州自動車道佐世保みなとインターよりすぐ
JR▽佐世保駅下車⇩徒歩25分（干尽地区へ行くバスは朝1本夕2本しかないため利用は難しい）。佐世保駅前よりタクシー利用が便利である。

立神地区レンガ倉庫群

佐世保市立神町・平瀬町

武庫弾丸庫

佐世保鎮守府開庁から大正期にかけて、鎮守府の武器庫として建てられた立神《たてがみ》地区の赤レンガ倉庫群は、現在も米海軍・海上自衛隊の倉庫として利用されている。また前述の干尽・前畑地区の倉庫群と並んで文化庁の「日本遺産」に指定されている。

佐世保駅から米海軍基地正面ゲート前を通り、SSKバイパスに入ると、左手の米海軍基地敷地内に、かつて鎮守府が使用していた複数の赤レンガの倉庫が見える。ここから光海中学校前の信号を左折し、突き当りを右折し佐世保重工業正門に向かう道路を進むと、右側に赤レンガの倉庫が次々と現れる。

大砲庫

武庫弾薬包庫（現佐世保市立神音楽室）

これらの倉庫は現在海上自衛隊佐世保造修補給所立神西倉庫として利用されているが、かつての武庫・海軍工廠の小銃庫・弾庫・弾丸庫・大砲庫・兵器庫である。

　手前から二番目の弾庫の前に説明板があり、説明文と倉庫配置図が表示されている。それによると「旧佐世保鎮守府武庫倉庫群（立神煉瓦倉庫群）　現在の海上自衛隊佐世保造修補給所立神西倉庫一帯には、鎮守府第一期工事の際に中央の兵器廠で製造した兵器類を受領・保管する『武庫』が置かれた。この地域には明治21年（1888）完成の弾庫、小銃庫から大正2年（1913）完成の弾薬庫まで、九棟の煉瓦造倉庫が残されているが、それぞれの時代に特徴的な倉庫が建てられており煉瓦造から鉄骨煉瓦造への移り変わりが観

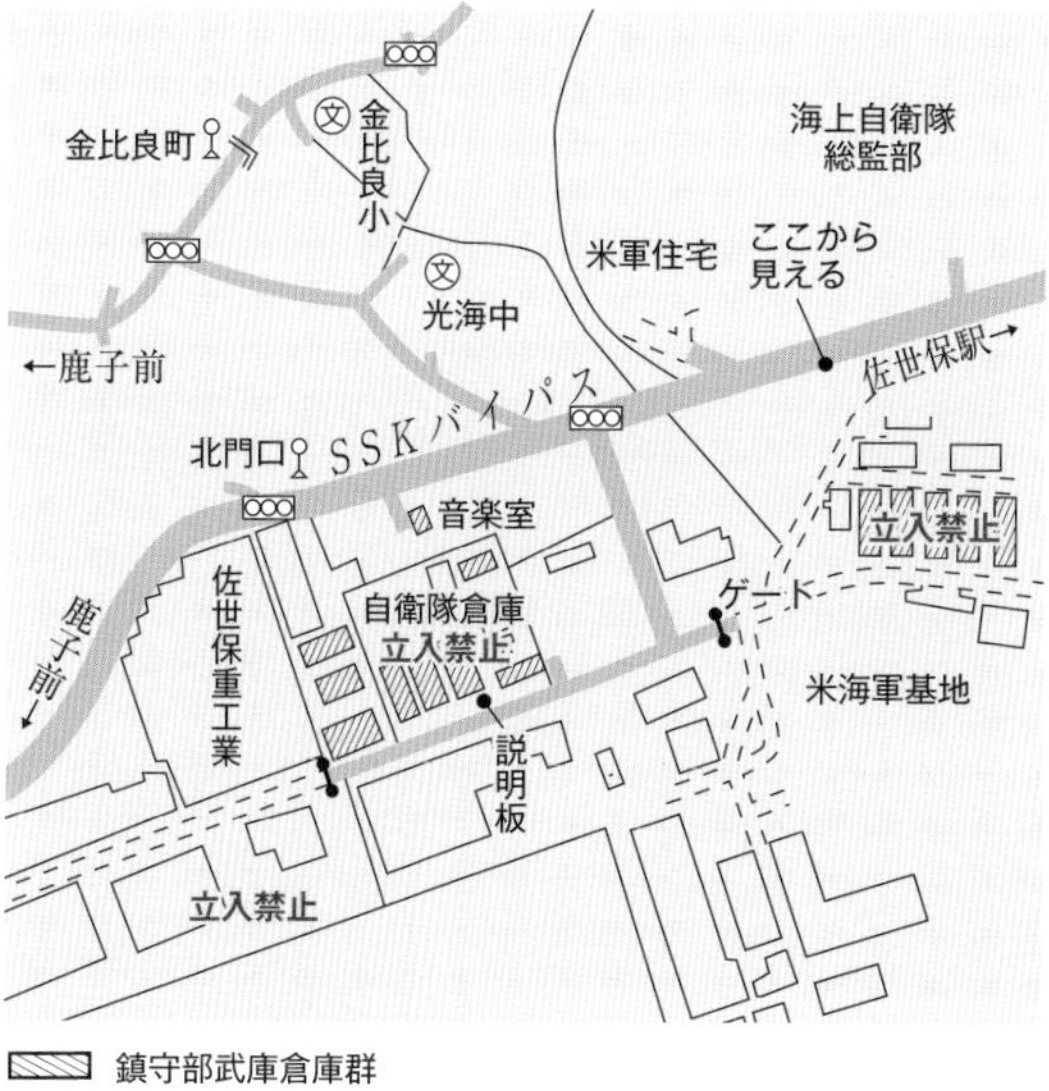

察できる興味深い倉庫群といえる。艦隊への補給が重要な任務だった佐世保鎮守府では、このような大規模倉庫施設の整備が進められた。このうち立神地区では大砲などの兵器類を保管していた」とある。

　なお、佐世保重工業入口まで来ると構内に巨大なクレーンが見える。横の説明板には「日本遺産　旧佐世保海軍工廠250トン起重機」とあり、佐世保海軍工廠で大正二年設置されたクレーンで、戦後工廠の施設を受け継いだ佐世保船舶工業（SSK）、後の佐世保重工業株式会社でも現役で使用されている。

　ここから光海中学校前信号まで戻り、SSKバイパスを左に少し行くと左側の空き地のなかに赤レンガの建物が見えてくる。これはかつての武庫弾薬包庫で、現在佐世保市立神音楽室として音楽グループの練習場などに使用されており、敷地は将来公園化の予定である。音楽室内部には入れないが、建物を一周して間近に観察することができる。

　またこの敷地からは、表からは見えなかった水雷庫魚形水雷庫や各兵器庫の背面が見える。立神倉庫群を見学する場合は、この音楽室が最も適しているといえる。

水雷庫魚形水雷庫の背面

【アクセス】

西九州自動車道佐世保中央インターより車で5分
西肥バス▽光海中前下車⇩音楽室まで徒歩すぐ、説明板まで徒歩10分（金比良町下車の方がバスの本数が多い。
光海中学校前信号まで徒歩5分）

※米海軍基地・海上自衛隊・佐世保重工業敷地内は立入禁止である。敷地沿いの一般道路より金網越しに見学することになる。また米海軍基地内やゲートの撮影は避けた方がよい

第二十一海軍（大村）航空廠の防空壕跡

大村市古賀島町・松並一丁目・二丁目

コンクリートの防御壁のある本部庁舎用防空壕

昭和十六（一九四一）年十月、現在の大村市中心部から北西に当たる放虎《ほうこ》原《ばる》に第二十一海軍（大村）航空廠が開設された。この航空廠は面積二二七万平方メートル、一八〇棟の工場がある東洋一の規模で、海軍の戦闘機・艦上攻撃機などを製造した。昭和十九年になると一般工員以外に九州各県から女子挺身隊一五〇〇名、次いで九大工学部学生・旧制中学・高等女学校からの動員学徒七〇〇〇名も加わり、航空廠の全従業員は五万人に及んだ。

しかし、同年十月二十五日米軍による大規模な空襲があり、死者四〇〇名・負傷者四〇〇名もの犠牲者を出し、航空廠も壊滅状態となった。航空廠はただちに工場を波佐見《はさみ》町の金山跡をはじめとする、長崎県・佐賀県の各所に分散疎開させた。大村市はその後も終戦まで米軍の空襲を受け、市民を含む四〇〇名以上が犠

第 21 海軍航空廠慰霊塔公園の巨大な慰霊塔

牲となった。その時の航空廠の防空壕が、現在も二カ所大村市によって保存されている。

まず、大村市中心部から長崎空港方面に向かうと、市立病院・大村署・運転免許試験場などが並ぶ直線道路に入るが、これはかつての航空廠の構内道路を利用したものである。そして長崎県消防学校の前まで来ると、道路の向かい側の広場のなかに巨大な土盛が見える。

そこには「市指定史跡　第二十一海軍航空廠本部防空壕跡」と刻まれた石碑と「第二十一海軍航空廠本部庁舎跡地及び防空壕」の説明板が立てられていて、当時の本部の写真と航空廠の配置図、航空廠の歴史や空襲の被害についての説明文が書かれている。

本部庁舎跡は何も残っていないが、巨大な土盛に見えたものが本部庁舎用の防空壕である。二カ所あった入口は現在封鎖されているが、半地下式でコンクリートの防御壁があり、頂部には換気塔が見える。

ここから先ほどの道路を戻り、大村消防署前を右折してしばらく行くと、左手に「慰霊塔公園」のプレートがあり、公園の奥には頂部に「慰霊塔　第21海軍航空廠」と書かれた白い塔が立つ巨大な土盛がある。横

なかには入れないが、慰霊塔の下には地下室がある

には「第二十一航空廠慰霊塔公園」の説明板があり、本部庁舎防空壕と同様の説明文の最後に、空襲の犠牲者の慰霊のため、残された工員有志が昭和三十八年残された防空壕の一基を利用して慰霊塔を建立した。殉職者慰霊塔奉賛会によって十月二十五日の空襲の日に慰霊祭が行われていると書かれている。

航空廠工員養成所の正門（現大村市立西大村中学校の裏門）

防空壕前面の階段を上がって、慰霊塔の後ろに回ると、殉職者全員の芳名が刻まれた石碑や動員された高等女学校の殉職者の慰霊碑などが建立されている。

ここから下に降りて、防空壕の土盛を一周してみると、現在は封鎖されているがコンクリートの防御壁のある入口が四カ所ある。そのうち破れ目のある入口から内部を覗いてみると、階段で地下室に下る構造になっていることがわかる。これら二つの防空壕は大村市や民間団体の手によって、手厚く保護・整備され、戦争の悲惨さと、平和の尊さを訴え続けている。

また、ここからやや東にある大村市立西大村中学の裏門はかつての航空廠工員養成所の正門を利用したものである。

【アクセス】

航空廠本部庁舎防空壕
長崎自動車道大村インターから車で10分
長崎県営バス▽消防学校前下車すぐ

第二十一海軍航空廠慰霊塔公園
長崎自動車道大村インターより車で10分
長崎県営バス▽市立病院前下車⇩徒歩10分

航空廠工員養成所正門
長崎自動車道大村インターより車で10分
長崎県営バス▽中央町下車すぐ

面高砲台

西海市西海町面高郷

西彼杵《にしそのぎ》半島の北端にあり、対岸の高後崎《こうござき》砲台と対峙する面高《おもだか》砲台は、佐世保湾口の正面と側面を防御するため、明治三十（一八九七）年に着工、二年後に完成した。榴弾砲《りゅうだんほう》四門、速射カノン砲四門、臼砲《きゅうほう》二門を備え、半地下式の棲《せい》息《そく》掩蔽《えんぺい》部《ぶ》には弾薬庫・砲具庫・電灯所・兵員室が設けられていた。また監守衛舎があり、砲台看守が家族と共に住み、砲台看守が巡回中には家族が残り、常時連絡が取れるようになっていたという。また、砲台への軍用物資は一キロほど離れた東海岸の「ウグメ波止場」から運ばれた。「ウグメ波止場」の石積みの突起は現在も残っている。

コンクリートで固定された石垣と通路

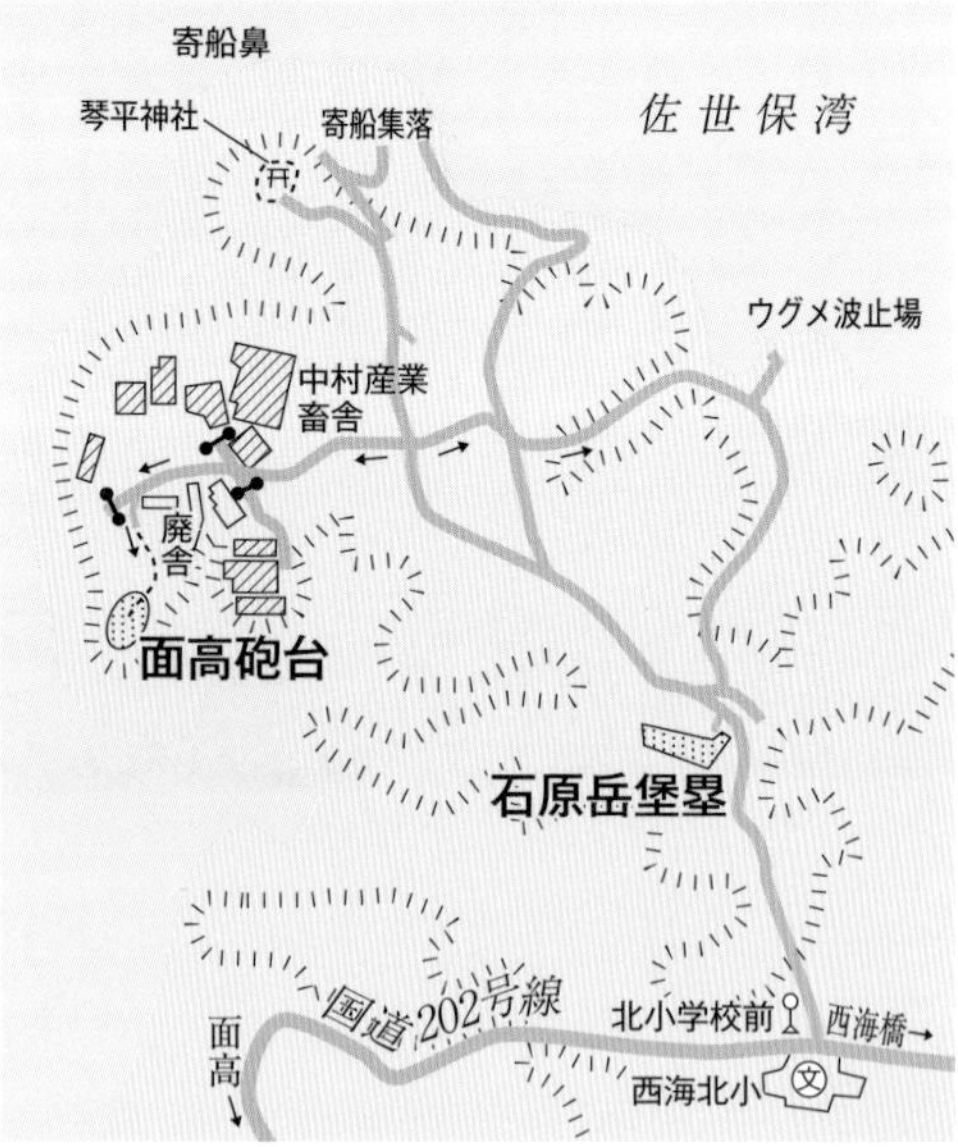

なお面高砲台の一キロほど南にある石原岳堡塁は面高砲台の背面を防御するため同時期に建設されている。しかし、昭和四（一九二九）年に石原岳堡塁は廃止さ

れており、面高砲台も同時期に廃止されたと思われる。

ここに行くには西海橋を渡って、国道２０２号線経由で西彼杵半島を北上し、西海市立西海北小学校前を右折する。間もなく左手に石原岳堡塁がある森林公園の標識が見えるが、ここを通り過ぎ少し北上すると「中村産業」の標識がある。ここを左折すると周辺は養豚場で畜舎が並んでいるが、そのなかに廃棄された畜舎があり、そこが砲台への入口となる。ここから砲台跡がある南側の丘陵に向かうと、やがて舗装道路は途切れ灌木《かんぼく》・竹・雑草に覆われた通りにくい道に変わるが、これは砲台道の跡と推定される。入口から徒歩一〇分ほどで草に覆われた広場に出るが、コンクリートで固定された石垣と通路があり、その先に複数の棲息《せいそく》掩蔽部《えんぺいぶ》（弾薬庫・倉庫・兵舎）がある。棲息掩蔽部は

上・砲台の護壁
下・棲息掩蔽部の入口

大型の砲座跡

すべて半地下式で、外壁は石組をコンクリートで固定されており、窓と入口が開いているが、入口上部に第何号と表示されたものもある。内部はドーム状で壁や天井はコンクリートで固められているが、床面には水が溜まり入ることができない。広場の左奥に進むと石垣・土塁に挟まれた複雑で迷路状の通路と棲息掩蔽部、さらに進むと左手に半円形の小型の砲座跡が二つ、右奥に円形の大型の砲座跡が二つある。

この砲台跡を回った結果、棲息掩蔽部六カ所・大型砲座跡二カ所、小型砲座跡二カ所が確認できたが、灌木などで入れない所も多く、実際はもっと多いかもしれない。なお、この砲台の手前の石原岳堡塁は森林公園の一部として整備され、説明板も設置されているのに比べ、この砲台はかなり大規模であるにも関わらず放置された状態である。

【アクセス】

西九州自動車道大塔インターから西海パールライン小迎インター・国道202号線経由で砲台入口まで車で50分、入口から砲台跡まで徒歩10分（廃棄畜舎前に駐車スペースあり）

西海交通バス▽北小学校前下車⇩砲台入口まで徒歩30分（バスの便数が少ないうえ、佐世保方面からは西海橋乗り換えとなるので注意。バスの時間を確認すること）

※周辺の養豚場は防疫のため立入禁止となっている所が多い。絶対に立ち入らないこと

※砲台跡やそこに至る道路は灌木・竹・雑草の茂っている所が多い。夏季や雨天時は立ち入らない方が良い

崎戸旧海軍防備隊聴音所跡

西海市崎戸町本郷

海底のスクリュー音等を聴くための聴音所

西彼杵《にしそのぎ》半島西岸から五島灘に突き出すように、大島・蠣浦《かきのうら》島・崎戸《さきと》島が並んでいるが、その崎戸島の最西端に戦前海軍防備隊の聴音所が建造され、現在もその建物が残っている。この三つの島はかつて西彼杵半島とは海を隔てていたが、現在は橋で繋っている。

聴音所跡に行くには、まず西彼杵半島と大島を繋ぐ大島大橋を渡り、さらに大島と蠣浦島を繋ぐ中戸大橋、蠣浦島と崎戸島を繋ぐ本郷橋を渡り、崎戸島の西端に向かうと「ホテル咲《さ》き都《と》」に至る。ここからさらに遊歩道を最西端に向かうと展望台があり、そのすぐ横につる草に覆われた二階建ての灰褐色のレンガ造りの建物が見える。これが聴音所跡だ。なかに入ることはできないが、展望台から内部の様子を見ることができる。建物の横には崎戸町が建てた説明板があり、「この建物は、旧海軍佐世保鎮守府の特設見張所の中の聴音所として昭和13年（1938年）に建築され、終戦までの7年間、海底のスクリュー音等をキャッ

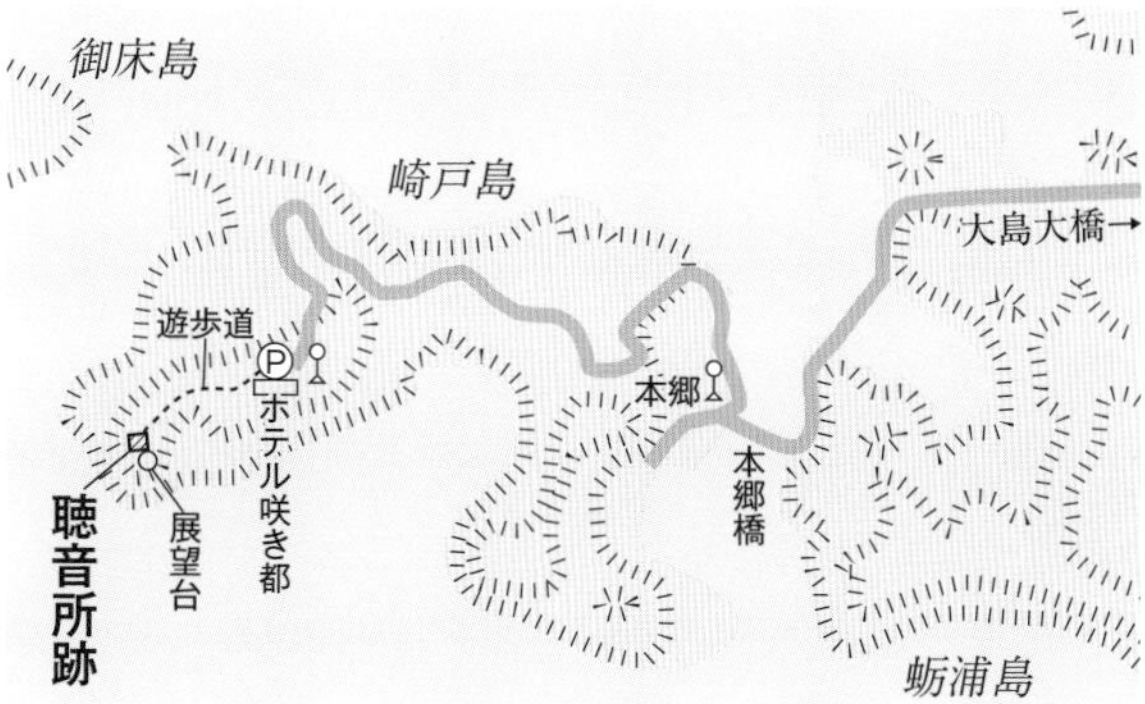

聴音所は崎戸島の最西端から五島灘を見下ろしている

チするための施設でした。二度とあのような悲惨な戦争の起こることのないよう、後世に残すため保存しています」と書かれている。

聴音所は五島灘に突きだす崎戸島の最西端にあり、ここを通過する艦船・潜水艦を見張るには最適の場所として設置されたが、今は緑に覆われ静かに五島灘を見下ろしている。

【アクセス】

西海パールライン小迎インターより車で50分、ホテル駐車場から徒歩5分

さいかい交通バス▽崎戸本郷下車⇩ホテル駐車場まで徒歩25分、さらに聴音所まで5分

※ホテル咲き都行きは便数が少なく、利用は難しい。大島営業所から崎戸本郷行きの方が便数が多い。ただし佐世保・長崎方面からバスで大島営業所に至るには、複数の乗り換えが必要であり、さいかい交通バス・西肥バス・長崎バスに問い合わせること

虚空蔵防空砲台跡

西海市西海町太田和郷

西彼杵《にしそのぎ》半島の北部に標高約三〇七メートルの虚空蔵《こくうぞう》山があるが、この山頂一帯に昭和十三（一九三八）年海軍の防空砲台が建設された。

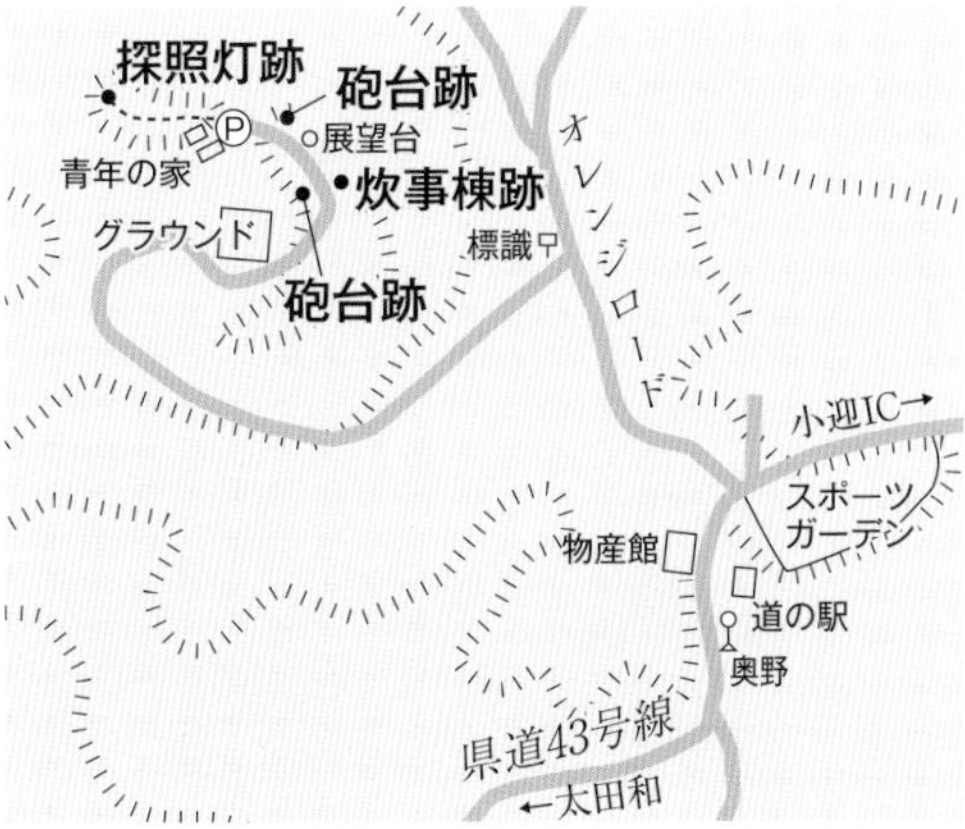

虚空蔵山はこの地域では一番高く、また西方から来襲する敵機から佐世保基地や大村基地、川棚の軍需工場などを守るのに最適の位置であったと思われる。『西海町郷土誌』（西海町）によればこの防空砲台の建設には佐世保海兵団の兵士があたり、資材は東岸の川内波止場から地元の瀬川村青年団や小学生が運んだという。この防空砲台の装備は四五口径一二・七センチ連装砲二門、二五ミリ機銃四門、

高射砲台の内部。砲側庫はすべて塞がれている

一五〇センチ探照灯一基であった。

この防空砲台は終戦とともに廃止されたが、その跡地の大部分は「長崎県立西彼《せいひ》青年の家」の敷地となり、本館・体育館以外にグラウンド・野外体験ゾーン・キャンプ場などになっている。

ここに行くには西海パールラインの小迎インターから国道202号線に入り、川内地区から太田和地区に向かう県道をしばらく行くと、道は峠となっておりスポーツガーデンと道の駅がある。ここを右折してオレンジロードとよばれる広域農道に入ると、間もなく「西彼青年の家」の標識があるので、ここを左折して虚空蔵山の斜面を登るが、この道は防空砲台に資材を運搬するために造られた砲台道である。

探照灯下部施設入口

やがて左手に「西彼青年の家」のグラウンドが現れるが、ここは兵舎があった所である。さらに登ると山頂の尾根に出て、道路の右手に炊事場と展望台、道路を挟んだ左手に大きな円形の高射砲台の土塁が見える。

土塁の内部に入ると高射砲が置かれていた場所はキャンプファイアー場となり、土塁内部に開いている複数の砲側庫《ほうそくこ》はすべて蓋で覆われている。外に出て右手に行くと塹壕状の溝があり、塞いであるが一つの砲側庫にトンネルで繋がっている。さらに後ろに回ると土塁は石垣で補強されている。

これらの遺構のすぐ先に「西彼青年の家」の駐車場があり、本館と体育館がある。その前の広場の先に国旗掲揚台がある。そこから左に尾根の上を通る遊歩道があるので、しばらく進むと石垣とコンクリートに固められた小高い遺構があるが、これが探照灯施設である。施設の下部にはコンクリート造りの部屋がある。そのすぐ横に探照灯が設置されていたコンクリート造りの円形の施設がある。また階段を登って施設頂部に

探照灯施設跡

行くことができ、探照灯設置場所を見下ろすことができる。

この防空砲台を詳しく調査した人の報告によれば、前述の高射砲台と同じ造りの高射砲台が展望台の先にあり、そのほか指揮所跡・機銃台座・管制機・水槽・トイレなどがあるとのことである。

なお、高射砲台・探照灯設置場所がわからない場合は、「西彼青年の家」本館の管理人の方に聞けば教えてもらえる。戦時中兵士や青年団・小学生など若い人の汗でつくられたこの防空砲台は、今は青少年が楽しくレクレーション・アウトドア体験ができる施設として利用されている。

【アクセス】
西海パールライン小迎インターより車で15分、西彼青年の家駐車場からすぐ
さいかい交通バス▽奥野下車⇩徒歩35分（バスの便数はかなり少ない。バスの時間を事前に確認すること。西海橋方面からタクシーを利用した方が便利）

樺島の震洋基地と射堡

長崎市野母崎樺島町

長崎県南西部の長崎半島と南東部の島原半島に挟まれた橘湾沿岸には、終戦末期本土決戦に備えて砲台・特攻艇「震洋《しんよう》」の基地・防空施設などが設置された。長崎半島の南東部に浮かぶこの樺島《かばしま》にも地元の人々が動員されて、砲台や震洋基地・射堡《しゃほ》などの軍事施設が造られ、樺島集落の無量寺が司令部として接収された。

震洋基地は昭和二十（一九四五）年二月に樺島漁港の現在の漁協前に設置され、震洋は網干し棚の下に隠匿されていた。しかし、この震洋基地は米軍の知るところとなり、終戦直前の八月六日この基地から出撃した二十数隻の震洋に、十三機のグラマン戦闘機が機銃掃射を浴びせたため全艇が撃沈され、助かった隊員は僅か三名だけであった。現在震洋基地跡は何も残っていない。

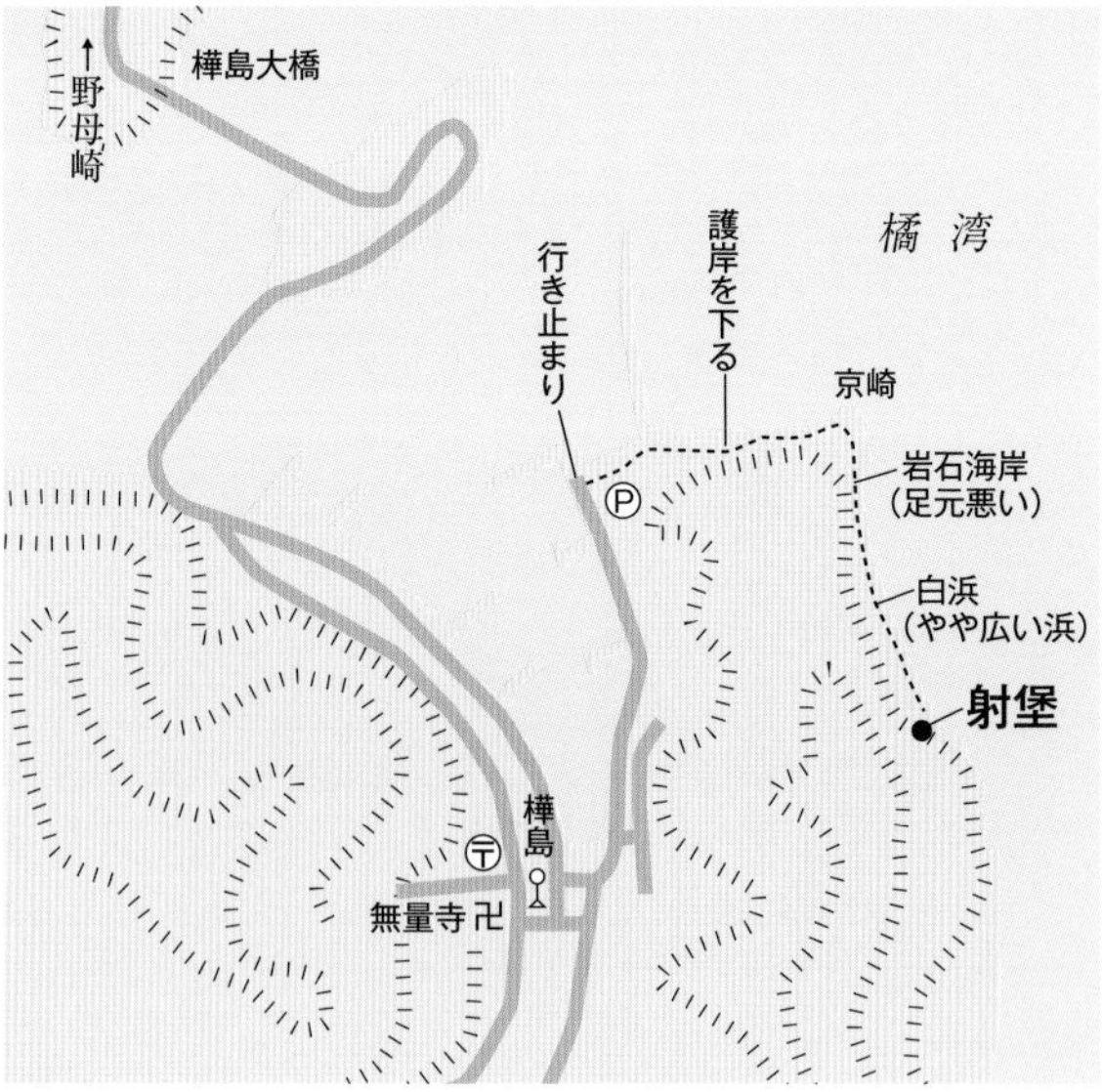

この震洋基地とは別に島の北東岸の白浜と呼ばれる場所に「射堡」と呼ばれる特殊な軍事施設が建設されていた。射堡とは陸上から海上の艦艇を魚雷攻撃する施設で、横穴壕から敷設レールで発射管を搬出し、圧縮空気によって目標艦艇に魚雷を発射するシステムである。

陸上から海上の艦艇を魚雷攻撃する「射堡」

ここに行くには、集落の中心から漁港の右側の護岸に沿う車道を進むと、やがて行きどまりとなるが、ここから右手に海岸に向かう歩道に入り、護岸の終わる所から海岸に降りる。海岸は岩石だらけで、その間を縫ったり飛び越えたりして進むと京崎《きょうざき》とよばれる島の北東端の岬に着く。ここからやはり岩石だらけの海岸を南下すると、白浜とよばれる若干幅広い海岸に出る。ここで筆者は偶然この射堡を探している島出身の若い方と出会い、一緒に探すことになったが、この白浜が終わるあたりの崖面に射堡と思われる横穴壕を発見することができた。

横穴壕は固い岩盤を四角に掘り抜いたもので、保存状態も良い。内部には浮遊ごみがあり高波の際はここまで海水が入ると思われる。記録にはもう一つあったとされているが、それは発見できなかった。

港からここまでは難路であったが、筆者が出会った方の話によると、島を一周するクルーズ船が出ており、それに乗れば海上から見られるのではないかとのことであった。同じ道を引き返しこの方とは港で別れたが、島の歴史に興味を持ち、時々調べに来ている若い人がいる事には感心した。

【アクセス】
長崎自動車道長崎インターより樺島漁港まで車で1時間、護岸道路終点に駐車可、ここから徒歩20分
長崎バス▽樺島下車⇩徒歩25分。海岸は非常に足元が悪く歩きにくいので必ず運動靴を用意し、慎重に歩行すること。また天気の悪い時や高波の恐れのある時は避けた方が良い。

【樺島一周クルーズ船】
1周時間40分。イタリア青の洞窟の日本版「白戸の穴洞窟」を見ることができる。荒天の場合は中止
料金▼2名3000円（2名以上から催行）
TEL０９０（２５１４）８９５０松崎船長

牧島震洋基地

長崎市牧島町

　橘湾沿岸には数カ所の特攻艇震洋の基地が建設されたが、ここ長崎半島の付け根にある牧島にも、終戦直前の昭和二十（一九四五）年七月初旬、大村湾の川棚の震洋部隊から第四十二震洋隊が進駐してきた。その震洋隊は隊員総数一八九名（うち搭乗員五十名）・震洋艇二十五隻で、島の北西部の海岸に格納壕を建設し、宿舎は対岸の戸石《といし》村の戸石国民学校（現在の長崎市立戸石小学校）であった。格納壕は海岸より一段高い場所の崖面に横穴を掘ったもので、掘削作業は隊員が行い、土砂の搬出作業は勤労奉仕の島の住民や近隣の生徒が行った。また隊員たちは近隣の家に風呂を借りに来るなどの交流があったという。

　平成三十（二〇一八）年七月十六日の「長崎新聞」の記事によると、長崎市東地区の歴史研究グループ「郷土史勉強会」が各種資料や住民の証言を基に、島北部の海岸線にある震洋基地の現地調査を行い、十一カ所の格納壕が現存していることを確認したとのことである。この記事を基に筆者も本土と牧島を結ぶ牧島橋

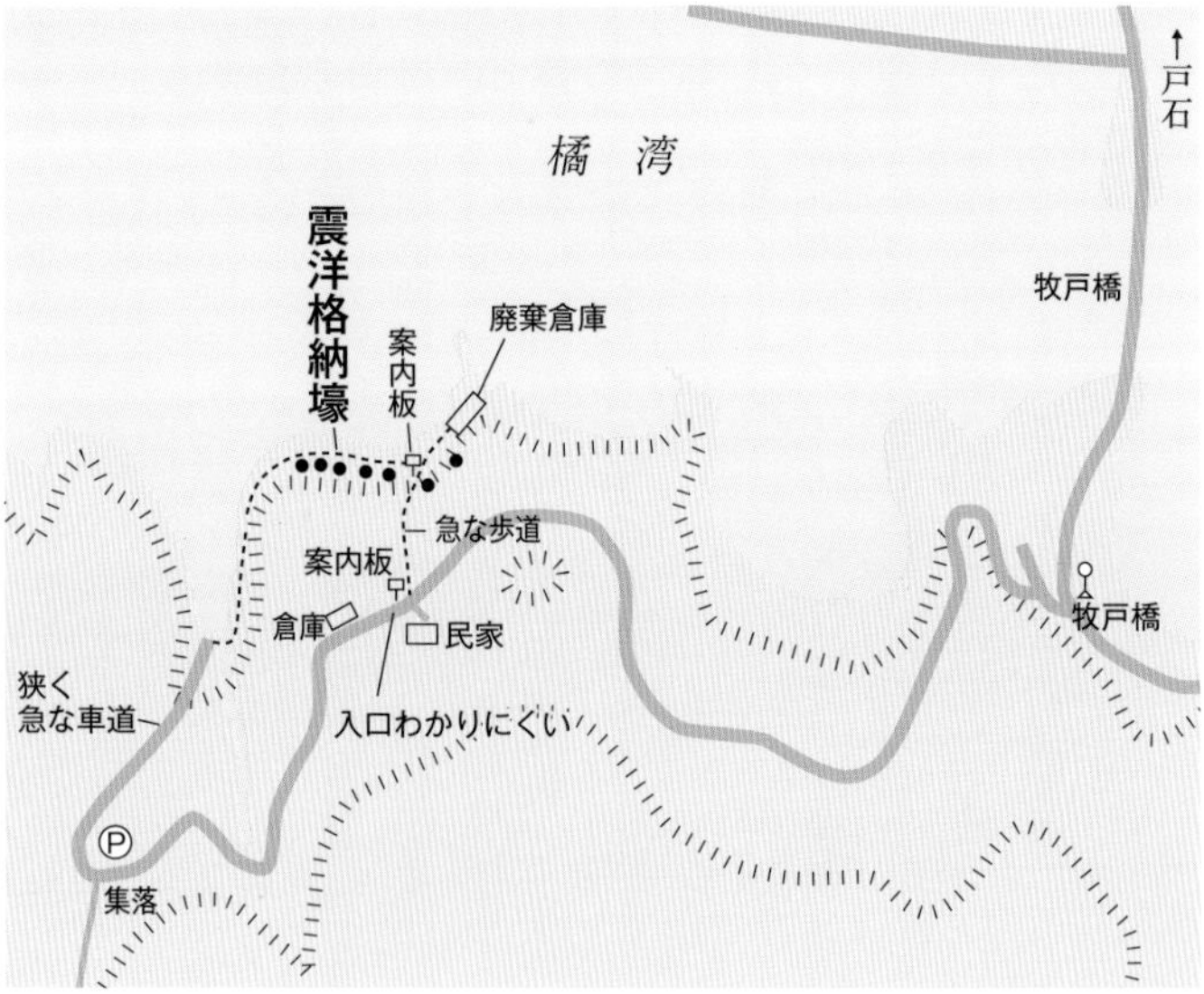

を渡り、牧島橋バス停から右折して島北部に向かう車道を進んだが、格納壕への入口がわからなかった。たまたま住民の方に出会ったので、聞いてみると通り過ぎた倉庫の手前に案内板が立っており、そこから海岸線に下る道がある。また遠回りになるがこの道の終点からも行けると教えていただいた。

　戻ってみると確かに風雨に晒されてやっと文字が読み取れる案内板があった。しかし入口は雑草に覆われてわかりにくく、やっと見つけた狭く急な道を下りきると案内板が立っており、そのすぐ右側と、廃棄された倉庫の横に格納壕が確認できた。さらに案内板から左へ雑草と灌木《かんぼく》、漁業用ロープで通りにくい道を進むと、狭い平地と崖面の境に五つの格納壕を確認できた。格納壕は海岸より約二メートル高い位置にあり、断面は四角形で、水が溜まったもの、一部崩壊したもの、完全に崩壊したものもあるが、一部を除いては保存状態は良好である。筆者は合計七つしか確認できなかったが、見落とすか、崩壊して確認できなかったものがあるかもしれない。ここから少し先に行くと入江があり、護岸を降りて入江に沿った海岸を歩き小川を渡ると、上の集落から下って来た狭い急な舗装道路がある。ここを上がると車道の終点があり、その車道を進むともとの震洋基地入口の案内板の所に戻って来ることができる。

震洋基地には 11 カ所の格納壕が存在したという。雑草と灌木に道を阻まれながら、なんとか7つの格納壕を確認できた

　前述の「郷土史研究会」世話人の

田上春幸さんは「地元でも知る人が少なくなった貴重な戦争遺構。平和学習に活用してほしい」と新聞に書かれておられたが、筆者も誠にそうだと思う。しかし、現状は格納壕への道はわかりにくく荒れた所もあり、また格納壕も保存措置や安全に見学できるようにする必要もあり、ぜひ自治体などで整備していただけないかと思う。

比較的保存状態の良い格納壕が多い

【アクセス】

長崎自動車道多良見インターより震洋基地入口まで車で30分、道路の終点に若干の駐車スペースがある。ここからさらに車道が下がっているが、狭くて急傾斜なので駐車スペースに停めた方が良い。震洋基地入口標識から最初の格納庫まで徒歩10分、最初の格納庫から入江まで徒歩10分、入江から道路終点の駐車スペースまで徒歩10分、逆に回る場合も同じ時間

長崎県営バス▽牧島橋下車⇩震洋基地入口まで徒歩10分であるが、便数が少ないので利用は難しい。尾崎バス停なら便数が多いが震洋基地入口まで徒歩35分かかる。長崎駅前から戸上地区までバスを利用し、ここからタクシーで向かう方法もある

※震洋基地への道は足元が悪いので必ず運動靴を用意すること。格納壕は崩壊の危険があるので絶対立ち入らないこと。入江を回る道は満潮の際は通れない可能性があるので注意すること

雲仙普賢岳陸軍電探基地

【ハイキングコース】

雲仙市小浜町雲仙

雲仙の普賢岳直下に石組の建物の基礎が残っている。『子どもと歩く戦争遺跡Ⅲ　熊本県南編』（熊本の戦争遺跡研究会編・刊）によると、昭和十八（一九四三）年秋から翌年十一月まであった電探基地の施設跡のようだ。

ここには日本列島西部の防空を管轄する西部軍の第三十六航空情報隊、通称「雲隊」一〇〇名が配置され、電波探知機甲（飛行機が送受信所を連なる線に近づいたり、横切ったりした時に探知）を設置、対空監視を行っていたという。

また、「戦争遺跡・遺構」（長崎県ホームページ）によると、一個中隊程度（二〇〇～三〇〇名）の情報通信部隊が配置されており、普賢岳頂上に偵察用電波塔が建設され、その近くに情報を受信する見張り台があり、兵舎は仁田峠にあったとしている。山頂にあったという木製の通信塔は痕跡すら残っていないが、山頂直下にある基礎だけ残す建物はおそらく探知情報を受信する見張り台で、仁田峠にあった兵舎から交替で要員が登って来ていたと推定される。

普賢岳山頂には仁田峠から雲仙ロープウェイで、妙

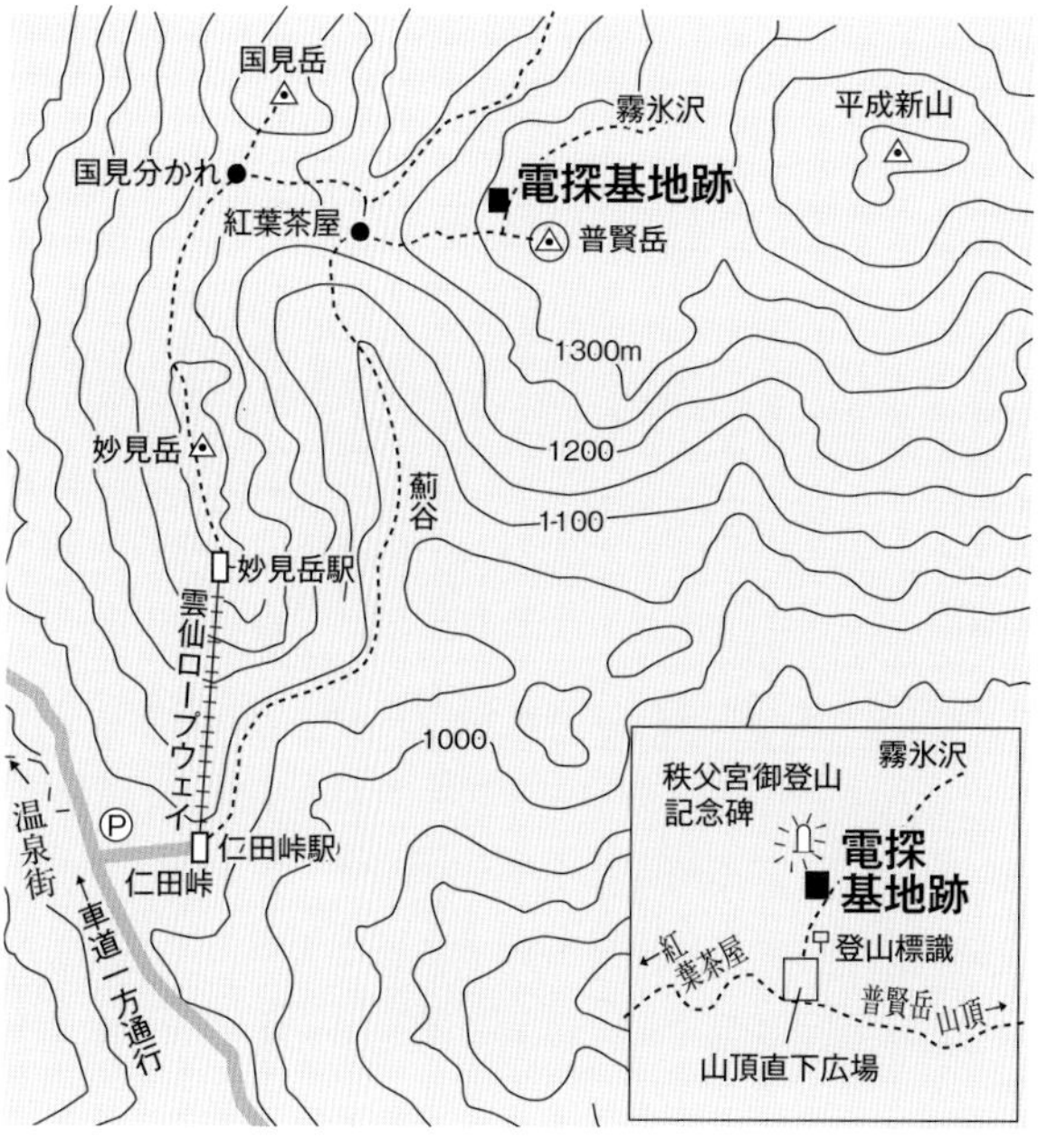

見岳経由でも、薊谷《あざみだに》経由のどちらでもいけるが、鞍部の紅葉茶屋からは急な登りとなる。やがて山頂直下の広場に達するが、そこから一登りすれば山頂で、目前にまだ煙が立ち上る平成新山が見える。

建物跡に行くには広場から左折して、霧《む》氷《ひょう》沢《ざわ》に向かう道に入るとすぐ左手に「秩父宮殿下御登山記念碑」が建つ小ピークがあり、その麓に石造りの建物の基礎と壁面の一部が残っている。

探知情報を受信する「見張り台」の建物の基礎と思われる

当時雲仙の最高峰であった普賢岳は防空用の電探基地を設置するには最適の場所であったと思われるが、風雨が激しく、冬は極寒で積雪もある標高一三〇〇メートルの場所で、任務に当たった兵士たちの苦労も偲ばれる。

筆者も調査中に多くのハイカーとすれ違ったが、雲仙が本来の平和なレジャーの場になっていることにホッとさせられる。

[登山モデルコース]
仁田峠駐車場⇩（5分）雲仙ロープウェイ仁田峠駅⇩（3分）妙見岳駅⇩（7分）妙見岳山頂⇩（15分）国見分かれ⇩（15分）紅葉茶屋⇩（20分）普賢岳山頂直下広場⇩（5分）普賢岳山頂⇩（5分）普賢岳山頂直下広場⇩（20分）紅葉茶屋・薊谷経由⇩（35分）雲仙ロープウェイ仁田峠駅⇩（5分）仁田峠駐車場

「秩父宮殿下御登山記念碑」がある小ピークと手前の見張り台の遺構

【アクセス】
長崎自動車道諫早インターより仁田峠駐車場まで車で1時間50分
雲仙ロープウェイ▽4月～10月8：31～17：23／11月～3月8：31～17：11／それぞれ4～8分毎運行
料金▼大人往復1290円・片道730円／小人往復650円・片道370円／荒天の場合運航中止
TEL 0957（73）3572
仁田峠循環道路通行時間▽4月～10月8：00～18：00／11月～3月8：00～17：00／東口からの一方通行
島鉄バス▽雲仙下車⇩仁田峠駐車場まで徒歩1時間、タクシー利用の場合　平成観光タクシー0957（73）2010
※普賢岳だけ登るのであれば、薊谷経由で往復する方が良い。ロープウェイ経由とあまり時間は変わらない
※国見分かれから紅葉茶屋、普賢岳から紅葉茶屋への下山路は急で滑りやすいので、足元に注意すること。また、必ず登山靴を用意し、荒天の場合は避けること

黒崎砲台跡

壱岐市郷ノ浦町新田触

砲弾のレプリカが立つ砲台入口

壱岐には対馬海峡防衛のため、各所に砲台が設置されたが、壱岐の西海岸の黒崎も昭和三（一九二八）年から砲台の建設が始まり、昭和八年に完成した。

この砲台跡に行くには、郷ノ浦港から湯ノ本温泉に向かう県道を北上し、黒崎入口バス停から左折し名勝「猿岩」に向かう市道を二キロほど行くと、右手の丘の麓に開口部が見え、その手前に砲弾のレプリカと砲台全貌のイラストが設置してある。

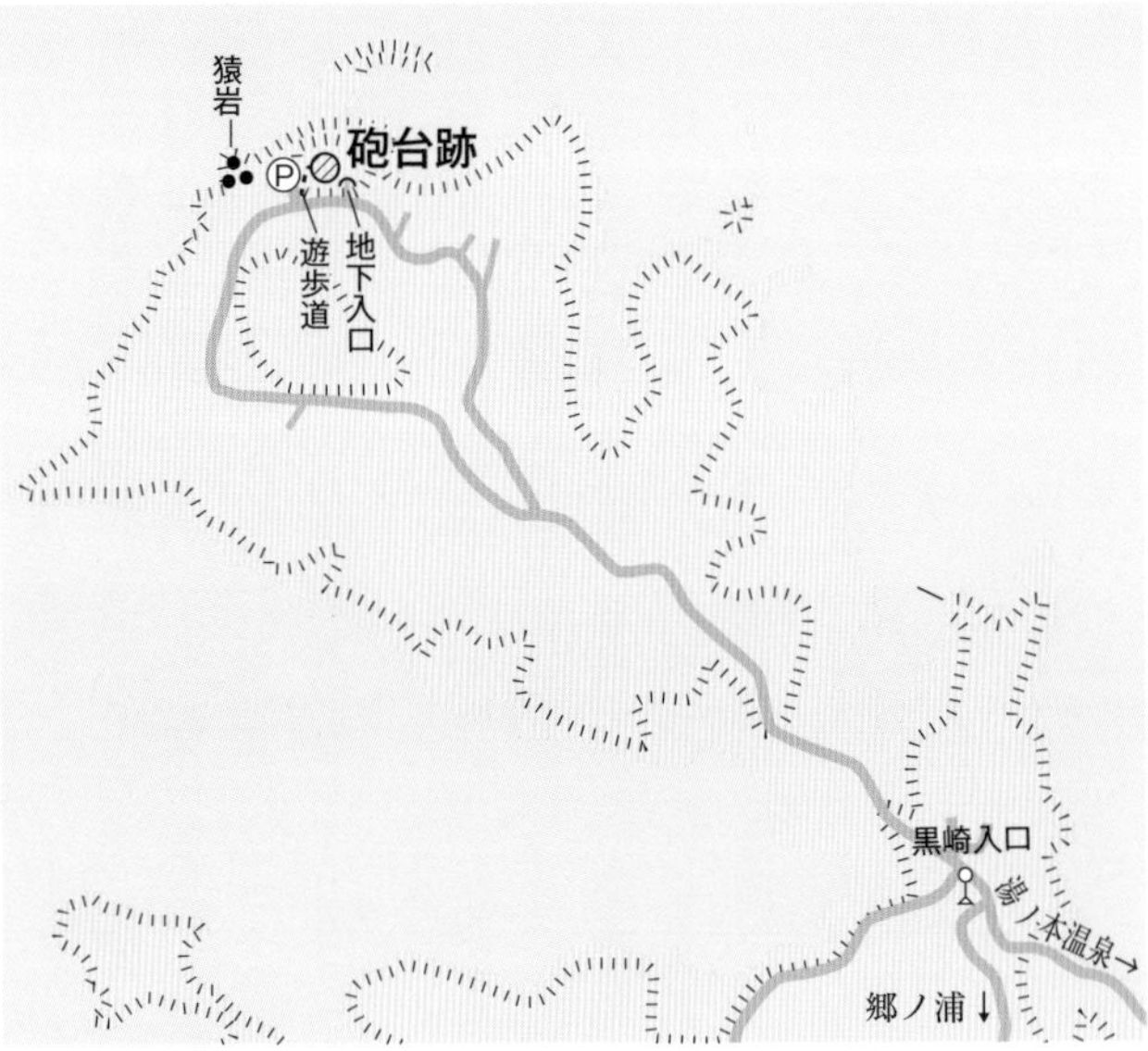

この砲台の砲弾のレプリカは右側の戦艦大和の砲弾より一回り小さいが、説明板によるとそれでも重さ一トンもあり、砲身の直径は四〇センチ、長さは一八

メートル、砲身の重量は一五〇トンの二連装であり、射程距離は三五キロとある。

実はこの大砲は大正十（一九二一）年のワシントン軍縮条約で廃止された戦艦「土佐」か「赤城」の主砲を転用したものであったという。砲台のイラストを見ると、小高い丘を刳り抜いた七階建て深さ一〇メートルの竪穴式の構造で、砲弾などは丘の下のトンネルから砲台の底に搬入し、丘の頂部にある大砲に装填するようになっていた。

この砲台は一度試射が行われたが、その振動で附近の民家の窓ガラスが全部割れたと言われている。結局実戦に使われたことはなく、戦後は解体され、竪穴が残るのみである。

現在このトンネルから入って砲台内部の見学ができ

砲台内部の様子。この砲台は 7 階建て・深さ 10 メートルの竪穴式構造になっていた

遊歩道を行くと柵に囲まれた竪穴があり、砲台跡を見下ろすことができる

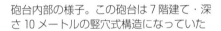

巨大な砲台の竪穴

るが、砲台底部は崩壊の危険があるため立入禁止となっている。しかし、市道を少し行くと「猿岩」の駐車場があり、その右手の遊歩道を登るとすぐコンクリート貼りの巨大な砲台の竪穴を見下ろすことができる。また、駐車場横の土産物店のなかには、終戦直後のまだ砲身があった時の写真が展示されており、砲身前に並ぶ兵士の集合写真や砲身に乗って遊ぶ子どもの姿が撮られている。

名勝「猿岩」に行かれる際はぜひ立ち寄ってみてはどうだろうか。

【アクセス】

博多港より郷ノ浦港まで九州郵船ジェットフォイルで1時間10分、フェリーで2時間20分

九州郵船TEL092（281）6636

郷ノ浦港から車で20分、レンタカーやタクシー利用もできる。また、観光案内所で電動アシスト自転車を借りることができ、50分程度で砲台跡に着く。レンタル代4時間以内で1100円

壱岐バス▽始発地本町⇩黒崎入口まで25分⇩下車後徒歩25分（バスの便数が少ないので注意。また、郷ノ浦港から本町まで徒歩13分）

大韓民國人慰霊碑と天徳寺

壱岐市芦辺町芦辺浦▽大韓民國人慰霊碑

日本の敗戦後、日本国内にいた朝鮮半島出身者は、ただちに祖国への引き揚げを開始したが、帰国は困難を極め、自費で「闇船《やみぶね》」と呼ばれる船をチャーターし、帰国の途に就いた場合も多かった。しかし闇船は劣悪な船舶が多く海難事故も相次いだ。芦辺《あしべ》地区東部の清石浜《くよし》海水浴場のやや内陸部の台地の上に、ここで海難死した韓国人を弔う「大韓民國人慰霊碑」が建立されている。

昭和二十（一九四五）年十月十一日、九州を縦断し北上していた阿久根台風に備えて、壱岐芦辺の港内に避難していた韓国への帰還船が、強風と荒波で岩礁に衝突、沈没した。その時の犠牲者一五四名の遺体が清石浜に打ち上げられ、役場の職員と生存者が遺体を引き上げここに仮埋葬し、木製の慰霊碑を建てたが朽ち果ててしまった。そのため昭和三十七年に壱岐に本社を持つ株式会社大和屋電機の社長坂本金敏氏が遺体を荼毘に付し、「大韓民國人慰霊碑」の石碑を建立した。平成四（一九九二）年に建てられた碑文には「1945年10月11日、祖国大韓民国の独立に歓喜に満ちた希望を抱き帰国船で一路本国へ航行中壱岐芦辺港に寄港、台風により遭難し不幸にも海底の孤魂となられた韓国人約160名の霊を慰めるため芦辺浦清石ヶ浜に献身的に『大韓民國人慰霊碑』を建立し、1967年3月19日、その除幕式を盛大に挙行実施した。ここに韓日

「大韓民國人慰霊碑」

両国の友好増進の実現と人類愛にあふれる博愛精神を後世に残すことを祈念する。１９９２年　建立者（株）大和屋電機　坂本金敏」と書かれている。慰霊碑は小高い丘の上から、今は静かな芦辺の入江を見下ろしている。

壱岐市芦辺町諸吉大石触▽天徳寺

芦辺集落の西端、海岸から少し内陸部に入った坂道の上に、曹洞宗天徳寺があるが、この寺院は前述の慰霊碑と深く関りがある。住職の西谷徳道《とくどう》さんのお話によれば、当時犠牲になった人々の多くは老人・女性・子どもで、若い男性は沈没寸前にはしけに飛び乗り三十三名が助かり、芦辺国民学校（現壱岐市立芦辺小学校）に収容された。

また、闇船だったため犠牲者の氏名・出身地も不明であった。慰霊碑に埋葬された遺骨は、広島の徴用工のものではないかということで、昭和五十一年発掘されて広島の寺院に移された。しかし、広島の徴用工のものではないことが分かり、厚生労働省の管理下となり、埼玉県の寺院に移された。

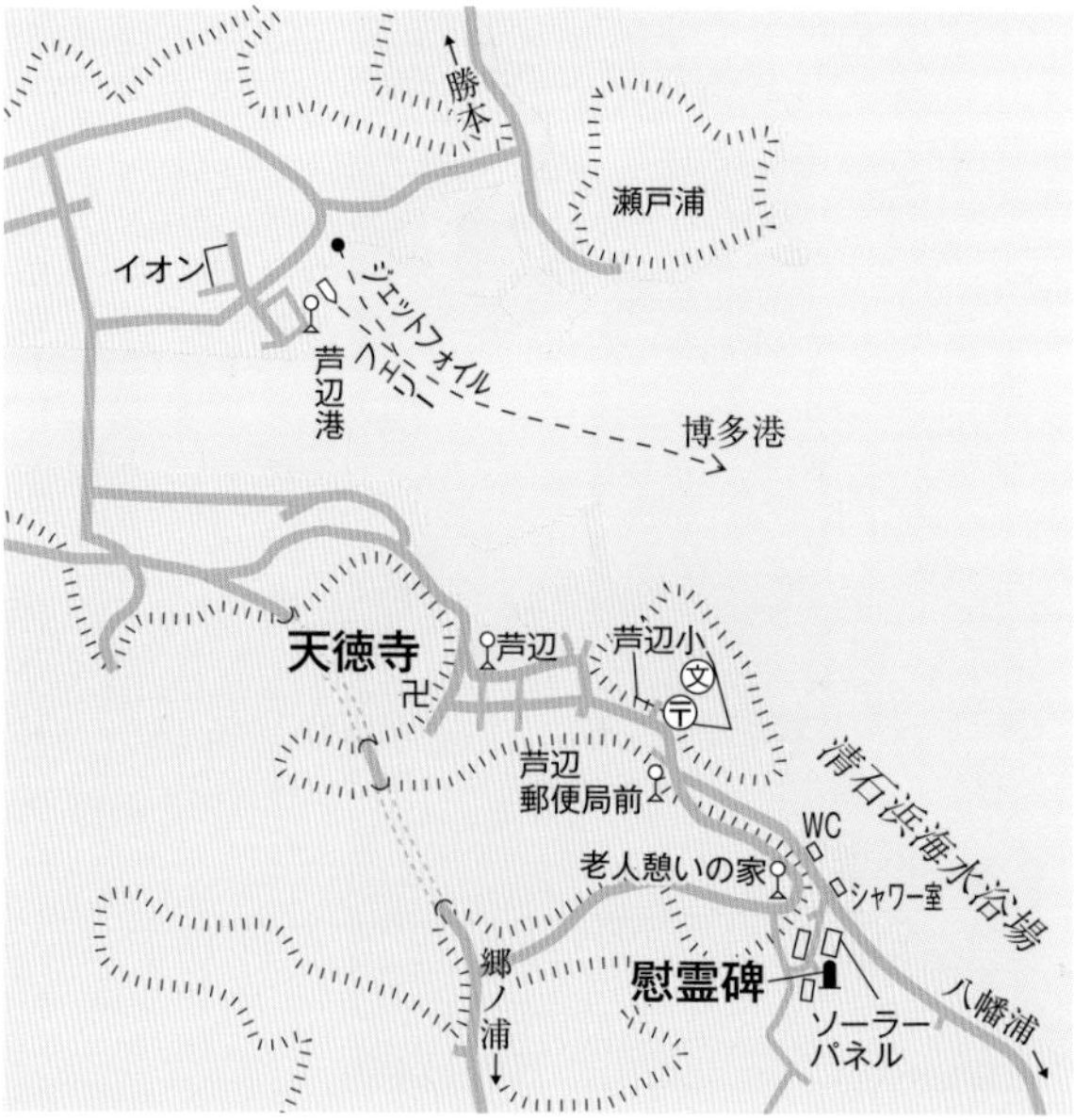

しかし、その寺院の納骨堂の老朽化に伴い、厚生労働省も移転先を探していたが、韓国への遺骨返還が実現するまでの間、二十年以上前から犠牲者の供養を行っていた天徳寺で預かりたいと要望していた西谷徳道住職と、白川博一壱岐市長の要請を受け、平成三十（二〇一八）年五月に正式に天徳寺の納骨堂に収められ韓国の僧侶も交えて法要を行った。

天徳寺では、現在でも犠牲者の命日の十月十一日に慰霊祭を行っており、韓国慶州《キョンジュ》の水谷寺《スゴクサ》でも同時に慰霊祭が行われている。また、天徳寺には韓国から多くの方が慰霊に訪れており、そのなかには生存者のご子息が来訪して身元が分かったこともあったという。

納骨堂は本堂の左手の建物の二階にあり、日本人の位牌・納骨場所に交じって、遺体が発見された芦辺港と書かれた区画や対馬西海岸の品木島・池畠と書かれた区画が複数あり、それぞれ位牌が置かれている。このうち壱岐芦辺港は八十六体分、対馬品木島・池畠は四十五体分であるが、対馬の分はほかの遭難船のものであるとのことであった。

このように天徳寺では壱岐・対馬の海難犠牲者の遺骨を丁重に供養しておられ、誠に頭が下がる思いであり、日韓両国の親善に大きな役割を果たしている。

天徳寺では、終戦による帰国の海難事故で亡くなった朝鮮半島出身者を供養し続けている

【アクセス】

大韓民國人慰霊碑
壱岐バス▽老人憩いの家下車⇩徒歩3分、芦辺郵便局前下車⇩徒歩7分、天徳寺から徒歩13分

天徳寺
壱岐バス▽芦辺下車⇩徒歩3分
壱岐バス▽芦辺港フェリー・ジェットフォイルの乗り場から芦辺まで9分

※フェリーターミナル横の観光協会で電動アシスト自転車を借りることができる。なお、芦辺港発着の船の時間の都合が悪い場合は、郷ノ浦発着の船を利用し、壱岐バス本町から芦辺まで30分、また郷ノ浦からレンタカーも利用できる。車で芦辺地区まで20分

上見坂砲台跡

対馬市厳原町北里

砲側庫と砲座へ上がる坂道

軍事上重要な位置にあった対馬には明治二十一（一八八八）年から昭和十三（一九三八）年にかけて三十一カ所もの砲台が建設された。そのなかで上《か》見《み》坂《さか》砲台は東岸の厳原《いずはら》と西岸の小茂田を結ぶ峠道である上見坂の北部にあるが、日露戦争に備えて明治三十四年八月から翌年十一月にかけて建設されたものである。

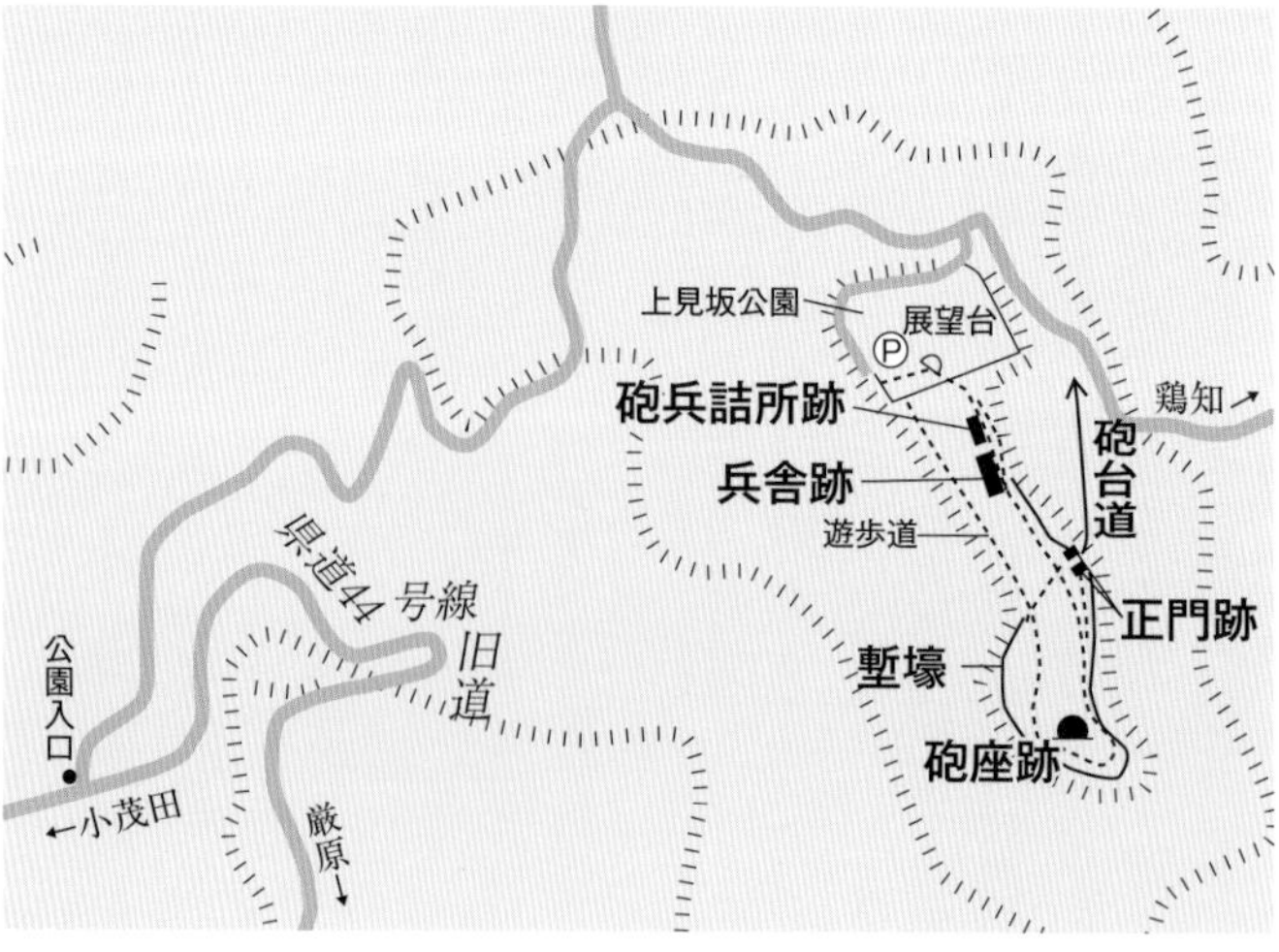

また、この砲台は対馬の中心地域厳原からのアクセスも良く、見学するには最適な戦争遺跡である。ここに行くには厳原市街地から国道382号線を北上し、桟原《さじきばら》交差点から左折し小茂田に向かう県道44号線に入る。しばらく進むと新道はトンネルで小茂田に抜け

ていくが、その手前で左折して旧道に入り、峠まで上がると上見坂公園入口の標識があるので、ここを右折する。しばらく行くと左に鶏知《けち》地区に下る道があるが、右に進むと公園の駐車場に到着する。ここが砲台への入口で、展望台の横から遊歩道が整備されている。

遊歩道に入ると、まず「平和の碑」があるが、これは砲台とは関係なく、第二次世界大戦の犠牲者の慰霊と恒久の平和を祈念する石碑である。次に石材が貼られた半地下式の溝状の施設があるが、説明板によると「砲兵詰所跡」で砲兵の仮眠所に使用されたとあるが、退避壕との説もある。その先に進むと巨大な石組みの建物が現れるが、説明板によると「兵舎跡」で、百人程度の兵士が仮眠することができ、雨天時は火砲を格納したとある。兵舎の建物は三カ所に出入口と複数の窓があり、内部は漆喰で固められている。兵舎の左手には井戸が設置され現在は鉄製の蓋で覆われているが、崩壊の危険があるために立入禁止である。

兵舎の左手から石組みの防塁が現れるが、その先に砲台の正門の門柱が残っている。ここから荒廃した砲台道が下っているが、おそらく重砲兵司令部のあった

上・内部が漆喰で固められた兵舎跡
中・砲座跡
下・防御施設か砲兵詰所跡と思われる

兵舎跡外観

鶏知地区に繋がっていたと思われる。また、この正門右側から砲台を取り囲むように石組みの「塹壕《ざんごう》」と呼ばれる防御施設が続いている。正門の右奥に砲座に上がる坂道が見えるが、その手前の壁側にコンクリート製のトイレがある。坂道のすぐ横には「砲座跡」の説明板があり、「砲台の最上段に砲座があり、周囲に砲弾置場、砲の手入道具の保管所、砲兵の仮眠所に使用された壕がある。砲座には口径15センチの火砲が4門据え付けられていた。実戦には一度も使用されることはなかった」とある。坂道を上がってみるとコンクリートの壁に防御された、石板敷の砲座が残っている。ここから遊歩道は、今まであった施設の裏側を通って駐車場に戻ってくる。砲台見学の所要時間は二十分程度である。

【アクセス】
厳原港より上見坂公園駐車場まで車で25分
※公共交通のバスはない。車がない場合はタクシー利用となる

対馬要塞重砲兵連隊跡

対馬市美津島町鶏知甲

対馬は軍事上の要衝であったため、明治十（一八七七）年には、浅茅《あそう》湾の南岸竹敷《たけしき》に海軍の軍港が建設され、明治二十九年海軍要港部となり、さらに明治三十三年には軍艦を通すため対馬上島・下島の狭隘部を掘削して、万関《まんぜき》瀬戸を開通させた。陸軍も明治十九年に歩兵一個中隊・砲兵一個小隊からなる対馬警備隊を厳原の北の桟原《さじきばら》に駐屯させた。日露戦争に備えて、対馬警備隊は明治三十二年には歩兵も砲兵も大隊規模に増強され、砲兵隊も翌年浅茅湾防御に有利な鶏知に移駐した。なお、この桟原は現在陸上自衛隊対馬警備隊が駐屯している。

重砲兵連隊の正門の門柱

左・「鶏知重砲連隊旧高浜砲台（演習）弾薬庫跡」
右・「対馬要塞重砲兵連隊跡」碑

砲兵隊の鶏知移駐後は、鶏知重砲兵大隊、対馬要塞重砲兵大隊と名を変えながらも、島内の砲台の管理と対馬海峡を通過する艦船の監視に当たったが、さらに昭和十一（一九三六）年、連隊規模に増強された。第二次世界大戦中、対馬は砲台・民家・船舶などが米軍の攻撃を受け、住民・兵士・家畜などが犠牲となったが、戦力を温存したい軍の命令により高射砲陣地からの反撃はなかったという。

　この重砲兵連隊の遺構として、鶏知中心街から鶏知川を渡った所にある対馬市立鶏知中学校の北西隅に、重砲兵連隊の正門の片方の門柱が残っている。また、中学校から右手の狭い道を進むと兵舎跡に対馬産の自然石を使用した「対馬要塞重砲兵連隊跡」と刻まれた記念碑が建立されている。

　さらにこの重砲兵連隊には鶏知地区の海岸の高浜地区に演習用砲台があった。鶏知から国道３８２号線を厳原方面に少し戻り、高浜から左折すると「対馬グランドホテル」と「真珠《たま》の湯温泉」があるが、その駐車場の隅にコンクリート製の弾薬庫があり、「鶏知重砲連隊旧高浜砲台（演習）弾薬庫跡」と書かれている。

【アクセス】

重砲兵連隊正門・記念碑
厳原港より車で15分
対馬交通バス▽鶏知宮前下車⇩徒歩5分

弾薬庫跡
厳原港より車で20分
対馬交通バス▽高浜下車⇩徒歩10分

城山砲台跡

【ハイキングコース】

対馬市美津島町黒瀬

城山《じょうやま》砲台は浅茅湾南岸に突き出た半島の山頂部にあり、明治三十三（一九〇〇）年に日露戦争に備えて建設されたものである。

路肩に排水溝や護壁が設けられた砲台道

ここに行くには重砲兵連隊があった鶏知《けち》から県道24号線を五キロほど西に進むと、金田城入口の標識があるので、ここを右折して曲がりくねった狭い車道に入る。途中で舗装は切れるが入口から五〜六分で金田城登山口の駐車場に着く。駐車場には金田城の説明板があり、案内パンフレットが置いてあるので、これを利用すると便利である。

ここから緩い傾斜の登山道が始まるが、これはもともと城山砲台への砲台道で、幅は二〜三メートル、路肩や崖面には石組みの護壁や排水溝が設けられている。登ってしばらくすると金田城を囲む石塁が横切っているが、砲台建設の際一部を破壊している。やがて第一カーブに着くが、ここには東屋《あずまや》があり休憩できる。

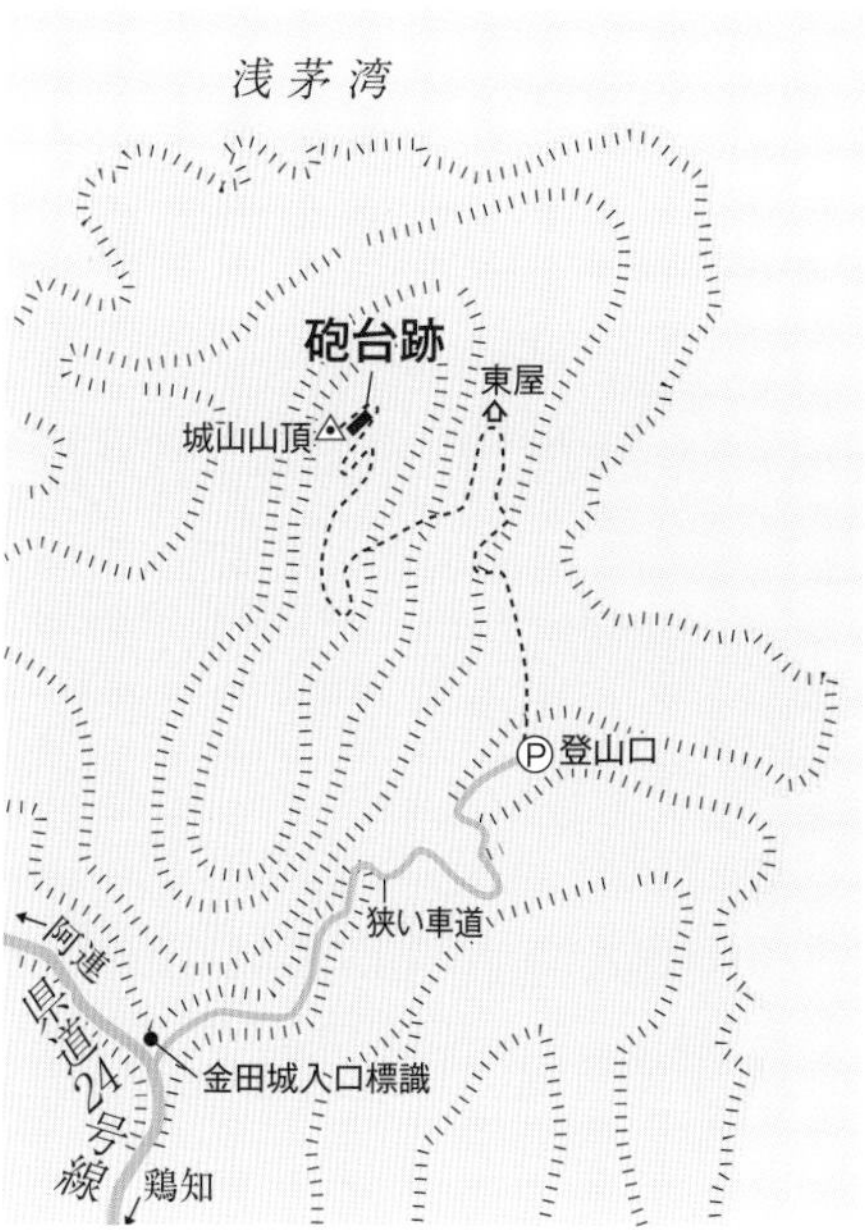

左・弾薬庫と思われる倉庫と護壁
右・弾薬庫と思われる倉庫の入口部分

ここから三つのカーブを曲がると山頂の尾根にある城山砲台跡に着くが、途中には岩盤を刳り抜いた場所や、谷を横切る所には水門を設けた場所があり、砲台道建設の困難さが偲ばれる。

　砲台跡前には「昭和五十七年三月二十三日指定　国指定特別史跡金田城跡」と刻まれた石碑が建っている。金田城は西暦六六三年白村江の戦いで唐・新羅《しらぎ》の連合軍に敗北した日本が、その侵寇に備えて建設した防御施設である。

　この碑のすぐ先から石組みとコンクリートで作られた倉庫や二門の円形の砲座、観測所、指揮所が並んでいる。さらに登山道は尾根から砲台跡を見下ろすように通っているが、その先の急斜面を登ると城山山頂である。ここから浅茅湾と湾口の大口瀬戸が一望のもとであり、ここに金田城や城山砲台が建設された理由もよくわかる。

観測所跡

砲座跡

［登山コース］

登山口⇩（20分）東屋⇩（30分）砲台跡⇩（10分）城山山頂

※砲台道の途中から金田城の関連遺構に行く脇道があり、時間に余裕があれば見学して回ることができる。砲台道は整備されていて運動靴で登ることができ、登山口には杖も用意されている。

【アクセス】

厳原港より車で30分

※バスは便数が少なく利用は難しい。鶏知からタクシーを利用したほうが良い

指揮所跡内部の様子

姫神山砲台跡

対馬市美津島町緒方

棲息掩蔽部

万関瀬戸《まんぜきせと》の東の入口に面する姫神《ひめがみ》山には日露戦争に備えて、明治三十三（一九〇〇）年二月から翌年十一月にかけて砲台が建設された。

ここに行くには厳《いず》原《はら》から国道382号線を北上、万関橋の手前の緒方入口バス停から右折して、緒方地区に向かう。緒方集落を通り抜けると道は狭くなるが舗装されていて普通車でも通行できる。やがて車道は行き止まりとなるが、広い駐車場がある。その先に折瀬《おりせ》鼻《はな》砲台に行く道があるが、ガイドなしでは危険なため通行止めとなっている。また、駐車場の右手に「姫神山砲台まで五〇〇メートル」の標識があり、狭い林道が登っているが、路面が荒れており、普通車の通行は難しいので、ここから徒歩で向かうことになる。

この林道はもともと砲台道で、しばらく登ると左側が破損した門柱が見え、その先が広場になっている。ここが砲台の入口で砲台跡の配置図が描かれた説明板

棲息掩蔽部の内部

左翼観測所（左）とコンクリート製の砲座跡（右）

が立っている。それによると「砲台完成後の明治37年1月に6門の28センチ榴弾砲が備え付けられた。施設は赤レンガと地元産浅海《せんかい》砂岩《さがん》で造られている」とある。

　ここから砲台に向かう通路があり、そこから砲台内部に入ると、まず右手に天水井戸と水槽があり、その先に赤レンガ・コンクリート・石壁で造られた五つの棲《せい》息《そく》掩蔽部《えんぺいぶ》があり、手前四つは内部で繋がっている。

　さらにその先の階段を登ると右手に指令室があり、その先の頂部に「左翼観測所」がある。観測所はコンクリート製の円形の施設で、中央部にレンガ造りの観測台が設置されている。

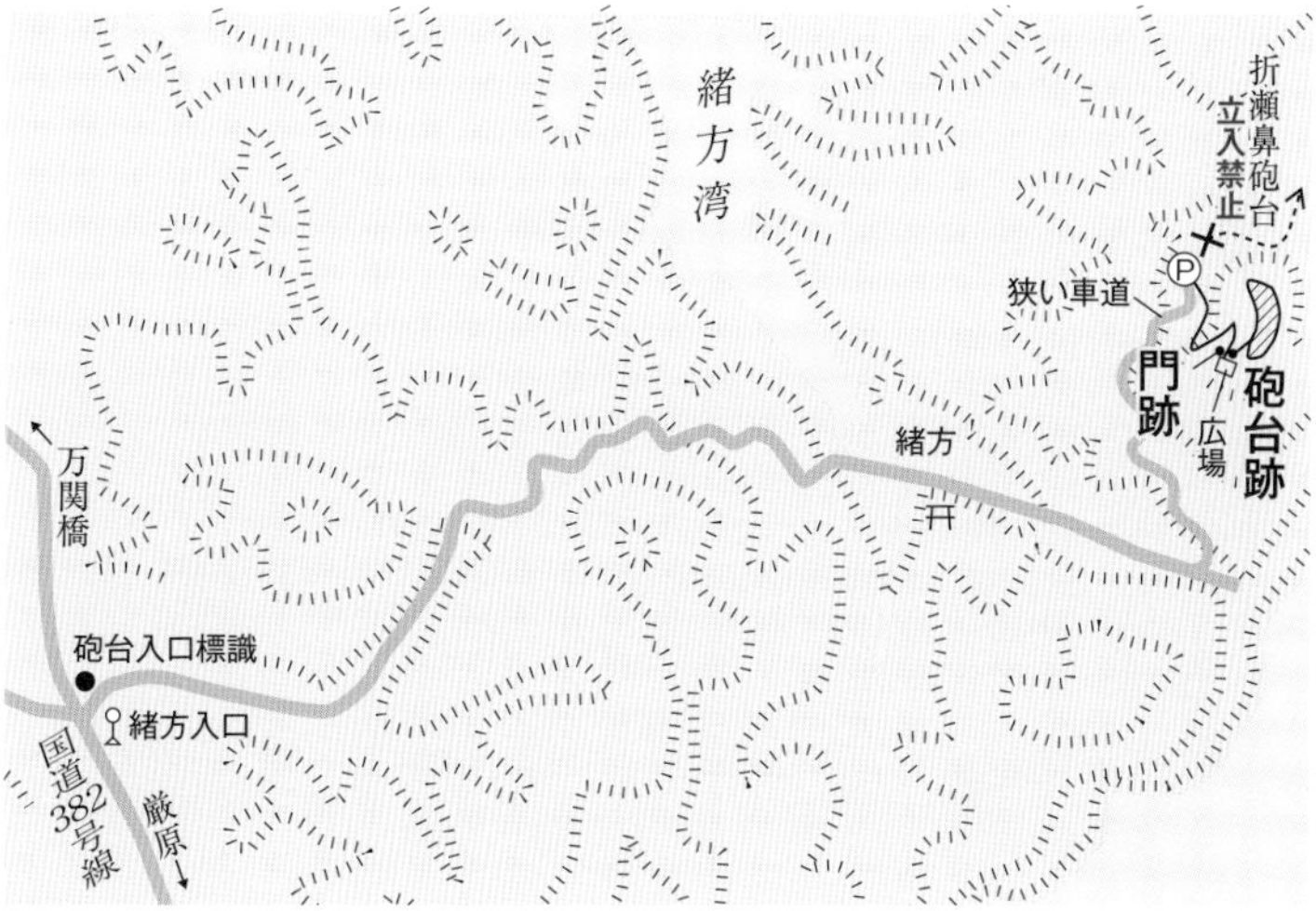

右翼砲座への入口と倉庫跡

ここからもとの道を戻り右手に進むと、二門一組で横に砲側弾薬庫《ほうそく》を持つ三つの砲座がある。その先に倉庫があり、そこから石段を登ると「左翼観測所」とまったく同じ構造の「右翼観測所」がある。ここから左手に歩道があり、三つの砲座を上から見ることができ、その先は「左翼観測所」に繋がっている。

この砲台の施設や通路はよく整備されていて、見学するには最適な戦争遺跡である。

【アクセス】
厳原港から駐車場まで車で35分、駐車場から砲台まで徒歩10分
※駐車場からの林道は路面が悪く、二度切り返しがあるため、小型の四輪駆動車以外は通行不可
対馬交通バス▽緒方入口下車⇩徒歩1時間。車がない場合は対馬空港からタクシーを利用したほうが良い

棹崎砲台跡

対馬市上県町佐護西里

対馬上島の北西端棹崎《さおざき》に、対馬海峡防衛のため、昭和十一（一九三六）年から昭和十三年にかけて砲台が建造され、二五口径一五センチカノン砲四門が設置された。

ここに行くには国道382号線を比田勝《ひたかつ》に向かって北上し、佐護地区に入り、佐護川の橋を渡るとすぐ左に棹崎公園に向かう道があるので、こちらに進む。やがて佐護川を渡る橋があり、右は韓国展望台がある千《せん》俵蒔《びょうまき》山に向かう道であるが、左に橋を渡り佐護川左岸を湊《みなと》集落に向かう。集落の外れまで来ると「棹崎公園・対馬野生生物保護センター」の標識があるので、左の道を上がってしばらく行くと「対馬野生生物保護センター」があり、道は行き止まりとなる。対馬野生生物保護センターでは国内希少野生動植物種に指定されているツシマヤマネコを観察することができる。

この施設の建物のすぐ手前に棹崎公園展望台に至る狭い車道があり、ここを登るとすぐに駐車場とトイレがあり、そこに棹崎砲台跡の施設配置図と説明文が掲示された案内板が設置されている。それには観測所と四つの砲車、弾薬庫、探照灯、仮眠所、火薬庫、営庭、兵舎、中隊長官舎、発電所、炊事場、機材庫、資材庫などの位置が表示され、見学の際便利である。

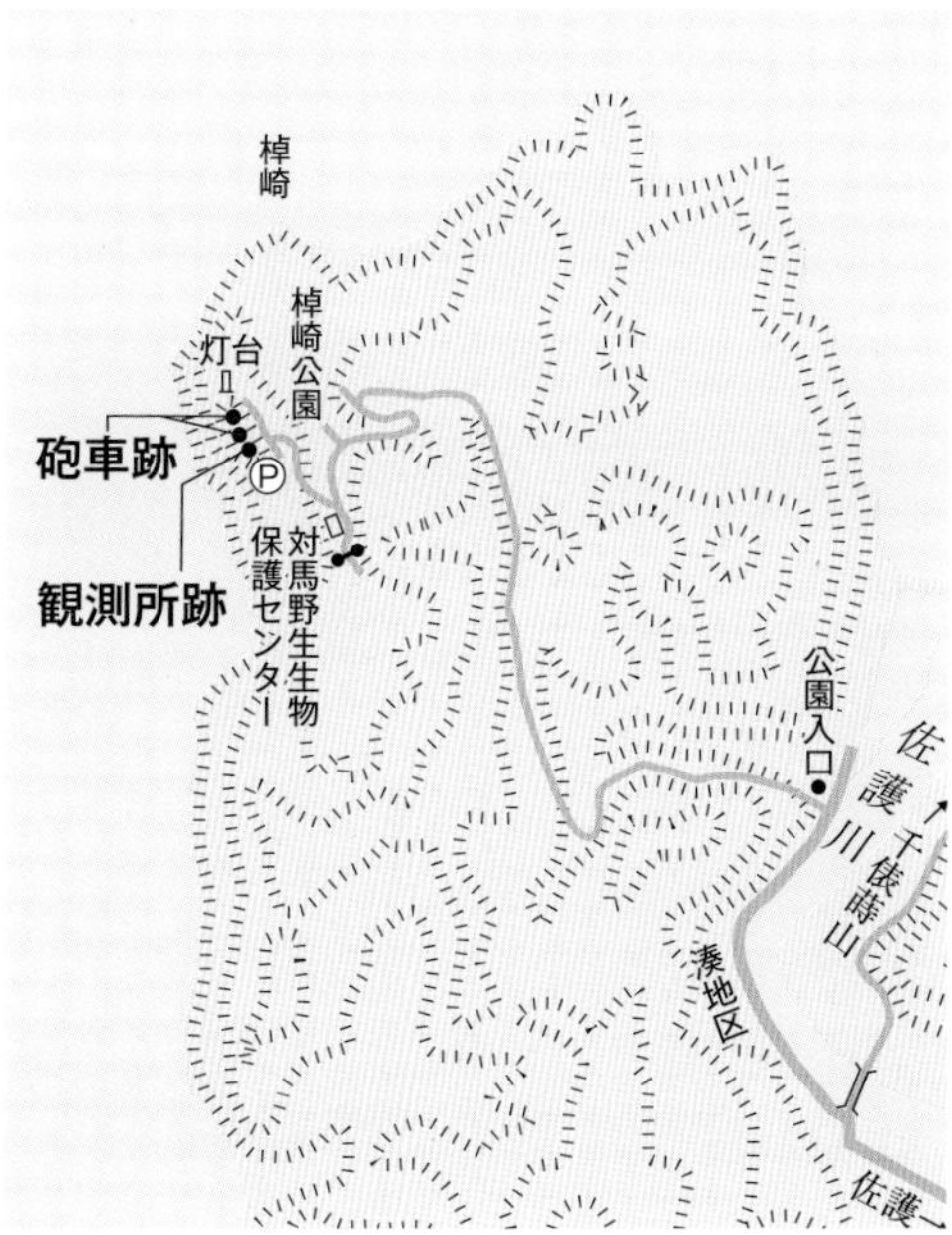

ちなみに「砲車」とは砲台の種類の一つであり、この説明板では砲台と砲車のどちらの表記もあったため、原則的に説明板の表記に従い紹介する。

案内板右手から観測所に上がる階段があり、小山の頂部に入口がある。なかに入ると海側に広い観測窓が開いており、さらにここから地下壕に降りる階段がある。地下壕は兵員の待機所と思われ、通路を通り抜けると砲座側への出入口になっている。

ここから遊歩道があり、まず石材で造られた円形の第一砲車が現れるが、内部には公園化された時設置された角柱のモニュメントが建てられている。さらに進むと同じ様式の第二砲車があり、内部にはソテツが植えられている。その先にある棹崎灯台は第三砲車の上に建てられたものである。ここからは対馬海峡を隔てて、遥か向こうに韓国の山々が見渡せ、ここに砲台が建造された理由もよくわかる。

上・弾薬庫などがある地下トンネル入口
下・中央にソテツが植えられた第2砲車跡

ここから遊歩道を下ると各砲車の下を抜けるトンネル式の通路があり、弾薬庫が設置されている。この通路を出て遊歩道を進むと再び駐車場に戻ってくることができる。この砲台跡は公園化された時、かなり人工的に改変されているが、アクセスも良く遊歩道も整備されている。

また天気の良い日には韓国を望むことができ、すぐ近くにはツシマヤマネコが観察できる対馬野生生物保護センターもあり観光がてらに戦争遺跡を見学するには最適の場所である。

【アクセス】

厳原港から車で1時間45分、比田勝から40分

対馬交通バス▽佐護下車⇩徒歩1時間30分

※車がない場合は佐護よりタクシーを利用したほうが良い

小山の頂上にある観測所跡（上）とその内部の様子（下）。ここから階段を降りると地下壕があり、砲座側の入口に通じている

豊砲台跡

対馬市上対馬町鰐浦

対馬上島最北端の久《く》ノ下崎《したざき》の丘陵頂部に対馬海峡防衛のため、昭和四（一九二九）年五月から昭和九年三月にかけて豊《とよ》砲台が建造された。ここに行くには比田勝《ひたかつ》市街地から県道182号線を北上、豊集落を抜けて落土《おちど》バス停まで来ると、豊砲台への標識があるのでここを右折する。車道は丘陵斜面を上がり、終点に駐車場があるが、その正面左手に砲台跡の入口、右手に出口があり、砲台内部の配置図が掲示された詳しい説明板が設置されている。

豊砲台跡入口

それによると「四十五口径四十センチ、長さ十八メートル五十センチ、世界最大の加濃砲《かのんほう》二門が構築された。発射指令（観測所）は現在海上自衛隊上対馬警備所のある海栗《うに》島、西泊権現山、上県町棹崎にあった。砲塔部は厚さ三メートル、地下室は厚さ二メートルの

内部には照明がついている

コンクリート造りであった。しかし、実戦には使用されることなく終戦を迎えた。昭和二十年十月に米軍の爆破班により解体された。このような施設が二度と再び造られる時代がこないよう、人類永遠の平和を切望し、昭和五十九年十二月現状に復した」とある。

砲台入口左側にスイッチがあり、これを押すと内部の照明が点灯されるようになっている。配置図の通り入口からなかに入ると、まず通路左手に巻上機室があり、さらに進むと左手に長大な砲動力機室、右手には電機室・砲具庫があり、その先をさらに進むと巨大な円形の砲塔底部に達する。大砲が取り除かれた砲塔底部から見上げると円形の空が広がっている。ここから再び通路を戻ると左手に出口に向かう通路があり、右手に油脂庫・工作室・濾過水槽が並んでいる。出口のすぐ手前には便所があり、出口の右の外壁に二つの窓が開いている。

出口からは右手に砲塔上部に向かう遊歩道があり、登っていくとすぐ巨大な円形の穴が開いており、砲台底部を見下ろすことができる。ここにも説明板があり、入口と同様の説明文と配置図が掲示されているが、さらに設置された大砲は戦艦長門の主砲と同一の大きさで、砲を操作する動力は水圧を利用したと書かれている。

この砲台跡もよく整備され、内部を詳しく見学することができる貴重な戦争遺跡である。

砲塔底部

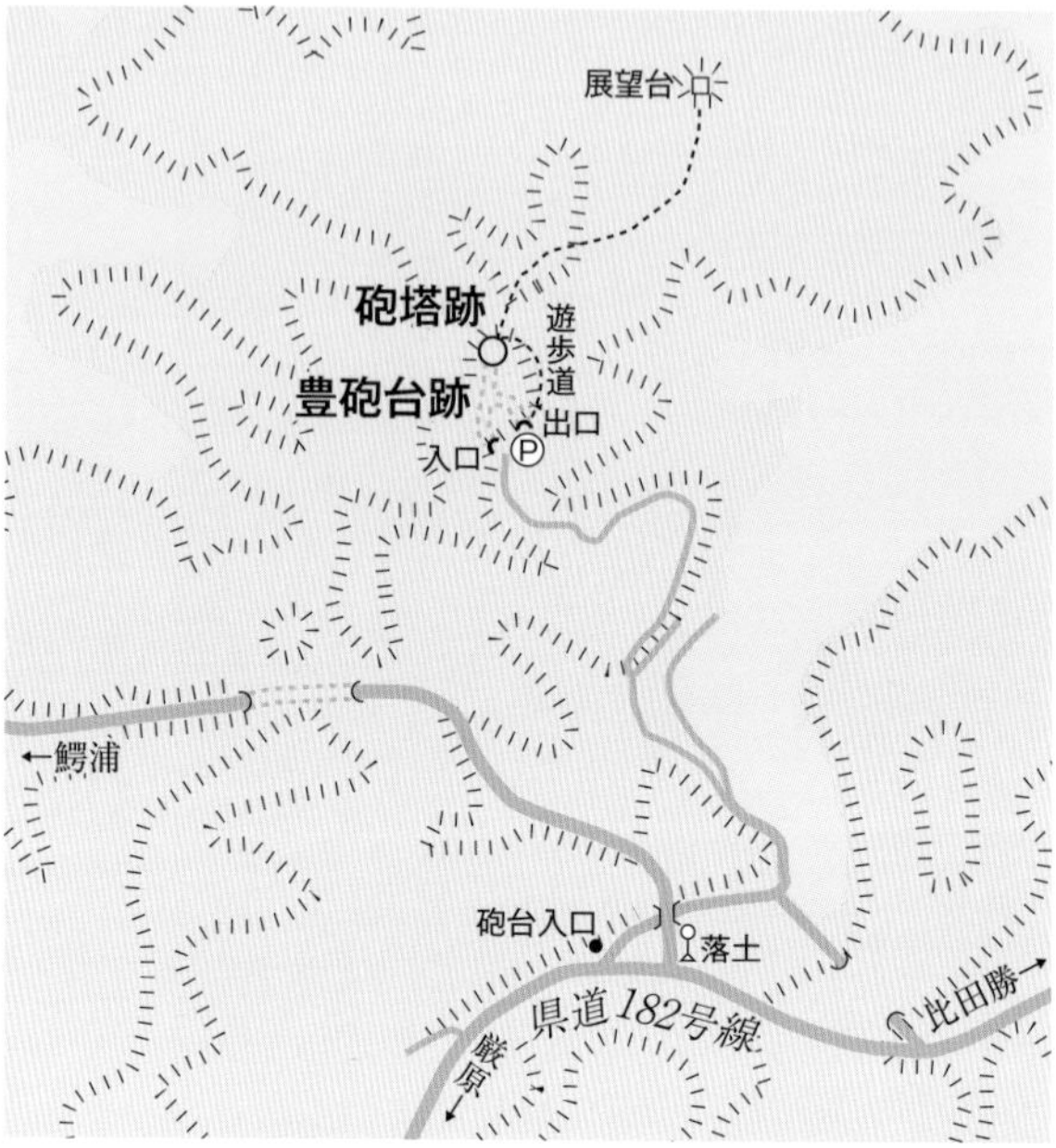

【アクセス】
厳原港より車で2時間、比田勝より20分
対馬交通バス▽落土からは徒歩10分ほどであるが、便数が少なく利用は難しい。便数の多い河内《かわち》からは徒歩で1時間かかるので、車がない場合は比田勝からタクシーを利用する方が良い

【対馬へのアクセス】
博多港から厳原港
フェリーで4～5時間、夜行便もある。ジェットフォイルで2時間15分
博多港から比田勝港
フェリーで5時、夜行便もある。ジェットフォイルで2時間10分
航空機▽福岡空港から対馬空港35～40分
※厳原・対馬空港・比田勝などにレンタカーがある。道路事情を勘案すれば小型車か軽自動車が良い。自分の車をフェリーに乗せていく場合の旅客料金・航送料金は各社へ問い合わせること
九州郵船TEL092（281）6636
壱岐・対馬フェリーTEL692（725）1162
対州海運TEL092（712）2017

【その他島内交通について】
※バスの便数が極端に少なく、徒歩でもかなり遠い所が多い。車がない場合はタクシーを利用したほうが良い
※厳原・比田勝にレンタサイクルがあるが、対馬は道路の起伏が激しく健脚向き
※対馬の交通・宿泊の問い合わせは対馬観光物産協会へTEL0920（52）1566

熊本県

玉名（大浜）飛行場跡

玉名市大浜・北牟田

玉名飛行場正門跡

玉名市の中心街から県道113号線に入り、菊池川右岸を南下し、大浜橋を渡り大浜地区に入るとすぐ大浜飛行場跡の説明板と玉名飛行場の正門跡がある。右の門柱は上部の破損していた部分を修復し元の位置に設置したもの、左側の門柱はそのままの位置にあったもので、右側面にある鉄製の輪は国旗掲揚などに使用したもので、また背面には扉金具が残されている。

飛行場には大刀洗陸軍飛行学校の玉名教育隊が開設された

この大浜地区を中心とする菊池川左岸の水田地帯に陸軍飛行場建設の計画が持ち上がったのは昭和十七（一九四二）年であるが、翌年には強制的に土地収用が行われ、大浜地区一八戸、北牟田地区三十二戸が移転を余儀なくされた。そしてただちに飛行場建設が始まったが、近隣の学校の生徒や朝鮮人労働者も建設作業に動員され、昭和十九年には完成し、大刀洗陸軍飛行学校の玉名教育隊が開設された。

この飛行場の大きさは縦横一五〇〇メートルの正方

形で、低地のため南北に排水路が掘削され、さらに二本の滑走路は水害対策のため盛土をした「島式」であった。そしてここを利用して飛行訓練が始まったが、昭和二十年五月十日にB29二機、十三日には米軍艦載機五十九機による爆撃があり、飛行場は壊滅した。その被害は航空隊施設だけでなく民家にも及び、死者十八名（うち民間人十二名）、焼失家屋が二〇戸に及ぶ。終戦後ただちに土地収用されていた各町村から飛行場跡の開拓申請が出され、昭和二十二年には玉名農地開拓団六四戸が入植し、元の水田に戻している。

格納庫跡

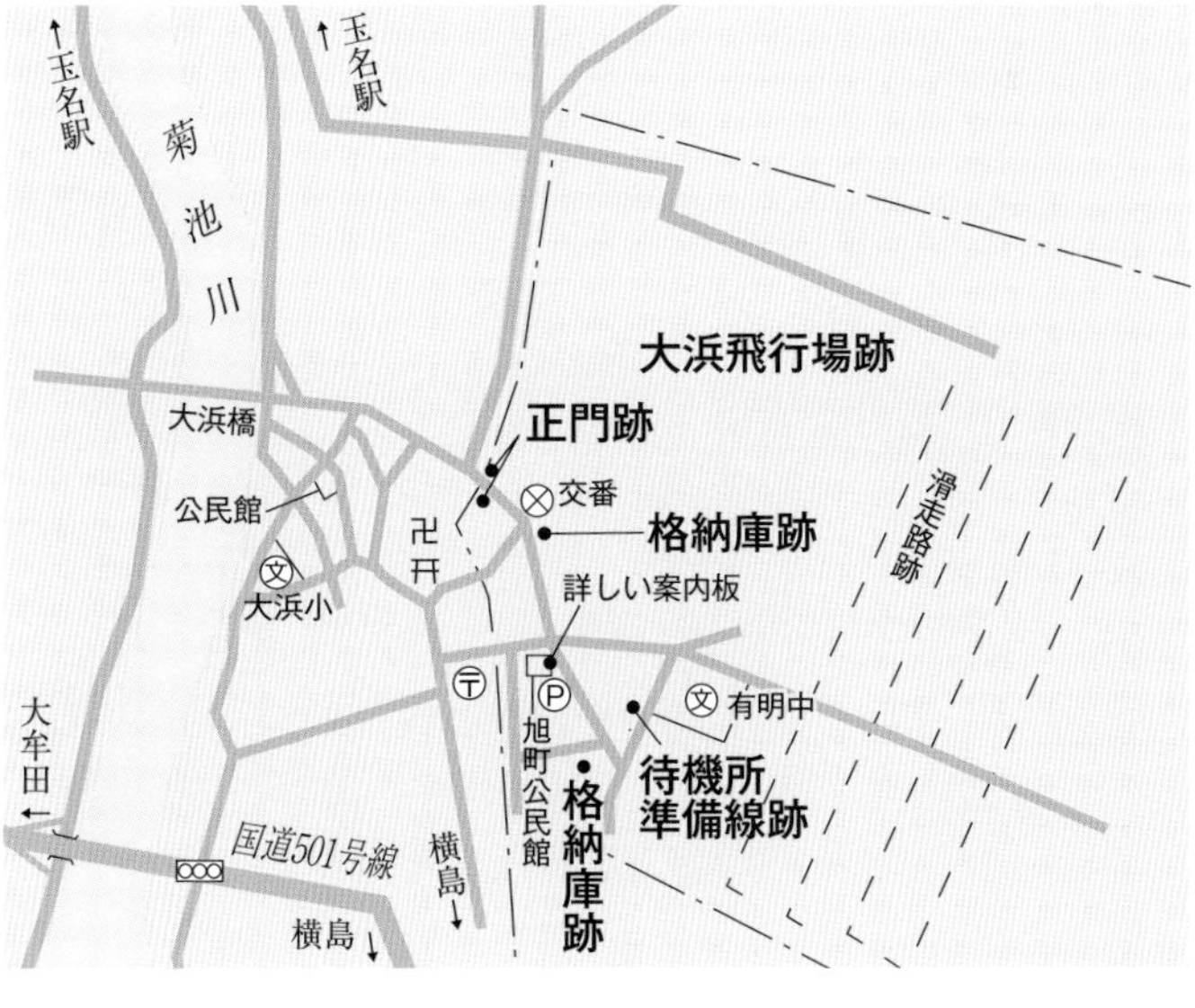

現在は豊かな水田となっている滑走路跡

この飛行場跡の遺構を見学するには、大浜地区のはずれにある旭町公民館の壁面に詳細な案内図と飛行場の施設の写真と説明が掲示されており、その案内図通りに回ると便利である。遺構は開拓時からの民家や農地のなかに、格納庫のコンクリート基礎や外壁、飛行機搬入路、井戸・食堂・浴場・酒保・医務所などの施設跡が点在しており、それぞれ標識や説明板が設置されている。また、民家の基礎や塀・壁・倉庫などに利用されているものもある。特に大型格納庫跡の基礎は巨大で民家の一部に利用されていてよくわかる。

筆者は待機所の隣家の方にお伺いしたが、待機所と準備線跡は今もコンクリート張りの床面が民家のなかに残り、前の道路には暗渠《あんきょ》排水路があったが、今は改装されてしまった。また、かつては飛行場跡の水田に爆弾穴が多数あった。そして水田の用水路はかつての滑走路の排水溝を利用したものであるとのことであった。しかし大浜飛行場の施設跡は、改装されたり、消滅したりして、わからなくなったものも多いと言っておられた。

【アクセス】

九州自動車道菊水インターより旭町公民館まで車で25分（公民館前に駐車可）

JR▽玉名駅下車⇩正門跡まで徒歩50分、公民館までさらに10分（公共交通がないので玉名駅前からタクシーを利用したほうが良い）

※飛行場跡の遺構は民家の敷地内にあることが多いので、必ず住民の方に許可を得て見学すること

菊池（花房）飛行場跡

菊池市泗水町吉富

飛行場営門跡の向こうに慰霊碑が見える

菊池市の中心街から国道387号線を熊本市の方へ向かうと、道はやがて台地の上に出るが、ここが菊池飛行場があった所である。また花房台にあったため別名花房飛行場ともよばれた。

陸軍は昭和十（一九三五）年よりこの台地の現在国道が通っている所の東側に、地元の人々や朝鮮人労働者などを使役して飛行場の建設を行い、昭和十五年完成した。

飛行場完成後は陸軍の飛行隊・教育隊などが設置され、飛行場の南東部には隊本部・兵舎・整備工場・格

菊池飛行場跡のシンボル「給水塔」（右）と
その内部の様子（上）
給水塔は菊池市の文化財に指定されている

納庫などの中枢施設が造られた。

その後も基地の整備や防空壕掘削なども続けられ、近隣の生徒も作業に動員された。また、昭和一九年には飛行場を挟んだ国道の西側に陸軍航空通信学校菊池教育隊が設置され、通信兵の育成を行った。

ここがこれらの軍事施設に選ばれた理由の一つは、すぐ近くを熊本市と隈府（現在の菊池市中心街）を結ぶ熊本電気鉄道が通っていたためであり、正門近くには菊池駅が造られ、人員と物資を運んだ（現在この鉄道は御代志《みよし》駅より先は廃線となっている）。

この飛行場は昭和二十年五月十五日に米軍機による大規模な空襲を受け飛行場は壊滅し、三十六名もの死者を出した。戦後飛行場跡には開拓団が入植し、残されていた旧兵舎や倉庫などを住居として利用した。現在ここは格子状に整地され、農家・住宅・学校・工場などになっている。

この飛行場跡に残っている遺構を見学するには、まず国道３８７号線の富の原バス停から、東に向かう市道に入る。やがて、左手に飛行場庁舎の営門と慰霊碑があり、さらに進むと教育隊の右側だけの営門がある。

　ここから左手に入ると、この飛行場跡のシンボルであり、菊池市の文化財に指定されている、高さ一四メートルの給水塔がそびえたっている。給水塔は表面のモルタルが剝落し、コンクリートがむき出しになっていたが、もとのように白いモルタルで補修されている。またそこには飛行場施設の地図・写真・説明文が表示された詳しい案内板があり、それを参考にして、営門だけでなく格納庫跡・ガソリン貯蔵庫などを見て回ることができる。

ガソリン貯蔵庫跡。正面壁や鉄製の扉には機銃掃射の跡が残る

　さらに、富の原から国道387号線を二キロほど南に行ったところに、「有明の里泗水孔子公園」と道の駅があるが、その敷地内に「花房飛行場の戦争遺産を未来につたえる会」が管理する「菊池飛行場ミュージアム」があり、飛行場の模型・イラスト・写真・関連新聞記事などが展示され自由に見学できる。また、この会では菊池飛行場に関する講演会や、飛行場跡の見学会も行っている。

【アクセス】
菊池飛行場跡
菊池市中心街から車で10分
熊本電鉄バス▽富の原下車⇩慰霊碑まで徒歩5分
飛行場遺構見学30分程度
菊池飛行場ミュージアム
菊池市中心街から車で15分、道の駅駐車場からすぐ
熊本電鉄バス▽泗水孔子公園前下車すぐ（新国道沿いの孔子公園バス停は便数が少ないので注意）
【菊池飛行場ミュージアム】
入館料▼無料
休館日▼年末年始
開館時間▼10：00～16：00
TEL0968（38）2252（宮原保育園）

三菱重工業熊本航空機製作所地下工場跡

熊本市北区龍田町弓削

入口が閉鎖されている変電所の資材格納壕

三菱重工業熊本航空機製作所は昭和十七（一九四二）年、熊本市健軍《けんぐん》地区に建設されたが、戦争末期の昭和二十年になると、米軍による空襲を受けるようになり、熊本市周辺に分散疎開することになった。そのなかで熊本市東部、白川の右岸の河岸段丘の崖面に何カ所かの地下工場が造られた。

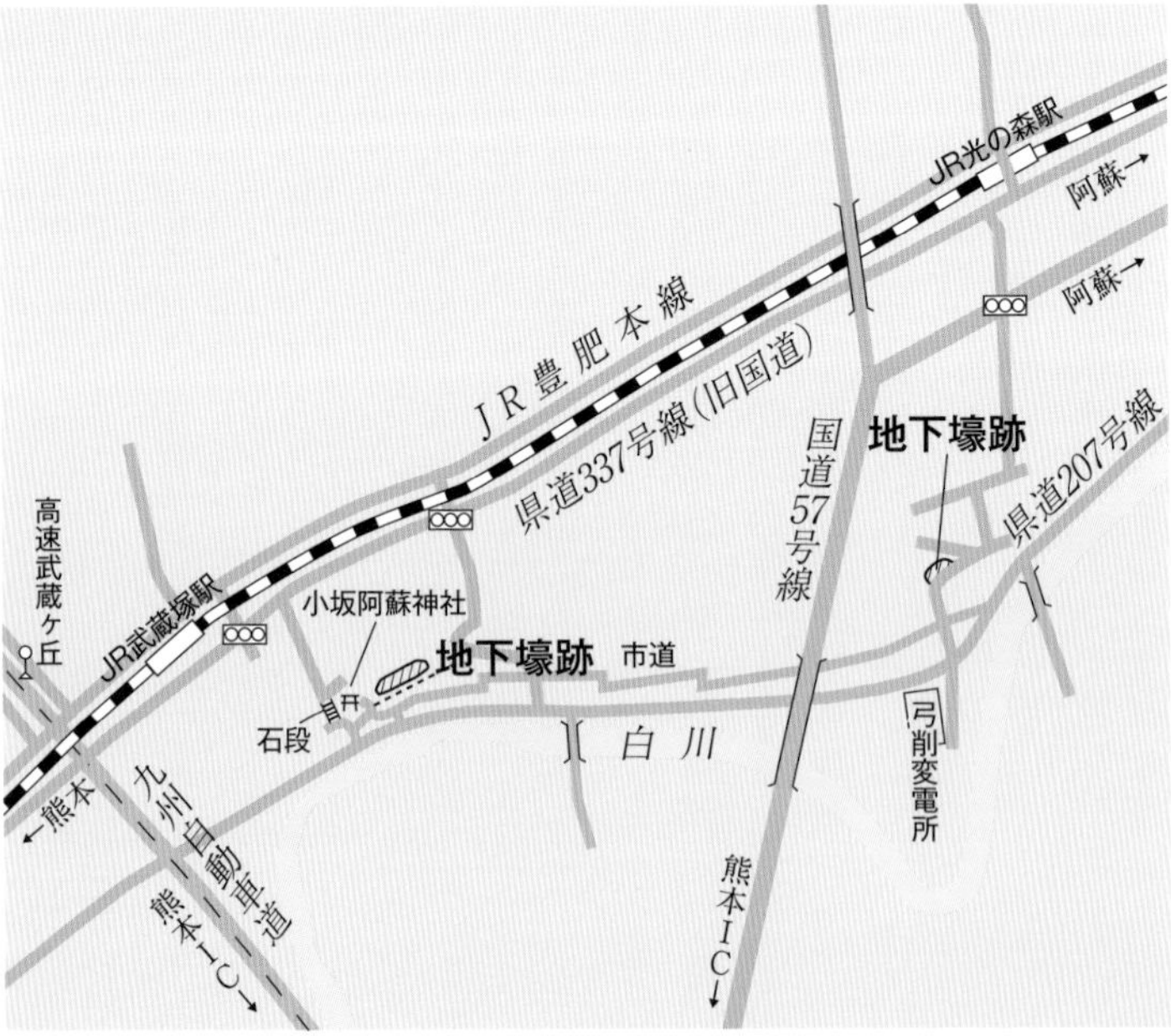

ここの地質は阿蘇溶結凝《ようけつぎょう》灰岩《かいがん》で掘削しやすく、また上空から発見しにくい地形であったことが選ばれた理由であると思われる。

白川右岸の県道２０７号線を通り、弓削《ゆげ》地区に入ると小坂阿蘇神社横にその地下工場跡がある。神社境内から少し下ると、左手の竹林に入る小道があるので、先に進むと左手の崖面に地下工場の入口が四カ所ある。手前の三カ所は竹や木材で封鎖されているが、一番奥の四つ目の入口から内部に入ることができる。

なかはかなり広く、手前に直線状の空間、奥に「くの字型」の空間がある。また封鎖されていた出入口にもそれぞれ通路がつながっている。床面は平らで、壁面との境には排水溝も掘られている。

1カ所だけ開いている地下壕。内部は封鎖されている入口にもぞれぞれ通路がつながっている

この地下工場を調査した「熊本県の戦争遺跡研究会」の方々の報告によると、ここは「下南部《しもなべ》・供合《ともあい》小峯《おみね》地下工場」と呼ばれるもので、地元の人々・学徒・朝鮮人労働者などを動員して全長六〇メートル・奥行き四〇メートルの地下工場が建設された。この地下工場の手前の空間は通路と工作室、奥の「くの字型」の空間では重爆撃機「飛龍《ひりゅう》」のエンジン調整作業を行った。また、当時床はコンクリート貼りで、壁と天井は木枠で補強されており、現在も取り付けた穴の跡が残っているとのことであった。

なお、ここから白川右岸沿いに東に向かうと、閉鎖されているが熊本電気会社（現九州電力株式会社）変電所の資材格納壕、さらに菊陽町津久礼《つくれ》地区に入ると、三菱重工業熊本飛行機製作所の地下工場跡がある。

【アクセス】
九州自動車道熊本インターより車で10分、県道207号線経由が分かりやすい。小坂阿蘇神社境内に1台分の駐車場がある。
JR▽武蔵塚駅下車⇩徒歩10分

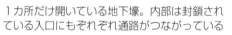

人吉海軍航空隊基地と資料館

球磨郡錦町木上

人吉市街地から川辺川を越えた東側、「高原《たかんばる》」と呼ばれる広大な台地には、かつて人吉海軍航空隊の基地があった。この基地は昭和十八（一九四三）年に着工、兵士・地元の人々・学徒・朝鮮人労働者などを動員して、翌年二月に完成した。この基地はコンクリート舗装の長さ一三五〇メートル・幅五〇メートルの滑走路を持ち、航空兵・整備兵・技術者の養成、海軍用の兵器の製造を主な業務としており、最盛期には六〇〇〇人もの軍関係者がいた。また戦争末期には、特攻兵の訓練基地、ほかの特攻基地への中継地の役割を担うことになった。

しかし、昭和二十年三月と五月に米軍による大規模空襲を受け、地上の基地は壊滅、兵員九名、近隣の集落の住民四名（うち子どもが二名）が犠牲になった。なお、米軍の本土上陸に備えて建設されていた地下壕は被害がなく、現在も約一〇〇カ所が残っており、そのうち三カ所が見学できる。

「山の中の海軍の町にしき　ひみつ基地ミュージアム」

また、飛行場の東端に当たる場所に「山の中の海軍の町にしき　ひみつ基地ミュージアム」（錦町立人吉海軍航空基地資料館）が開館した。

この資料館に行くには、人吉市街地から、かつて「海軍道路」と呼ばれた県道33号線を東に向かい、川辺川の柳瀬橋を渡る。突き当りを左折してしばらく行くと、

「高原記念碑前」のバス停と航空隊の門柱がある。そこを右折すると滑走路跡東端に至り、すぐ先に資料館がある。なお門柱を左折して二キロほど行くと「人吉農芸学院」（少年院）があるが、ここは航空隊の庁舎や兵舎があった居住地区跡である。また、柳瀬橋の突き当りを右折すると、今は雑木林や草原になっている滑走路に沿う直線道路となり、資料館に至る。

①②③＝ガイドツアーで見学できる地下壕
※参加者以外は地下壕立入禁止

①地下作戦室・無線室
②地下魚雷調整場
③地下兵舎壕

▽山の中の海軍の町にしき　ひみつ基地ミュージアム
（錦町立人吉海軍航空基地資料館）

錦町では平成二十七（二〇一五）年、行政と民間諸団体が協力して「海軍基地跡をまちづくりに活用するプロジェクト」が始まり、国からの補助金・ふるさと納税も投入して、地下壕の整備とともに資料館の建設が始まり、平成三十年開館した。資料館のなかに入ると右が展示室で、米軍機と交戦の末墜落した零戦の機体の一部、練習機「赤とんぼ」の部品、当時と現在の基地の写真、施設の詳細なパネル式の地図などがある。また、元航空隊の隊員、勤務していた事務員の女性、基地近隣の集落の女性が、それぞれの立場から、体験を語っているビデオが鑑賞できる。

▽航空基地地下壕見学

現存する約一〇〇カ所の地下壕のうち、魚雷調整場壕・兵舎壕・作戦室無線室壕の三カ所が見学可能である。地下壕は一日六

魚雷調整場壕

回の見学時間が設定されており、見学者は資料館前に集合して、町職員のガイドさんに先導されて決められたコースを回ることになる。見学コースの最初は、資料館をすぐ上がった所にある栴檀の木であるが、冬は極寒のこの基地で凍傷になった隊員を、上官が栴檀の実を使って治療したという。

ここから台地の下に降りると、まず魚雷調整場壕が現れる。この地下壕はトンネル式で、高さ・幅とも五メートル、総延長二三三・六メートル、この地域で最大の規模である。以前はごみなどが捨てられて荒廃していたが、地元の方々の清掃活動で、見学できる状態になったという。ガイドさんの指示通り、入口にあるヘルメットを被ってなかに入ると、掘削が容易な阿蘇溶結凝灰岩の地盤を掘り抜いた複雑な構造で、その巨大な空間に驚かされる。中心部にはコンクリート貼りの魚雷調整室があり、天井には魚雷を吊り下げた金具が残っている。

ここを出て台地に上る車道を進むと、左手の崖に作戦室無線室壕が口を開けている。入口は狭いがなかは

素掘りの兵舎壕

広く、一部はコンクリート貼りである。ガイドさんがここはコウモリの巣になっていて、それを狙うヘビも侵入していると説明してくれたが、確かに天井を見上げると多数のコウモリがぶら下り、それを狙うヘビの姿が見えた。ここを出て、もとの道を引き返すと、先ほどの魚雷調整場壕の隣に兵舎壕がある。なかに入ると素掘りのトンネル式で、床面には排水溝があり、壁面に医務用の棚が掘り込まれている所もある。しかし、ここは湿気がひどく、多くの兵士は近隣の集落に分宿していたとのことである。これらの地下壕は全国から修学旅行の見学者が来訪し、反対に地元の小中学生がほかの地域に平和教育の修学旅行に行くときは、ここで予備学習をしていくとのことであった。ここから元の資料館に戻り見学は終わるが、自治体と地元が一体となって作り上げた、この資料館と見学コース、家族などで訪れていただければ平和教育に大変役立つと思われる。

作戦室無線室壕

【アクセス】
九州自動車道人吉インターより車で15分
産交バス▽高原記念碑前下車⇩徒歩10分
【山の中の海軍の町にしき　ひみつ基地ミュージアム（錦町立人吉海軍航空基地資料館）】
開館時間▼9：00〜16：00（7・8月〜17：00）
休館日▼年末年始
入館料（地下魚雷調整場見学を含む）▼高校生以上800円／小中学生500円／未就学児無料
地下魚雷調整場ガイド所要時間▼30分
※地下魚雷調整場見学に引き続き、地下作戦室無線室・地下兵舎壕見学の場合追加料金▼中学生以上500円／小学生400円／未就学児（3才以上）200円
館内ショップレジにて随時受付
TEL0966（28）8080

宮地飛行場

阿蘇市一の宮町宮地

滑走路推定地

阿蘇カルデラ内を通るJR豊肥本線の宮地駅から南西に約一キロ、阿蘇高岳山麓の標高五四〇～五六〇メートルの平地にかつて陸軍宮地飛行場があった。

宮地飛行場は陸軍大刀洗飛行場を補完し、飛行訓練・不時着場として利用するため、在郷軍人会、熊本県立阿蘇高等女学校の生徒などの勤労奉仕で大正十四（一九二五）年に完成した。この飛行場開設時には乙式一型偵察機が飛来した写真が残っている。

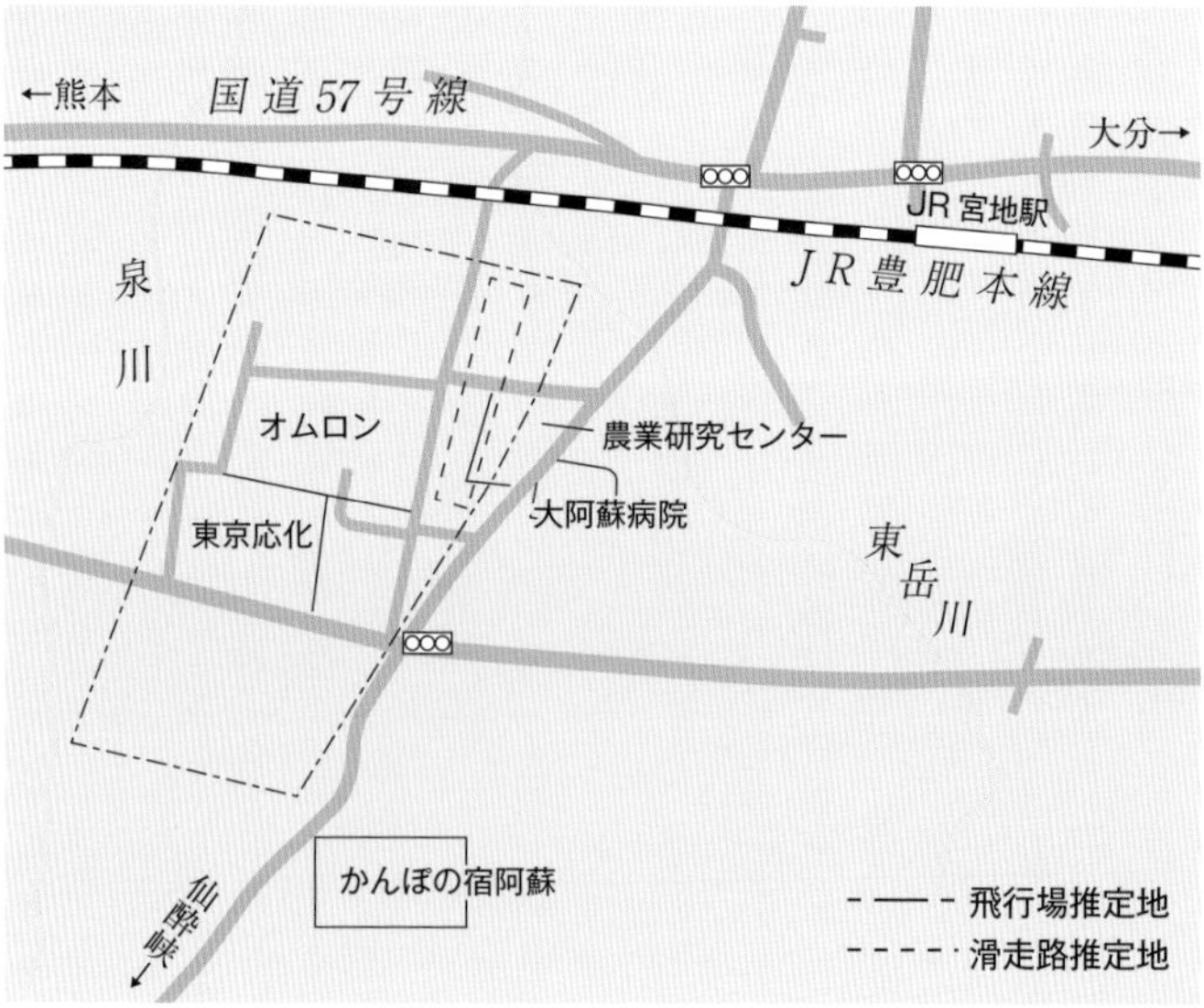

飛行場の敷地は西端の泉川、東端の現在の仙酔峡《せんすいきょう》道路に挟まれた場所にあり、広さは東西五〇〇メート

ル・南北八〇〇メートル、滑走路は南北方向で長さ三六〇メートル・幅七〇メートルであったと推定されている。ただし、飛行場の敷地が長方形だとすると、東端の仙酔峡道路からはみ出してしまう。仙酔峡道路は戦前から村の道路として存在しており、地形図から推定すると、飛行場の敷地は長方形ではなく、南に向かって狭くなる不等辺四角形であったとも考えられる。

現在飛行場跡は農耕地や工業団地となっている

この飛行場は昭和三（一九二八）年に全線開通した豊肥本線の記念パンフレットのなかのパノラマ地図にも描かれている。また、飛行訓練がない時は小学校の運動会や民間の行事に利用されたという。昭和六年の陸軍特別大演習の際は、北軍の大刀洗飛行場に対し、南軍の飛行場となり、甲式四型戦闘機が飛来した写真が残されている。この頃より飛行訓練の回数が増え、昭和十六年以降は飛行場内でグライダー訓練を継続して実施していたが、部隊は常駐していなかった。

その飛行場跡は宮地の中心街から仙酔峡道路に入り、豊肥本線の踏切を渡り、しばらく進んだ右側一帯で、現在は農耕地、熊本県農業研究センター高原農業研究所、オムロン株式会社・東京応化工業株式会社などの工業団地となっている。飛行場を偲ぶものは何も残っていないが、かつて飛行訓練生も見たであろう、阿蘇高岳・根子岳の雄姿が目前に広がっている。

【アクセス】
九州自動車道熊本インターより車で1時間20分
JR▽豊肥本線宮地駅下車⇩徒歩15分

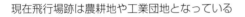

天草海軍航空隊跡

天草市佐伊津町

天草市の中心街本渡地区から北へ約五キロ、佐伊津《さいつ》地区に戦前天草海軍航空隊の基地があった。昭和十七（一九四二）年この地に逓信省天草地方航空機乗員養成所設置が計画され、動員学徒・地域住民・朝鮮人労働者の手によって完成した。翌年には福岡市の海の中道にあった博多海軍航空隊の天草分遣隊となり、主に操縦訓練・整備兵養成を行った。終戦末期の昭和二十（一九四五）年三月になると水上機による実戦部隊である天草海軍航空隊が開隊し、学徒出陣兵・予科練生約一五〇名が訓練を受け、特攻隊員になる者も多数あった。また、この基地からも五月から七月にかけて特攻隊員が出撃し十四名が戦死した。

佐伊津地区の市営住宅金ヶ丘団地の場所に航空隊本部があったが、その高台に天空会（天草海軍航空隊遺族会）が建立した「天草海軍航空隊神風特別攻撃隊慰霊之碑」と説明板が設置され、碑文には航空隊の遍歴と特攻隊出撃について述べられ、慰霊の言葉で結ばれている。

また、天草地方は九州中北部への米軍の爆撃コースにあたり、頻繁に爆撃・銃撃があり、児童・生徒が死傷する悲劇も起きている。この航空隊の基地も爆撃され死傷者を出しているが、基地からの対空砲火で米軍機も墜落し搭乗員も死亡し、墜落現場近くに埋葬された。戦後占領軍が遺体の回収に来たが、その時の日本

兵員待機壕

側の丁重な法要に感謝したとの記録がある。

この航空隊の遺構はほとんど残っていないが、海岸に水上機の搬出入に使用したコンクリート製の幅六〇メートル・奥行き三〇メートルの斜路（スリップ、スベリともいう）が半壊の状態で突き出している。また、練兵場跡は旧天草市立佐伊津中学校の敷地に使用されていたことがあり、兵舎があった所は食品工場となっている。その兵舎の一部は天草市西部の天草市立本町中学校の校舎として移築されていたが、閉校と共に改装され「本町ふるさと美術館」となっている。

また、航空隊跡の西側の、天草病院に向かう市道沿いの崖面と、航空隊本部のあった丘陵下の海岸に現在も数カ所地下壕が残されている。市道沿いの崖面の地下壕は開口部が九カ所あり、北から発電機壕、兵員待機壕、格納壕、司令部壕、弾薬庫壕となっているが、入れる開口部は二カ所のみである。発電機壕は入口がコンクリート製で発電機室には発電機を載せたコンクリート製の台座が残されている。
　右奥の通路の先には二カ所開口部があるが、建設会社の敷地にあり出入りはできない。左奥からは複雑な構造の兵員待機壕となっており、水没のため出入りできない開口部が一カ所、行き止まりが二カ所である。

上・発電壕跡入口
下・発電機設置台跡

　その隣の格納壕はかなり大きく開口部は二カ所あるが、一カ所は水没して出入りはできない。その隣の司令部壕はリサイクル会社の倉庫の裏にあり、コンクリート製の入口があるが、入ることはできない。弾薬庫壕はリサイクル会社に隣接しており、かなり大きいが、この会社の倉庫となっており入ることはできない。さらに、防波堤から司令部本部があった丘陵の海岸部に降りるとすぐ、病院壕と伝えられている、岩盤を四角に刳り抜いた地下壕二カ所と未完成の地下壕がある。一番手前の地下壕は入ることができ、かなり大きく奥行きもある。

【アクセス】
九州自動車道松橋インターより天草市本渡まで車で1時間30分、さらに航空隊跡まで15分
産交バス▽天草病院入口下車⇩慰霊碑まで徒歩すぐ、斜路まで徒歩10分、市道沿い地下壕まで徒歩5分、海岸地下壕まで徒歩10分（海岸地下壕は荒天時や高波の際は近づかない方が良い）
※天草病院前バス停は本数が少ないので、天草病院入口で下車した方が良い。

熊本第二陸軍造兵廠荒尾製造所

【ウォーキングコース】

荒尾市荒尾・増永・川登

荒尾二造記念碑

「第二陸軍造兵廠」はもともと、現在の東京都板橋区にあったが、関東大震災の際、大きな被害を受け、さらにその後の火薬の需要増に伴い、全国各地に工場を建設していった。

　現在の荒尾市南部、旧荒尾町・有明村・八幡村に、昭和十三（一九三八）年、第二陸軍造兵廠の火薬工場建設の計画が持ち上がり、南北を丘陵に挟まれた、増永川沿いの静かなこの農村地帯も翌年には東西五キロ・南北最大一キロ・周囲一〇キロという広大な土地が買収された。それに伴い、この地の名産「荒尾梨」の栽培農家も、さらに南の赤田地区に移転させられた。

　また、ここに工場移転が決まった理由も、この東西に細長い谷間が、機密保護上都合がよかったこと、北隣の大牟田市の石炭化学製品が火薬の原料に使用できること、近くを鹿児島本線が通っており、原料・製品の輸送に便利だったからだといわれている。

　用地買収後はただちに工場とその付属施設・輸送路の工事が始まり、昭和十五年には鹿児島本線沿いの市《いち》屋《や》から谷奥の緑ヶ丘まで幅約一五メートル・長さ約四キロの軍用道路が完成した。正門は現在の本村交差点のやや東にあり、そのほか四カ所にも営門が設けられ、工場地域への一般市民の立ち入りは禁止された。昭和十七年には国鉄鹿児島本線万田《まんだ》駅（現荒尾駅）から谷奥の山の手まで長さ約五・二キロの専用鉄道が完成し、大牟田やそのほかの地域から火薬原料を搬入し、製品は小倉の陸軍造兵廠に送られた。アメリカ本土攻撃用につくられた「風船爆弾」の爆薬もここでつくられたと言われている。

荒尾第二陸軍造兵廠（荒尾二造）の内部は、軍用道道路の南側に工場群があり、西側の工場で生産された各種火薬や炸薬《さくやく》は、東側の工場で溶融・充塡などを行った。また、南側の丘陵地帯には多くの火薬庫も建設され、現在もその遺構が残っている。そして、これらの工場でも戦争末期になると、人手不足を補うため近隣の学校の生徒や女子挺身隊を労働者として動員している。

陸軍用地碑

荒尾二造は、ほとんど空襲を受けないまま終戦を迎え、工場やその付属施設跡は民間の工場・住宅地・公共施設・学校などになっているが、現在もその遺構を各所で見ることができる。

まず荒尾駅前から国道３８９号線沿いに南下して市《いち》屋《や》地区まで来ると、右手に海苔工場が見える。ここはかつての荒尾二造の廃水処理場跡で、廃水プールも残っていたが、現在は埋め立てられている。その先の海岸に排水路末端があるが、干潮時にしか見ることはできない。

次に市屋のＪＲガードから始まる旧軍用道路（県道１２６号線）を東に進み、左手の裁判所へ行く道に入ると市杵島姫《いちきしまひめ》神社の前に陸軍用地の石碑がある。さらに東に本村まで進むと国道２０８号線との交差点があり、その少し先に左から自転車道が来ている。

これはかつての二造への引き込み線の跡であり、昭和二十四年から昭和三十九年まで荒尾市営の電鉄として緑ヶ丘と荒尾駅を結んでいたが、廃線後自転車道となったもので、現在も荒尾駅のすぐ南側まで続いている。この交差点から先の県道も当時の軍用道路を利用したもので道幅はかなり広い。少し先の荒尾市民病院

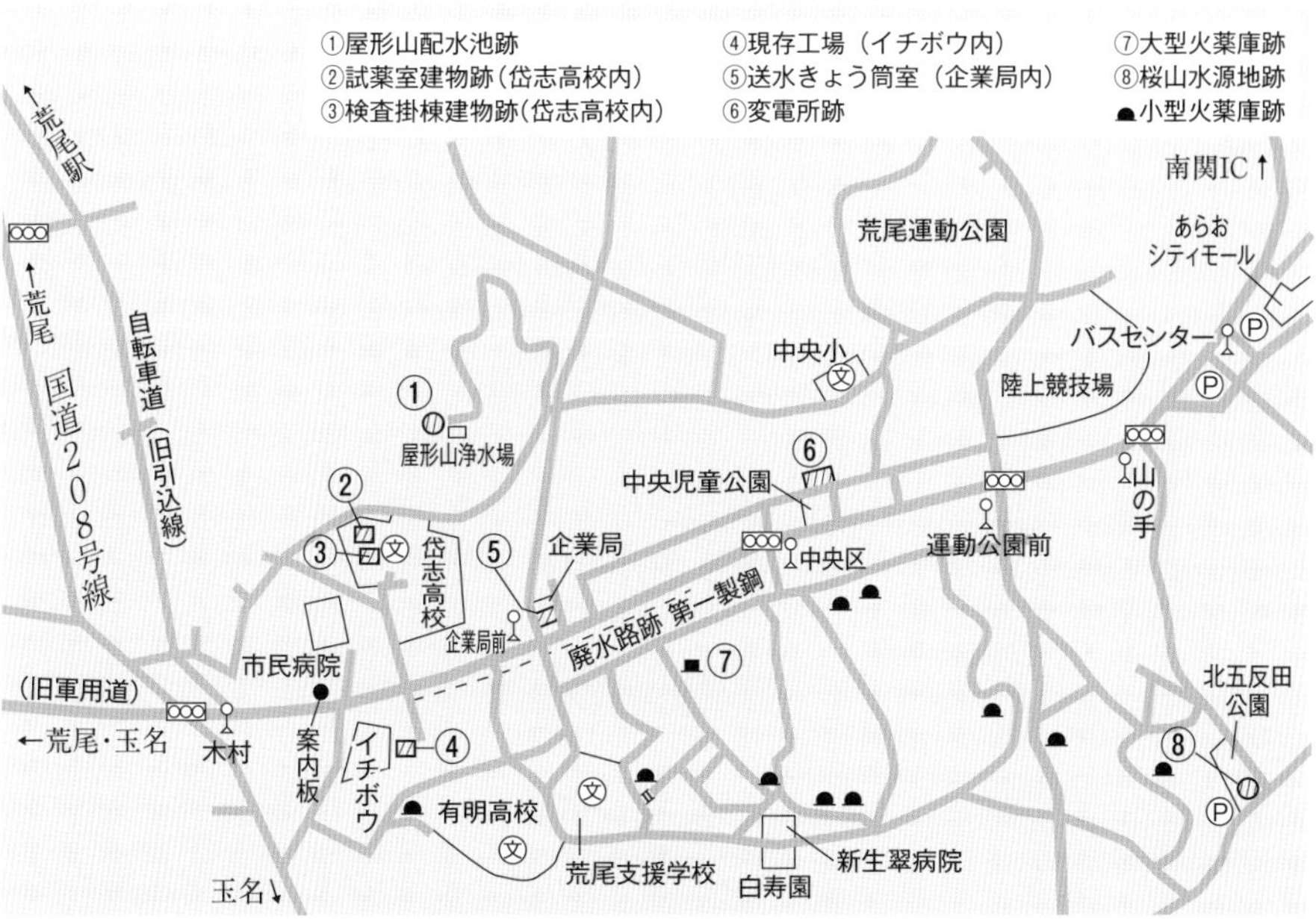

イチボウ敷地横の小型弾薬庫跡

はかつての二造の附属病院であり、病院入口横の道路沿いに荒尾二造の案内板が設置されている。

また、少し進んだ右側の第一紡績株式会社（イチボウ）は二造の工場跡に移転してきた紡績工場で、二造時代の施設が残っている。しかし、現在も使用されているため見学はできない。

この工場正門の道路を挟んだ向かいにある熊本県立岱志高等学校は工場本部跡であるが、校内に試料室と検査掛棟が残っており、現在は高校の部室とトレーニングルーム、倉庫として使用されている。ただし見学するには学校の許可が必要である。

さらに県道

二造に工業用水を送るための配水池跡。
コンクリート製の円筒型建造物がみえる

を東に進むと左側に企業局（水道局）がある。その構内にかつての「送水きょう筒室」が現存しており、四角の建物が企業局の外から見ることができる。

企業局手前を左折し正面に見える屋形山に向かう細い道に入ると、二十分くらいで標高六〇メートルの山頂に着く。頂部には企業局の浄水場があり、その先の円形の小高い丘の上にコンクリート製の円筒型建造物が見えるが、これは二造に工業用水を送る配水池跡である。

ここから企業局前に戻り、少し先を左折し丘陵の麓沿いに進むと、突然丘陵斜面を掘り抜いた巨大な台形の建造物が見える。その前に立つ案内板によるとこれは二造の変電所跡で、二造跡の遺構のシンボル的建造物になっている。なかに入ることはできないが、全長四〇メートル、高さ一六メートル、奥行き八メートルの二階建て構造で、上部に戦後米軍が接収した際の番号「２８４」と英語で「Trans formar substation」と書かれている。

ここから県道に戻り、山の手バス停の先を右折して坂を上っていくと、「北五反田《きたごたんだ》公園」がある。公園の真ん中にはコンクリート製の高い建造物があり、長い滑り台が取りつけてあるが、これが二造に工業用水を供給するための「桜山水源地」であり、配水槽と揚水ポンプが設置されていた。

また、この周辺の各所に丘陵の斜面を利用したり、平地に建屋を造ったりして大型や小型の弾薬庫が造られていた。特に北五反田公園から丘陵の上を西に行った所にある「新生翠《しんせいみどり》病院」の周辺には、さまざまな弾

二造跡遺構のシンボル的建物・変電所跡。２階の上部には戦後米軍が接収した際の番号「284」と「Trans formar substation」と書かれている

大型弾薬庫（左）と小型弾薬庫（右）

薬庫が残っている。民家の土台になっているものや、車庫や倉庫に使われているもの、占領軍の接収番号がついているもの、換気用の煙突が残っているものもある。特に第一製鋼株式会社工場裏側から新生翠病院に向かう道に入ってすぐ左側にある弾薬庫は巨大で、二軒の家屋の土台になっている。

　これらの弾薬庫は国有地や私有地のなかにあり、入口が閉鎖されているものが多く、なかに入ることはできないので、外の道路から見学することになる。

第一製鋼裏から県道に出る所にコンクリート製の護壁に沿って細長い空き地や畑が東西に連なっているが、これは工場の廃水路を埋め立てた場所である。ここを過ぎると県道に出て企業局前に戻ってくる。

小型弾薬庫

【ウォーキングモデルコース】
産交バス市屋バス停⇩（3分）市杵島姫神社⇩（10分）本村自転車道入口⇩（10分）岱志高校⇩（10分）企業局⇩（20分）屋形山浄水場⇩（20分）企業局⇩（15分）変電所跡⇩（30分）北五反田公園⇩（20分）新生翠病院前⇩（20分、火薬庫を見学しながら歩けばプラス15〜20分）産交バス企業局前バス停、合計約2時間40分
※健脚向きコースであるが、詳細に見学しながら歩けばさらに時間が必要。自分の体力に合わせて、見学地を選択した方がよい。また、さらに体力のある方は企業局前より自転車道経由で荒尾駅まで徒歩約1時間で到着する。

【アクセス】
有明湾岸道路三池港インターよりあらおシティモール駐車場まで車で20分、同じく九州自動車道南関インターより30分
産交バス▽荒尾駅よりコースに応じて市屋・本村・荒尾市民病院前・企業局前・中央区・山の手で下車

大分県

豊後森機関庫跡

玖珠郡玖珠町帆足

　JR久大本線の豊後森《ぶんごもり》駅を降りて、右に進み最初の踏切を渡ると、広い公園があり、その左手に森機関庫の説明板が設置されている。さらにその左手には9600型の蒸気機関車が置かれ、その奥にコンクリート製の巨大な扇型の建造物と鉄製の回転台が見える。

　これは豊後森機関庫（蒸気機関車の車庫）と転車台（機関車の向きを変える回転台）であり、平成二十一（二〇〇九）年に経済産業省の近代化産業遺産、さらに平成二十四年に国の有形文化財に指定されている。

　かつて国鉄久大本線は西と東から工事が進み、昭和九（一九三四）年にここ豊後森駅で繋がり、同時に機関庫も建設された。豊後森駅は久大本線のほぼ中間点にあたり、石炭や水を補給する場所として最適であり、しかも昭和十二年には隣の恵良《えら》駅から現在の熊本県小国町に向かう宮原《みやのはら》線（宝泉寺《ほうせんじ》までの部分開通）が分岐し、豊後森駅はさらに交通上の要所となった。なお宮原線は将来は隈府《わいふ》（菊池市）まで延長して、熊本市や福岡県瀬高町（みやま市）・佐賀市まで結ぶ予定であったという。

　またここから北東部の日出生台《ひじうだい》演習場に向かう兵隊の乗降駅にもなり、さらに軍事的重要性も増した。そのため、この施設は終戦直前の八月五日、米軍機の機銃掃射を受け、駅助役を含む三名の国鉄職員が死亡、住民一〇数名が負傷した。その機関庫の建物の裏側に

機関庫に残る機銃掃射の痕

9600型の蒸気機関車と機関庫

回ると、「第二次世界大戦の米軍機銃掃射弾痕の跡」と書かれた表示板があり、よく見るとコンクリートの壁に二十カ所以上の弾痕が確認でき、米軍機の攻撃の凄まじさがわかる。

この機関庫は戦後も使用され続けたが、昭和四十五年のディーゼルカー導入で、必要がなくなり廃墟となってしまった。国鉄民営化後取り壊しの計画が持ち上がったが、地元有志でつくる「豊後森機関庫保存委員会」が署名・募金活動・自治体への請願を行い、また民間団体の「大分県文化財保存協議会」も町に保存

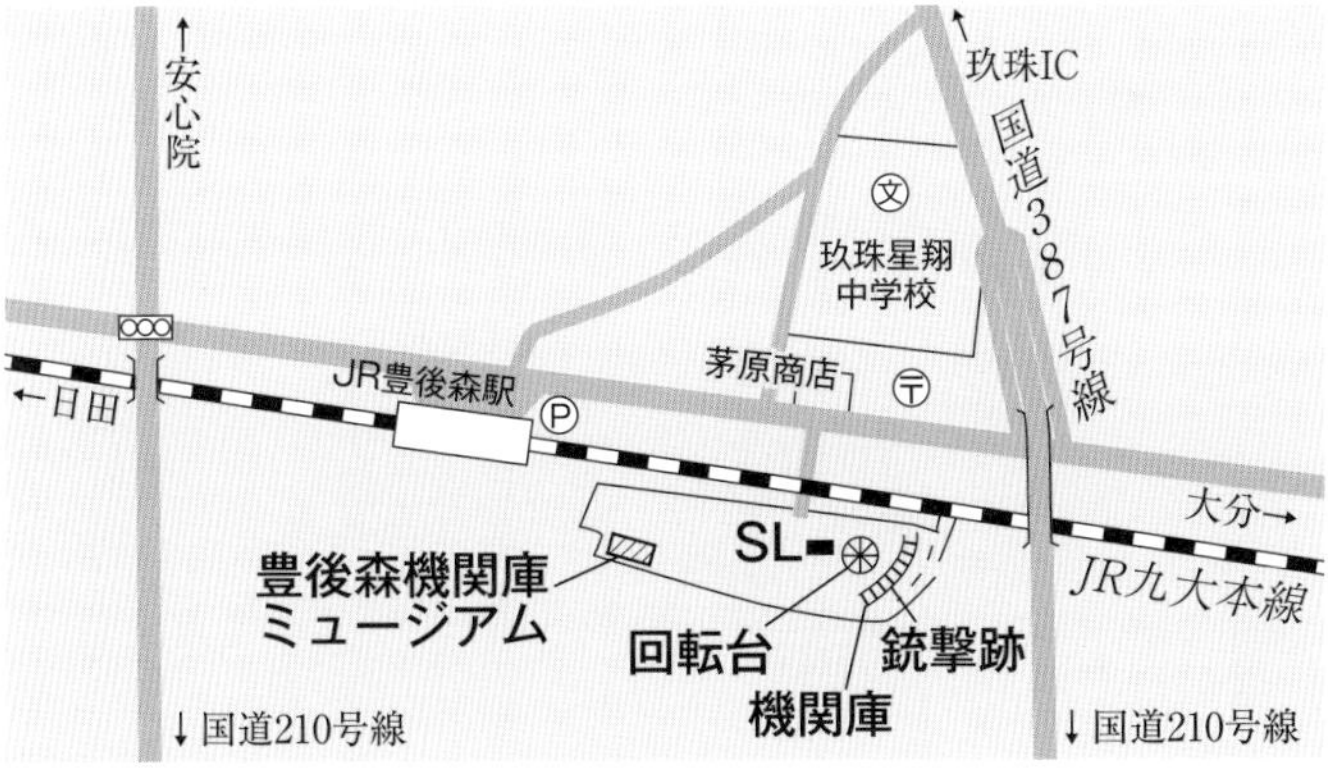

回転台

を要請した。このような保存運動の結果、平成十八（二〇〇六）年には町がJR九州から買収し、鉄道公園としての整備を行った。

公園の右手には「豊後森機関庫ミュージアム」があり、館内には機関庫や鉄道に関する写真・イラスト・グッズなどが展示されている。常駐される係員の方がおられ、機関庫について詳しく説明していただける。

このように多くの方々の努力で保存され、整備された機関庫をぜひ見学されてはいかがだろうか。

【アクセス】
大分自動車道玖珠《くす》インターより森駅前町営駐車場まで車で5分、機関庫まで徒歩5分
JR▽豊後森駅下車⇩徒歩6分
※森駅前駐車場　2時間無料、その後1時間につき100円

【豊後森機関庫ミュージアム】
入館料▼中学生以上100円
開館時間▼10：00〜16：00
休館日▼12月29日〜1月3日
TEL0973（77）2222

駅館川右岸の地下壕跡

宇佐市金屋・高森・川部・上田・宝鏡寺・樋田

金谷地区の軍司令部用防空壕跡

昭和十二（一九三七）年、駅館川《やっかんがわ》左岸（西岸）一帯に開隊した宇佐海軍航空隊も、戦時中になると米軍による空襲の対策を取るようになった。まず昭和十八年には、地元住民や学徒を動員して、飛行場周辺に掩体壕を多数建造した。その一つが宇佐市指定史跡の「城井《じょうい》一号」である。

次いで、昭和二十年二月からは、対岸の駅館川右岸（東岸）に航空隊が使用する大規模な防空壕の掘削を開始した。駅館川右岸は砂礫層の河岸段丘が連なり、その崖面は掘削しやすく、また、草木が生い茂り上空から発見しにくいという利点も地下壕建設に適していたといえる。防空壕はすべて軍用で、航空隊に近い北部が司令部用、離れている南部が弾薬庫用であった。

宇佐海軍航空隊が初めて空襲を受けたのは、そのわずか三週間後で、航空隊の飛行機は多大な被害を受けた。また、四月二十一日のB29による爆撃で、航空隊も付近の集落・学校・寺院なども多大な被害を受け、軍人・住民合わせて三二〇人もの犠牲者を出し、この日以降軍の司令部は建設していた地下防空壕に移転した。その後も米軍による空襲は続き、航空隊と周辺の集落は壊滅状態となり、八月十五日の終戦を迎える。

戦後まもなく帰郷した人の証言では、軍の防空壕の軍需物資はほとんど略奪され、特に燃料用メチルアルコールは酒の代用品として持ち去られ、飲んで障害を起こす人もいたということである。またこの証言者の

パナソニック工場下の防空壕跡

自宅は山下集落の国道10号線の北側にあったが、そこにはいくつかの防空壕があり、そのなかに人間爆弾「桜花《おうか》」が五機格納されていたそうだ。しかし、後に占領軍が処理したのか、なにも残っていない。「桜花」のロケット推進部もあったが、皆が排水の土管代わりに使用していたそうである。また終戦直後の昭和二十年の十二月十九日には、同じく山下集落近くにあった弾薬庫から出火するという事件が起きている。決死の覚悟の消火隊が入口を封鎖して鎮火したが、その原因は弾薬庫のなかの照明弾についた羽二重《はぶたえ》の落下傘を盗みに入った者が、誤って発火のひもを引っ張ったため爆発し、次々と延焼していったためだと言われている。

このように終戦直後も地下壕に関してさまざまな事件があったが、その後は地元の人々にも地下壕の存在は忘れ去られていった。

しかし、これらの地下壕が脚光を浴びるのは、平成二（一九九〇）年から平成四年にかけて地元の宇佐市立駅川《えきせん》中学校生徒会と教諭が、平和授業の一環として、これらの地下壕を調査してからである。その報告書が平和教育資料である、「掩体壕の残るまち―平和な21世紀を求めて―（第一集）」（「戦後50年」平和を願う記念行事実行委員会・平和読本編集委員会）や、「宇佐細見読本⑥宇佐航空隊の世界Ⅲ」（豊の国宇佐市塾）に記載されているが、実に詳細で、正確な実測図・分布図も掲載され、最も価値がある調査報告と言える。

その調査によると、防空壕群の北端、金屋地区のものは航空隊の軍司令部用防空壕で、空襲後に司令部・医務部・通信などの基地の中枢部が移された。内部は全面板が張られ、壁や天井の崩壊を防いでいた。その軍用防空壕跡は駅館大橋から河原に降りて北側に進むと、竹やぶに覆われたいくつかの出入口があり、それらは内部でつながっていた。なかには階段も造られ、

川部・高森地区の防空壕跡

その先は幅二・五メートル、高さ三メートルほどの大きな防空壕になっており、入口からは一〇メートル続いている。奥の方はセメントで塗り固められており、重要な施設が置かれていたことが推定できる。また明かり取りのためのろうそくを据えた跡があり、ろうそくの残骸が残っていたり、当時の軍人が書いたと思われる「忠」「天」の文字が壁に残されていたという。

生徒の聞き取り調査によると、ここは海軍兵だけで掘り、電灯も水道も引き込まれ、なかには各種の工作機械や武器も置いてあり、病院として利用された部屋もあったという。空襲の後は軍の壕の前の河原で多数の死者を火葬したが、これが最も悲惨な思い出だとの証言があったそうである。

南部の瀬社橋《せやしろばし》より上流の軍用地下壕は、丘陵地を貫いてトンネル状に六本が掘られ、武器・弾薬・燃料の倉庫として利用されたが、現在も一本だけ残っており、かつては付近の人の通路として利用されていた。また、ここからさらに坂を上って拝田《はいた》地区に入ると、右手の丘陵に大規模な防空壕がある。生徒会の調査によると、主洞の幅は三メートル、高さは四メートルの巨大なもので、爆風除けのためか途中でカーブしている。壁はセメントで固められており、多くの枝道と複数の出入口がある。カーブより先は水が溜まっているため、ゴムボートに乗って調査したとある。

中央部の防空壕は三十カ所近くあり、大きさは幅・高さとも二メートル以上、奥行きも数一〇メートルあり、それぞれが内部でつながっていた。聞き取り調査によると、大規模な空襲の時、航空隊周辺の集落も爆撃され犠牲になった住民も多く、また家屋も消失し、防空壕を住居代わりにせざるを得ない人もいたという。また防空壕から学校に通う子どもや、防空壕内で出産した人もいるとのことである。

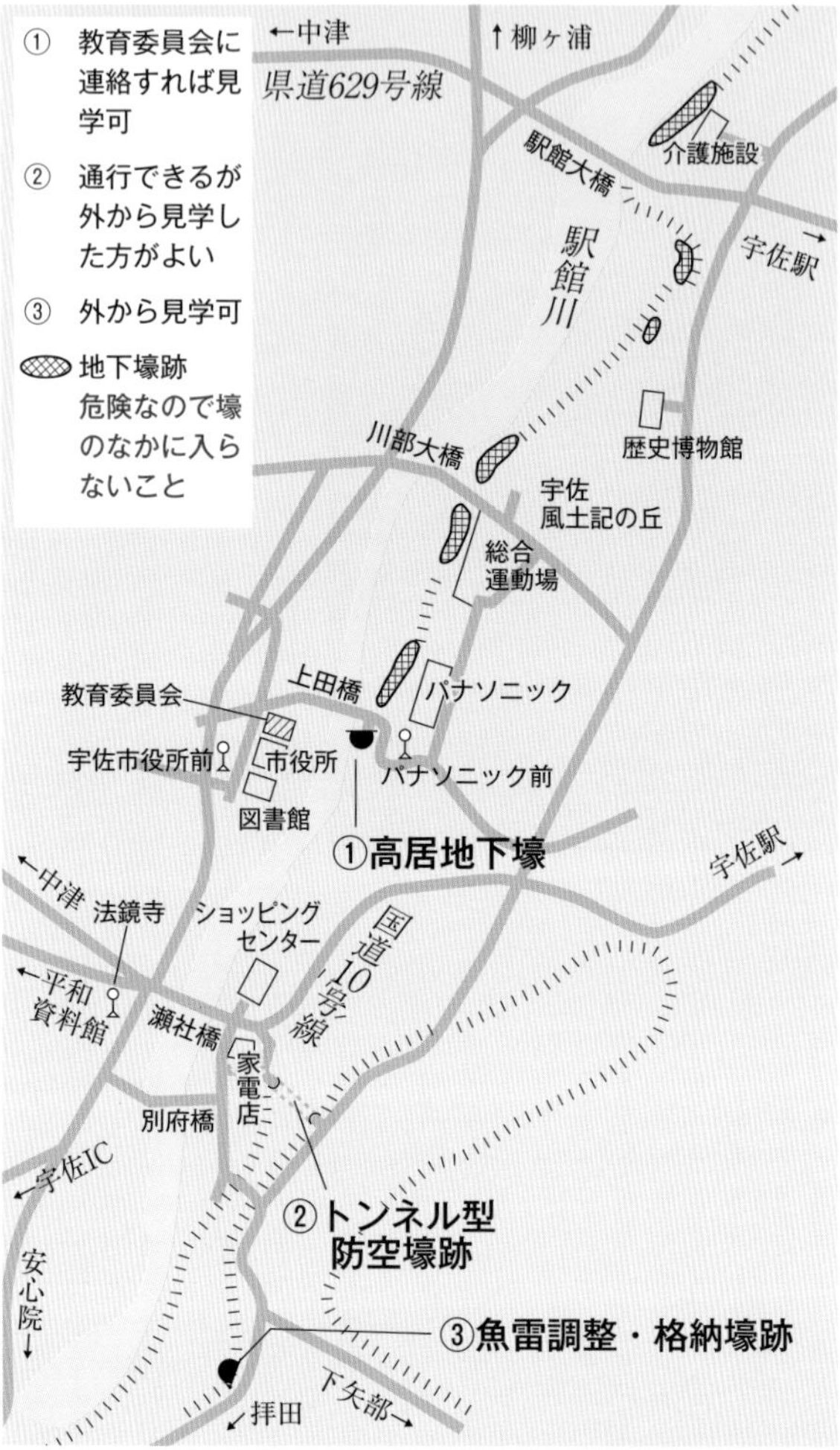

筆者も現地を調査した。まず、軍が利用した司令部用の防空壕は、駅館川沿いの一番北端にあり、金屋集落の南、介護施設の真下にある。

駅館大橋から南にも防空壕が続くが、上地集落からは川沿いへ下る道があり、防空壕までは車でもいける。ただしここも私有地であり道路側から見るだけである。

ここから、前述の道にもどり、川部大橋まで来ると橋の両側の崖面に、防空壕が連なっている。橋の右手から河原に降りて、防空壕に行く道がある。

川部大橋に戻り、総合運動公園の東側の道を南下すると、パナソニックの工場が見えてくる。その手前の送電線に沿う道に入ると、送電塔で終わっているが、よく見ると崖下に下る細い急坂がある。崖下からは籔のなかの細い道を南下するが、大きく口を開ける大規模な防空壕が次々と現れる。道をさらに進むと上田橋の東側に出るが、橋を渡ると宇佐市役所方面に行ける。

ここまで防空壕を見てまわって、注意すべきことは、駅館川の崖下に下る道はほとんど急坂で細く危険性が高い。崖下の道も悪路で、籔に覆われている所も多く、迷いやすい。また入口から覗いてみて頑丈そうに見えても、脆い砂礫層を掘削して造られているため、突然崩壊する危険性もあるので絶対になかには入らないようにしていただきたい。

ただし、宇佐市指定の史跡「高居《たかい》地下壕」だけは公式に内部を見学することができる。その場所は川部大橋の東側から市道の坂を上がると、右手に駐車場があり、その先に防空壕がある。普段は鉄柵で閉鎖され、施錠されているが、宇佐市教育委員会の文化財係に事前に連絡すれば、内部を見学でき、係の方に詳しく説明もしていただける。防空壕内部を見たい方はここがお勧めである。筆者も見学させていただいたが、内部は思ったより広く、いくつも枝道や連結路があり、一番奥は駅館川の方に開いている。

燃料などを貯蔵した樋田地区のトンネル型防空壕跡

そのほか、安全に入口に近づいて見学できる防空壕として、南部にトンネル型防空壕が一つある。国道10号線を宝鏡寺方面から東に向かい、瀬社橋を渡って、ショッピングセンター前の信号を右折して、拝田方面に向かう道に入る。すぐ大型家電店があり、その先から左折して、細い道を段丘に向かって進むと古いトンネルがある。
これは燃料などを貯蔵した、軍のトンネル型の防空壕跡である。車の通行は困難と思われる大きさで、かつては人が通行できたが、現在は利用されていない。トンネル内は真っ暗で足元はあまりよくなく、崩壊の危険もあるので入口から懐中電灯で観察する方がよい。ただし、こちら側の入口の場所はわかりにくく道も狭いので、さっきの拝田地区へ道を進み、切り通しを抜けたところで左折すると、すぐに反対側の入口に着く。こちらの方がはるかにわかりやすい。
もう一つは、拝田地区の防空壕跡であるが、拝田地区に向かう道をそのまま進み、矢部地区に向かう道と分かれて、右に少し行くと右側の丘陵下の路肩に、トンネル型の防空壕入口が二つ見える。これは魚雷調整

魚雷調整・格納壕跡（左）と総合運動場下の防空壕跡（右）

や魚雷格納に使用した防空壕で、出入口のうちの二つが、道路の拡張工事で出てきたものである。入口は鉄柵で閉鎖されているが、懐中電灯で照らせば巨大な内部がよくわかる。

筆者も数回この地域を調査して思ったのは、その規模と数の多さである。また、それを熱心に調査した中学校の生徒会の活動には、驚嘆させられる。さらに地元の自治体が保護や公開に積極的に取り組んでいることも高く評価できる。ぜひ、これからもこれらの軍事遺構の保護と整備・公開を進めていただきたいと思う。

【アクセス】
宇佐市教育委員会（高居地下壕見学は、まずはこちらへ）
東九州自動車道宇佐インターより車で10分
大交北部バス▼宇佐市役所前下車すぐ
トンネル型防空壕
東九州自動車道宇佐インターより車で10分
大交北部バス▼宝鏡寺下車⇩徒歩10分
弾薬庫跡
東九州自動車道宇佐インターより車で10分
大交北部バス▼宝鏡寺下車⇩徒歩20分
【高居地下壕見学】
宇佐市教育委員会文化財係
TEL０９７８（２７）８１９９
※崩落の危険性があるので、壕のなかには入らず、外から見学すること

日出城内の戦争遺跡

速見郡日出町日出城内▽的山荘外壁弾痕

現在の杵築《きづき》市山香町にあった馬上《ばじょう》金山の経営者成《なり》清博愛《きよひろえ》が、大正四（一九一五）年に日出城三の丸に別荘「的山《てきざん》荘《そう》」を建てたが、この別荘は昭和三十年代後半から割烹旅館となっている。この施設の道路沿いの外壁に無数の弾痕が残っている。これは戦時中日出城址沖の別府湾に軍艦「海鷹《かいよう》」が係留されており、そのため日出町はたびたび米軍機の銃撃を受けたが、この弾痕はその時のものである。

外壁に残る無数の弾痕

▽小田三郎先生殉職碑

的山荘前の道路を西に進み、日出町立日出中学校の先を左折し、日出町立日出小学校敷地の東側を海岸に向かうと日出城の駐車場があり、その入口の左上に石碑の裏面が見える。ここからは石碑に行けないので、海岸右手の日出城下公園から回り込むと「小田三郎《こださぶろう》先生をしのぶ　暘邨《ようそん》書」と刻まれた正面が見える。裏面には「明治四十二年七月四日安岐町に生まれる　昭和四年大分県師範学校卒業　爾来教職精進し昭和十三年四月日出尋常高等小学校に転じて七年有半歳至誠一貫教育に専念指導力抜群　教え子あげて慈父と仰ぐ　不幸にも終戦直前昭和二十年七月二十八日の空襲により校庭下防空壕の前で御殉職享年三十七才　本年三十回忌にあたり先生の御遺徳を讃え御冥福を祈る為教え子知友と共にこの碑を建てる　昭和四十九年七月二十八日　小田訓導顕彰碑建設委員会」と刻まれ、その横に

空襲から生徒を守り殉職した小田三郎先生の追悼碑

は日出町教育委員会が建てた同様の趣旨の説明板がある。また、殉職の様子について、『おおいたの戦争遺跡　要塞化された大分の全貌』（大分県文化財保存協議会）には、米軍機が来襲した際、小田訓導は登校した生徒たちを防空壕に避難させ、最後に自分も避難しようとしたが、防空壕入口で被弾、別府の海軍病院に搬送されたが亡くなったとしている。自らの命を顧みず生徒の命を救った訓導の行為と、それを教え子たちはいつまでも忘れず、この殉職碑建立に至ったことに感動せざるを得ない。

▽軍艦海鷹之碑

前述の日出城下公園の、別府湾に面した場所に「軍艦海鷹《かいよう》之碑」が建立されている。その横には日出町教育委員会が建てた説明板があり、「空母海鷹は、大阪商船所属の『あるぜんちな丸』で、南米航路の旅客船であった。昭和十六年、海軍に徴用され、航空母艦に改装され、船団護衛や輸送の任務につき、南方作戦に活躍した。また、特攻機の訓練目標艦としての任務にもつき、航空機による特攻隊のみならず、人間魚雷『回天』の訓練にも使用された。昭和二十年七月二十四日、豊後水道で触雷、翌二十五日駆逐艦に引かれ日出の城下海岸に係留着底した。以後、米軍機による空襲が頻繁となり、動けぬ海鷹は猛烈な攻撃を受けて中破し、そのまま終戦の日を迎えた。軍艦海鷹の碑は、乗組員戦没者の鎮魂と世界恒久平和の願いをこめ、昭和五十七年十一月二十二日、元乗組員たちによる海鷹会の手によって建てられたものである」と書かれている。

また、その傍には在りし日の「あるぜんちな丸」と空母改装後の海鷹の写真、空母の性能・構造図が表示された説明文がある。

平時には海外への多くの旅行者・移住者などを運んだ豪華客船も、軍事転用されたうえ傷だらけとなり、戦後まもなく解体消滅の運命をたどっている。この船もやはり戦争の犠牲者と言えるだろう。軍艦海鷹之碑はかつて係留されていた、今は平和な別府湾を見下ろすように建っている。

もとは旅客船であった「あんぜんちな丸」が軍事転用され「海鷹」となった

【アクセス】
日出バイパス日出インターより車で10分（日出城内各所に駐車場あり）
JR▽日出駅下車または大分交通バス日出駅前下車⇩日出城下公園まで徒歩10分、さらに的山荘まで10分

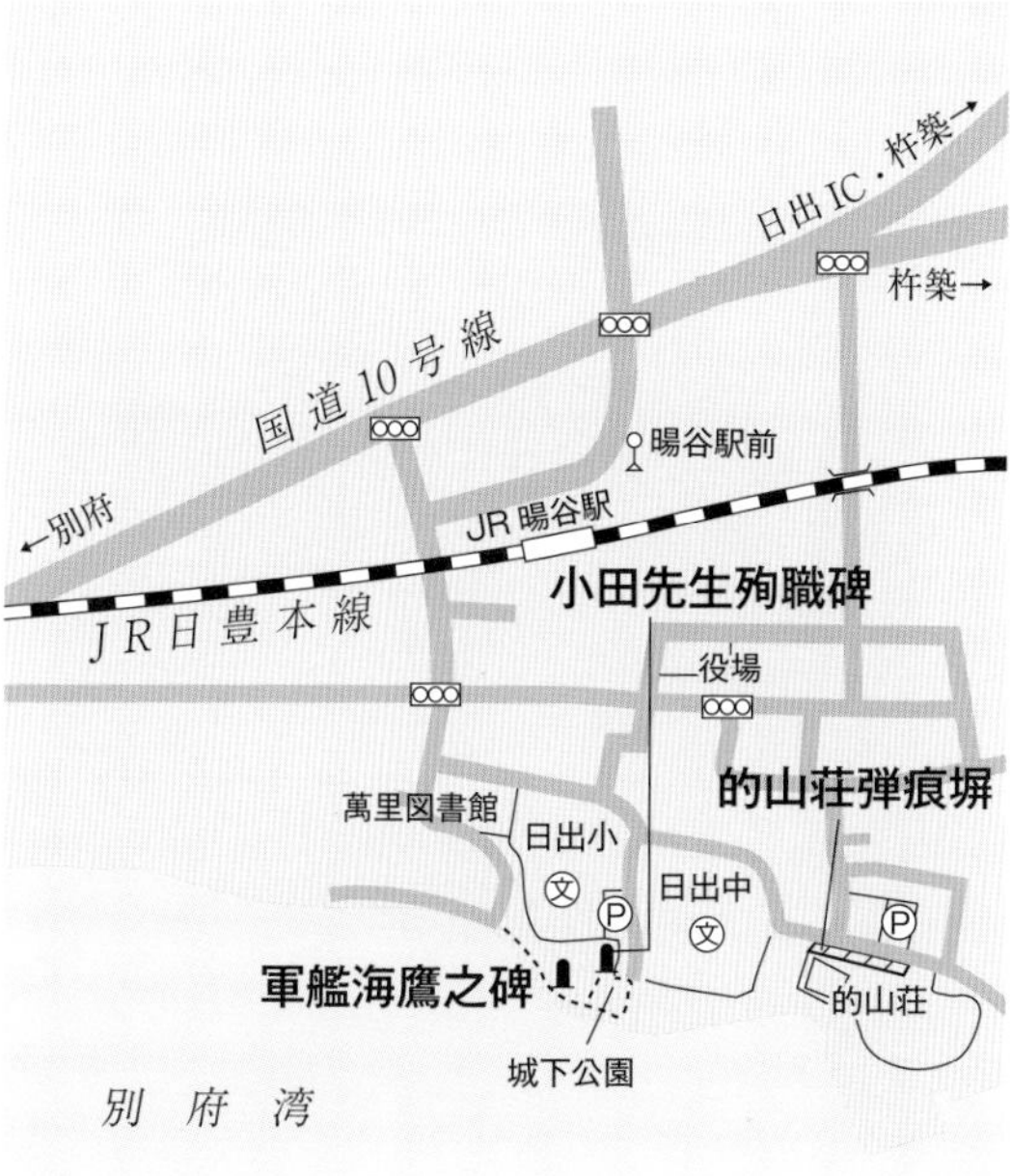

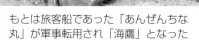

賀来餅田の地下弾薬庫

大分市賀来

大分市中心街から南東部、JR久大本線賀来駅北側の餅田地区には、戦時中弾薬庫に使用するため掘削された地下壕が現在も多数残されている。

戦時中には、大分市賀来の競馬場（現大分県自動車学校）に海軍航空廠の弾薬が集積されており、その輸送中に動員学徒が事故死したことがある。そのなかには日出高等女学校（現大分県立日出総合高等学校）の生徒四名がおり、校内には「小百合の碑」と名づけられた慰霊碑が建立されている。

終戦末期の三月から米軍による空襲が激化し、航空廠では弾薬を隠匿するため、五月頃から餅田地区を流れる尼《あま》ヶ瀬《せ》川の谷間に、勤労奉仕の人々や朝鮮人労働者などを使役して地下壕を採掘したが、すべてが完成する前に終戦を迎えた。

大分県文化財保存協議会の方の調査では現在も約二十基が残っているとのことである。

筆者の調査ではまず餅田地区の旧県道に面する丘陵斜面に二カ所あり、さらに尼ヶ瀬川の左の谷間に入ると、左側の斜面に未完成の壕を含めて十カ所が確認できた。そのうち手前から四番目と一番奥の壕はかなり大規模である。さらに右の谷間に入ると左手の農家の奥に四カ所、右上の農家の敷地に一カ所、さらに谷の

この地下壕の断面はすべて五角形になっている

奥の左側の斜面に二カ所、合計十八カ所確認できた。

　地下壕の断面はいずれも五角形で、樹木や竹で塞がれているもの、ごみが廃棄されているもの、一部崩壊しているもの、農家の倉庫として利用されているもの、立入禁止の看板があるものなどさまざまであるが、安全になかに入れるものは少なく、外から観察した方がよい。

多数の地下弾薬庫が確認できるが、なかには入らないように

【アクセス】
旧県道沿いの地下壕まで大分自動車道大分インターより車で10分
JR▽久大本線賀来駅下車⇩徒歩10分
大分交通バス▽上餅田下車⇩徒歩10分
※すべての地下壕を見て回るにはさらに20〜30分
※崩落の危険性があるので、壕のなかには入らず、外から見学すること

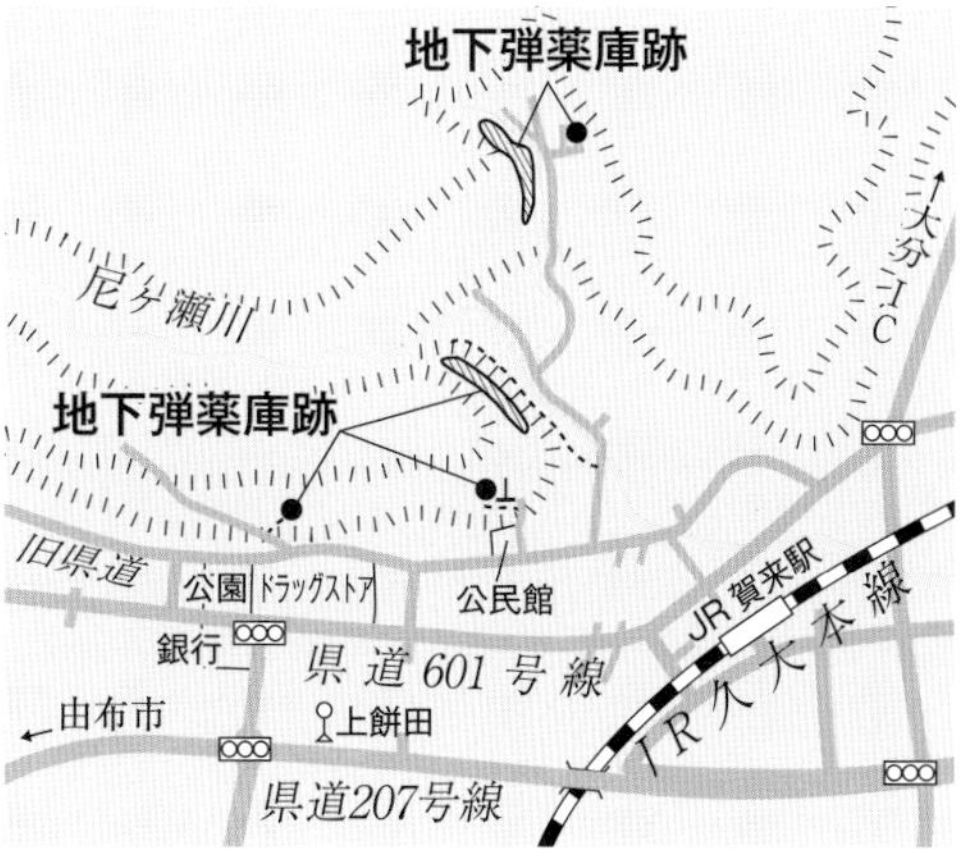

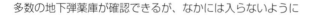

伊号潜水艦殉難者慰霊碑・茶毘之地碑

佐伯市上浦津井浦

潜水艦の衝突事故で亡くなった乗組員を偲ぶ碑

戦前豊後水道は頻繁に海軍の演習に使用されていたが、昭和十四（一九三九）年二月二日、潜水艦同士の衝突事故があり、衝突され沈没した潜水艦の乗組員全員が死亡した。

慰霊碑はかつて乗組員の遺体が茶毘に付された瀬会《ぜあい》海岸にあったが、現在は津井浦《ついうら》集落北側の浄土真宗眞宗寺《しんしゅうじ》の墓地に移転している。

眞宗寺は津井浦集落中心部にある佐伯市上浦振興局前から「津波時の避難経路」の標識のある道路をたどり、日豊本線の踏切を渡ると目の前に山門があり、寺

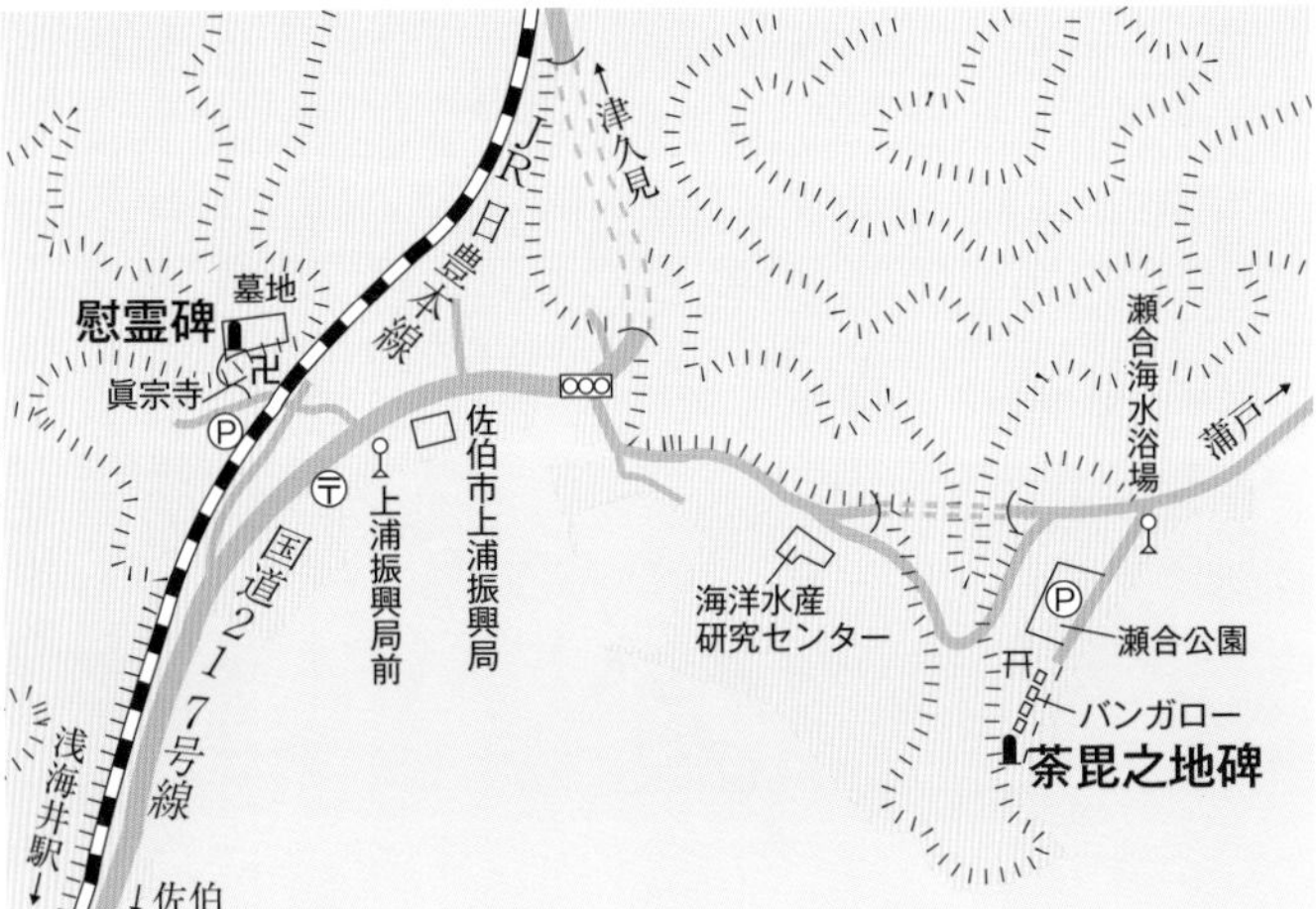

瀬会海岸から潜水艦事故のあった海域を望む

の裏山一帯が墓地となっている。山門を潜り本堂の左側を抜けて山道を登ると軍人墓地があり、その一角に「伊號第六十三潜水艦殉難者之靈」と刻まれた石碑と、その横に八十一名の殉難者の氏名が刻まれた石板が建立されている。

　この殉難者の大部分は九州各県の出身であったという。

　ここから茶毘の地瀬会海岸に行くには、集落中心部に戻り国道217号線を北上し、信号を右折して蒲戸《がまど》地区に向かう県道に入る。トンネルを抜けて、瀬会海水浴場のバス停を右折するとすぐ瀬会公園の大駐車場があり、公園案内図のなかに「茶毘之地碑」の場所が表示されている。その図の表示通り海岸に沿って右手に向かうと、四棟のバンガローの先に「伊號第六十三潜水艦殉難者茶毘之地」と刻まれた自然石の碑が建立されている。

　碑の裏面には「伊号第六十三潜水艦遭難記　伊号第六十三潜水艦は、昭和十四年二月二日、豊後水道における訓練の配備点である水《みず》ノ子《こ》島灯台の三一九・五度、五・五マイルの地点に漂泊中、伊号第六十潜水艦に衝突され沈没した。水深九十三メートル、荒天と波浪のため引揚げ作業は困難を極めたが、昭和十五年一月二十二日引揚げに成功、この地で茶毘に付された。殉難者のご冥福と平和を願い、ここに碑を建立する。平成三年十一月吉日　上浦町　殉難者遺族一同　佐鎮潜航会　大分県潜航会」と記されている。

　事故は夜間訓練中に、豊後水道のほぼ中央に浮かぶ水ノ子島の北西約九キロの地点で起きたもので、六十三号の前・後尾灯を二隻の漁船と見間違えた六十号が横断しようとして衝突したものである。

乗組員の遺体を茶毘に付した瀬会海岸に建つ碑

伊号潜水艦は排水量一〇〇〇トンを超える最新鋭の大型潜水艦であり、海軍当局の衝撃は大きかったという。引揚げ作業は困難を極めたが、一年後にやっと引揚げに成功し、乗組員全員の遺体を回収し、この地で茶毘に付したものである。

なお、現地で海軍と住民による合同慰霊祭が行われたが、長崎県佐世保市の凱旋記念館でも海軍による合同葬儀が行われている。

訓練中の事故とはいえ、この潜水艦の乗組員たちは、迫りくる戦争の悲惨な犠牲者であったと言えるだろう。「茶毘之地碑」の前には、今は何もなかったように静かな紺碧の海が広がっている。

【アクセス】

眞宗寺潜水艦殉難者慰霊碑

東九州自動車道津久見インターより車で25分／佐伯インターより車で30分、寺の駐車場から徒歩3分（寺の駐車場が使えない場合は、佐伯市上浦振興局駐車場に駐車可）

※寺の右側から墓地に向かうと迷路状になっており、わかりにくいので、本堂左側の道を上がった方が良い

佐伯市コミュニティバス▽上浦振興局前下車⇩眞宗寺まで徒歩3分、さらに慰霊碑まで徒歩3分（バスの本数が少ないので、徒歩の場合ＪＲ日豊本線浅海井《あざむい》駅より上浦振興局前まで20分）

瀬会公園茶毘之地碑

上浦振興局前と瀬会公園駐車場の間の所要時間、車で約5分、駐車場から徒歩すぐ

佐伯市コミュニティバス▽瀬会海水浴場下車⇩徒歩5分（バスの本数が少ないので、徒歩の場合上浦振興局前から瀬会海水浴場まで10分）

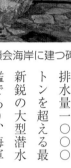

丹賀砲台跡

佐伯市鶴見丹賀浦

佐伯市街地から九州最東端の鶴御崎《つるみさき》へ向かい、その峠の三キロほど手前の丹賀集落を抜けると丹賀トンネルがあり、その入口手前を左に曲がると「丹賀砲台園地」に着く。入口のゲート横の受付で入場料を払ってなかに入ると、園地右側全体が丹賀砲台跡として整備されている。

砲塔への昇降道

受付をされているのは佐伯市から砲台の管理を委託されている「砲台を守る会」代表の小林直幹さんで、砲台の説明や昇降用リフトの操作を教えていただける。

丹賀砲台は豊後水道防衛のため、昭和二（一九二七）年に着工、昭和六年に完成したが、ここに設置されたのは、ワシントン軍縮条約で廃船になった巡洋艦「伊吹」の艦砲であった。砲台は山全体をくり抜いて造られ、弾薬庫・砲弾補給用の入口は山麓、砲塔は山頂部にあった。また、ここから三キロ先の鶴見崎自然公園内にこの砲台の観測所跡が残っている。弾薬補給用斜坑をリフトで上がると砲塔の

砲塔へ向かう通路

彩色が施された弾薬庫跡

底につくが、砲台関連の設備があった部屋が並び、連絡通路には当時の資料や写真が展示されている。

　砲塔の底からは螺旋階段で頂部まで上がれるが、砲身を収納した空洞（砲塔井）の巨大さには驚かされる。

　空洞の壁が著しく破損しているのは、昭和十七年砲弾の試射中に内部で暴発したためで、死者十六名、負傷者四十名を出し、砲台も使用できなくなり廃棄された。管理人の小林さんの伯父さんもこの事故で亡くなっておられる。

　現在頂部はガラス製のドームで覆われて保護されているが、ここから出ると展望台になっており、豊後水道が一望できる。なお、山麓への遊歩道は荒れており、同じコースをもどった方がよい。

弾薬庫と思われる倉庫（左）と、近海で発見され寄付されたと思われるプロペラ（右）

　斜坑の部分はリフトで降りるが、急ではあるが横の階段を降りることもできる。

　砲台を出ると、園地東側に暴発事故犠牲者の慰霊碑である「忠魂之碑」、その隣りには折り鶴がデザインされた平和の塔、その後ろに弾薬庫跡があり内部に入ることもできる。また、駐車場には実際の艦砲の大きさがわかる白線が引かれている。

かつて巡洋艦「伊吹」の艦砲が設置されていた砲台跡

【アクセス】
東九州自動車道佐伯インターより車で40分
佐伯市コミュニティバス▽鶴見地区公民館前下車⇩下梶寄行きマイクロバスに乗り換え（便数が少ないので注意）⇩丹賀下車徒歩5分

【丹賀砲台園地】
開園時間▼9：30～16：30（火・水曜日、年末年始休園）
入場料▼大人200円／小中学生100円
TEL 0972（34）8222

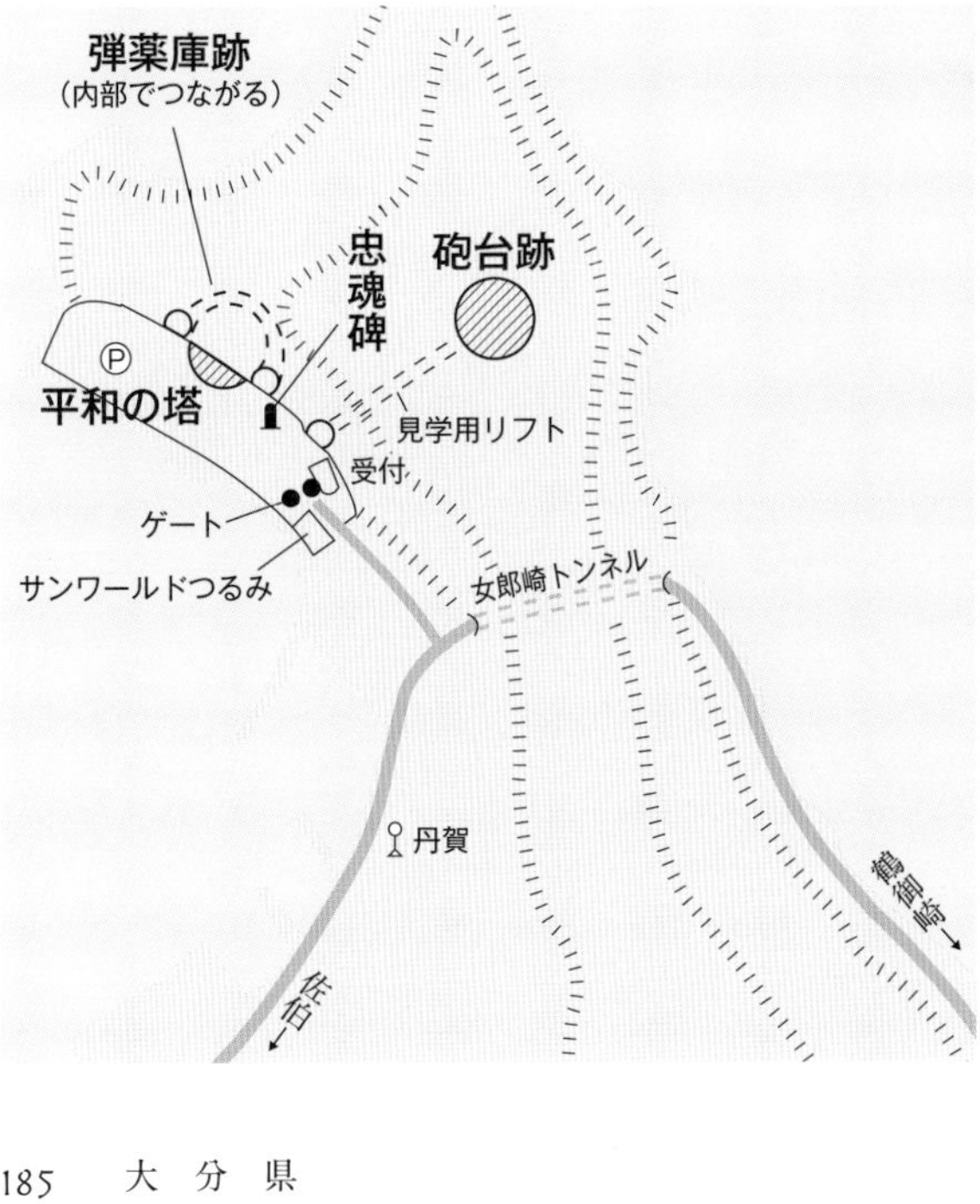

佐伯海軍航空隊跡

佐伯市鶴谷町・東町・東浜

大分市南部の佐伯《さいき》は、航空隊の増強を目指していた海軍の候補地の一つであったが、誘致運動の結果、昭和六（一九三一）年、建設が決定した。

番匠川《ばんじょうがわ》河口の三角州の女島《めじま》、長島や濃霞山《のうかやま》の海岸部を大規模に埋め立てて、昭和九年、佐伯《さえき》海軍航空隊（海軍では「さえき」と呼んでいた）として開隊、翌年には飛行場も完成した。主な業務は豊後水道の防備・哨戒《しょうかい》・母艦搭乗員の訓練であったが、昭和十四年には、航空隊に隣接して佐伯防備隊が開隊し、防備の役割も増大した。

もう一つの役割は航空機搭乗員の訓練であったが、北と南を半島に遮られ、湾内に大入島《おおにゅうじま》が浮かぶ佐伯湾はハワイの真珠湾と似ているということで、真珠湾

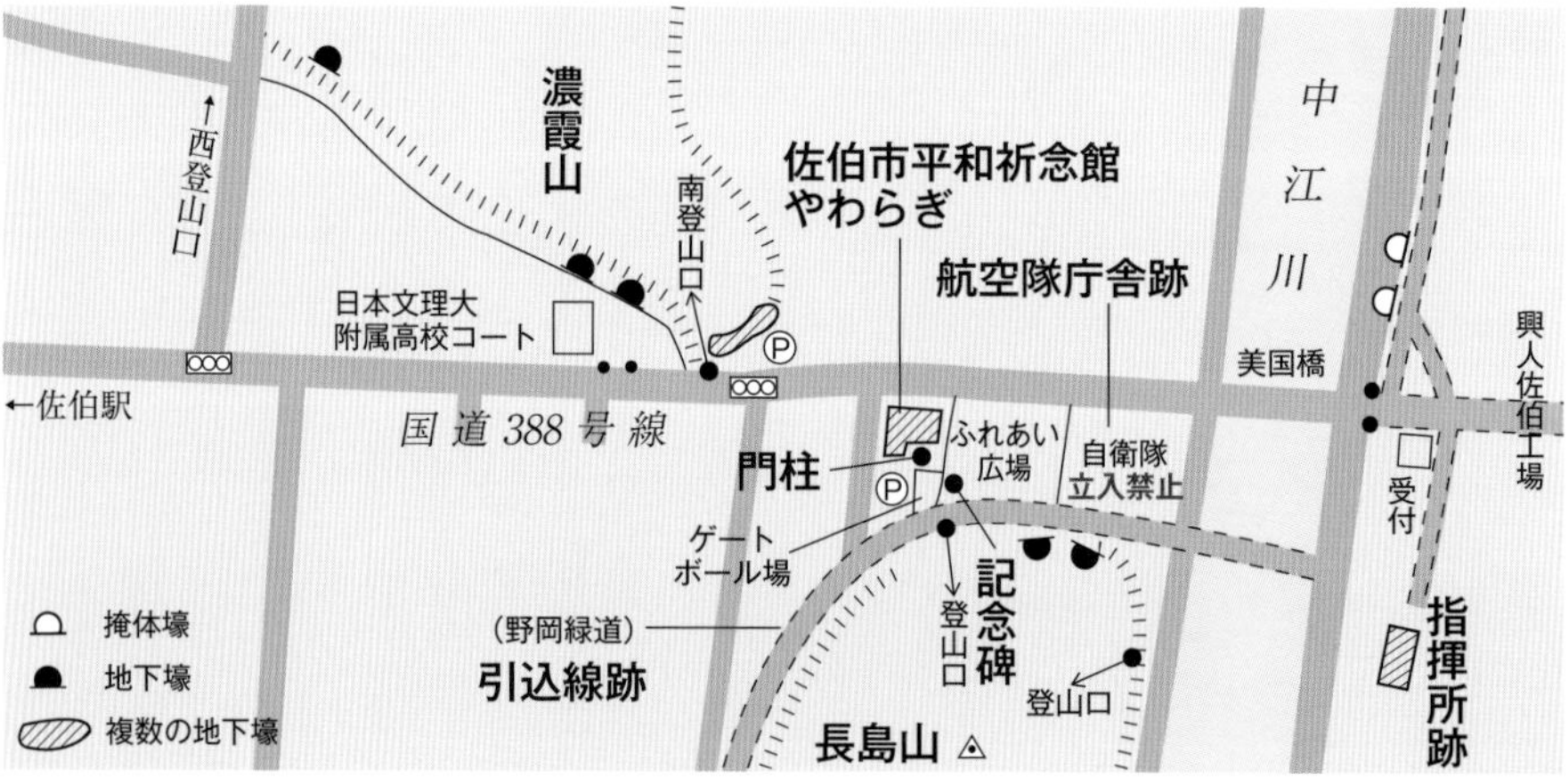

攻撃直前の昭和十六年十一月に訓練が行われ、実際にここから空母・艦船が出撃した。しかし、昭和二十年三月からは米軍の空襲が始まり、四月には市内も爆撃され市民四十六人が死亡するという惨事も起き、五月の大規模な爆撃によって航空隊も防備隊も壊滅した。

株式会社興人内に残る掩体壕のうち１基は保存状態がよく、国の登録有形文化財に指定されている

航空隊跡に行くにはJR日豊本線の佐伯駅を降りて、駅の正面から国道388号線をまっすぐ東に向かう。途中左側に日本文理大学付属高等学校があるが、かつて学校の塀に接合する形で、レンガ造りの航空隊の正門が片方だけ残っていたが、現在は「佐伯市平和祈念館やわらぎ」構内に移転している。ここをさらに東に進むと「佐伯市平和祈念館やわらぎ」があり、佐伯海軍航空隊関連の資料が揃っている。

　さらにその先を進むと、中江川に架かる美国橋があるが、その手前の右側にあるレンガ色の建物は、海上自衛隊佐伯基地分遣隊の本部である。かつてここは海軍航空隊の司令部があった所で、海上自衛隊も旧司令部の建物をそのまま使用していた。しかし老朽化が進んだため、旧司令部の雰囲気を残したデザインで全面的に建て替えたのが現在の建物であり、自衛隊入口に説明板がある。

　この先の美国橋はかつては航空隊の飛行場へ渡る橋で、橋脚と橋桁は当時のものをそのまま使っている。美国橋を渡ると正面に株式会社興人佐伯工場の正門があるが、この工場敷地は航空隊の飛行場跡を利用したものだ。この工場構内には、掩体壕と飛

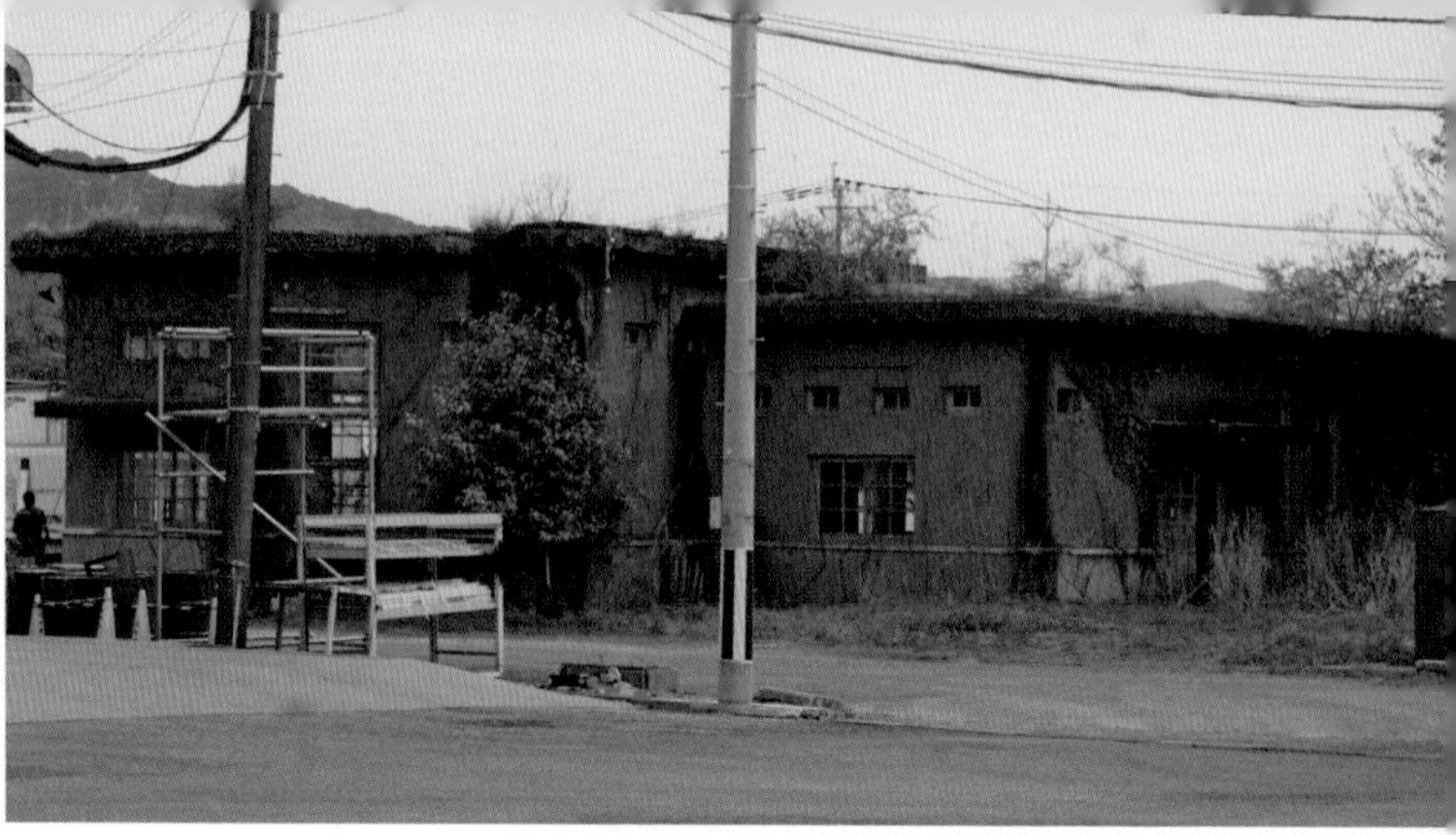

旧佐伯海軍航空隊指揮所跡

行指令所（指揮所）が残っている。工場正門横の受付に届け出ると掩体壕の見学ができ、説明パンフレットももらえる。ただし工場施設の撮影は禁止である。掩体壕は受付から左手に二基あり、手前の一基は保存状態がよく、国の登録有形文化財に指定されている。

　パンフレットには、「掩体壕について　昭和九年佐伯海軍航空隊が開隊。ついで昭和十年に飛行場が完成。太平洋戦争末期になると各地で防御態勢を整えるようになり、昭和十九年に空襲から戦闘機を守るため掩体壕が建設された。佐伯市は昭和二十年三月十八日に空襲を受け、佐伯海軍航空隊も昭和二十年五月に大規模な爆撃を受け壊滅的な被害を受けた。この掩体壕は鉄筋鉄骨コンクリート木製枠造りで当時の滑走路に平行して造られた。大きさは、高さ四・五メートル幅一七・三二メートル奥行一二・五二メートル天蓋壁厚さ〇・五メートルである。この掩体壕は、平成十三年九月十四日に国の登録有形文化財に指定された。このほか二基の掩体壕が確認されている」と書かれている。

　指揮所跡は受付の右を少し行った所にあり、コンクリート製の建物の横には「旧佐伯海軍航空隊指揮所跡」という標識が立っている。建物はガラス窓が破れたままで老朽化しているが、興人の所有物でもあり補修や保存には興人や自治体の協力も必要であろう。

　なお、指揮所跡は現在は構内通行車両の危険があるため、日祝日を除いて見学はできない。興人敷地外の道路から外観を見ることになる。

【アクセス】
東九州自動車道佐伯インター、佐伯堅田インターより車で20分（株式会社興人佐伯工場内に駐車場あり）
JR▽日豊本線佐伯駅下車⇩掩体壕まで徒歩15分

佐伯海軍航空隊引込線と地下壕

佐伯市駅前・野岡町・東町・鶴谷町・中江町

佐伯海軍航空隊には、当時の国鉄の佐伯駅のやや南から、隊内まで約二キロの専用引込線があった。現在は車道となっている所もあるが、約一・三キロが自転車や歩行者が通れる遊歩道に整備され、「野岡緑道」と

かつての引込線跡「野岡緑道」

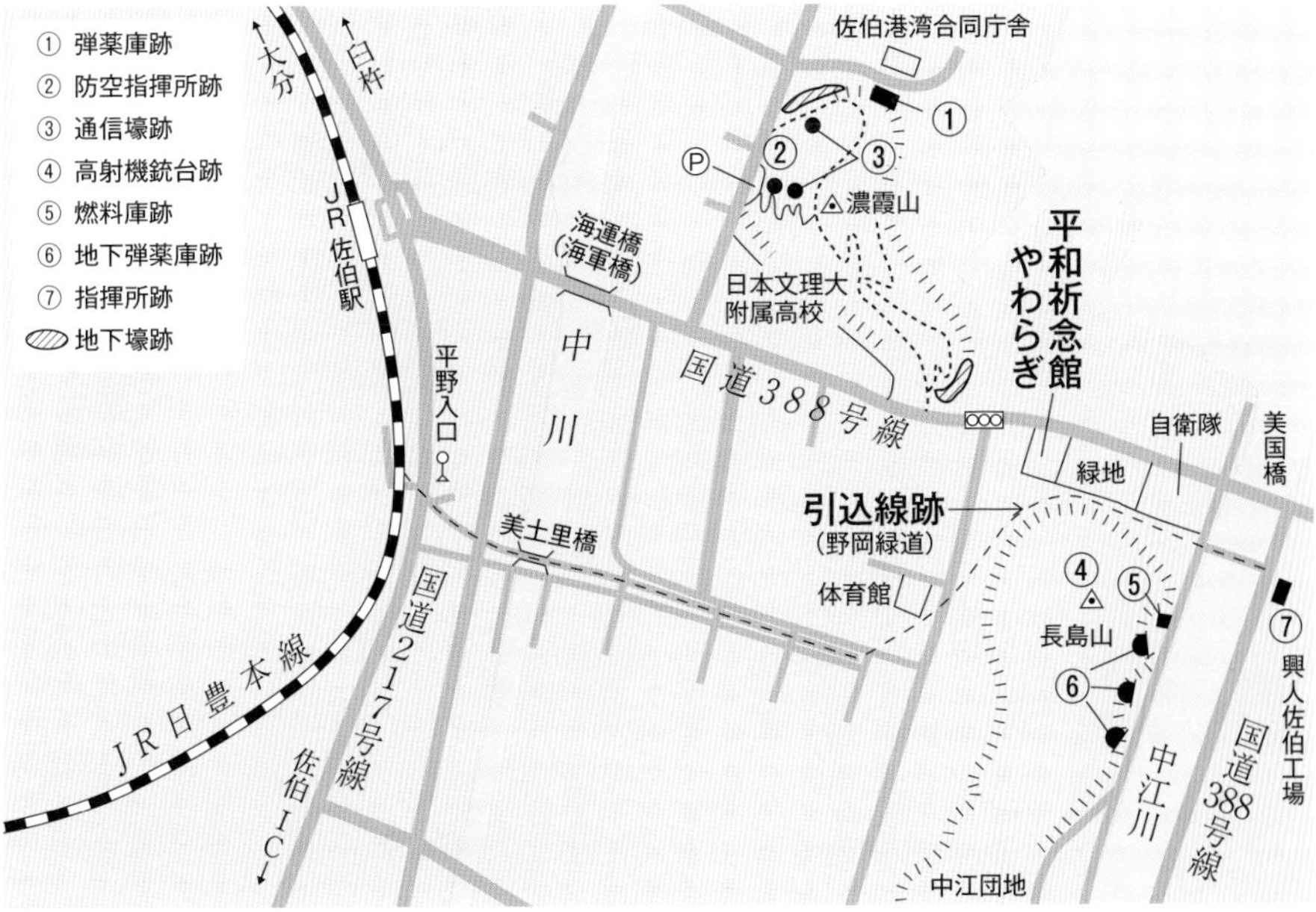

長島山東麓の弾薬庫跡

呼ばれ、市民に親しまれている。

日豊本線からの分岐点は現在は不明瞭だが、鉄道と並行する国道２１７号線の平野入口付近であったと推定される。この国道から遊歩道が始まり、カーブして中川を渡るが、ここには人と自転車専用の美土里橋が架けられ、ベンチも置いてある。ここからは住宅地をまっすぐ東に進むが、ここにも所々にベンチが設置してある。

しばらくして長島山が見えてくると、北東にカーブし長島山の北側を回るように進む。カーブの途中には藤棚のトンネルが続いていて、開花時には素晴らしい景色になるだろう。カーブ先の北側には「佐伯市平和祈念館やわらぎ」と野岡緑地があり、右側の崖面には閉鎖された地下壕が見える。さらに、海上自衛隊佐伯基地分遣隊の南側を抜けると中江川に出るが、人と自転車専用の橋が架かっており、対岸の国道３８８号線の所で終わっている。かつてはここから航空隊の飛行場内まで引込線が通っていたと思われる。また、この国道沿いから前述の海軍航空隊指揮所跡の裏側が見える。

戦争末期、昭和二十（一九四五）年ごろになると米軍の空襲が始まるが、航空隊では、濃霞山や長島山の頂上に高射機銃台座を造り、麓には地下式の弾薬庫や燃料庫、避難用の防空壕を建設し、その数はそれぞれ四十カ所あったという。今も残されているものがいく

上・長島山山頂の監視哨跡
下・同山頂の高射機銃台座跡

つかあるが、閉鎖されたり、学校や民有地のなかにあるものが多く、見ることができるものは少ない。

まず、佐伯市平和祈念館前から、東に美国橋方面に向かい、橋の手前を右折して中江川左岸を少し行くと、右手の民家の横に草木に覆われたコンクリートの建造物が残っているが、これは航空隊の燃料庫の可能性が高い。そのすぐ近くの崖下に二つ、さらにその先にも二つ、強固なアーチ型の石造りの入口を持つ地下壕が見えるが、佐伯平和祈念館内の説明図には弾薬庫であると表示されている。しかし、現在は封鎖されて入ることはできない。これらの地下壕は長島山の東の麓にあり、四十カ所あったという地下壕の一部であろう。ここから長島山の頂上に向かう津波避難用の歩道があり、標高八〇メートルの頂上まで上ると五カ所の高射機銃台座と監視哨が残っている。

次に平和祈念館前に戻り、西に濃霞山方面に向かうと、南登山口の横の崖面に五カ所の地下壕がある。また、日本文理大学付属高等学校の東門の所から地下壕が二カ所見える。さらに西に進み信号を右折するとそのすぐ先が駐車場になっており、ここが濃霞山への遊歩道の入口である。佐伯海軍航空隊の歴史と、この山

濃霞山北麓の弾薬庫跡には軍艦「海鷹」の揚錨機が置かれている

濃霞山弾薬庫横に置かれた海軍用のトラック

濃霞山山中の防空指揮所

に造られた軍事施設についての説明板があり、軍事施設の位置を表示した地図もついている。

駐車場の先の道を山麓沿いに行った所にも地下壕があり、これらも四十カ所あった地下壕の一部であろう。さらに先に進み港湾合同庁舎前まで来ると向かいの崖面に弾薬庫があり、その横には旧海軍で使用されたトラックが置かれている。また別府湾に係留されていた軍艦「海鷹」の揚錨機が展示されている。

西登山口から遊歩道を少し登ると左手に半地下式でコンクリート造りの巨大な建物があるが、これは防空指揮所の跡であり、近くまで行って見ることができる。またその先には通信壕が見える。

ここからジグザグの道を登ると山頂に達するが、そこは展望公園になっていて佐伯湾が一望である。ここから北登山口に下る途中に西登山口にあったものと同じ通信壕があり、内部でつながっている。ここから再び駐車場に戻ることができる。

麓の説明板では「この山はもともと野岡山と記されていたが、海軍航空隊が設置されたあと、霞に漂う山姿を形容して濃霞山と表記するようになったと言われています」と書いてあるが、この優雅な名前の山を、当時の航空隊の隊員はどんな気持ちで眺めていたのだろう。

【アクセス】

長島山東麓の地下壕
東九州自動車道佐伯インター・堅田インターより車で20分
JR▽日豊本線佐伯駅下車⇩徒歩20分
長島山東麓と北麓から登山口があり山頂まで徒歩10分

濃霞山
東九州自動車道佐伯インター・堅田インターより車で20分（登山口に駐車場あり）
JR▽佐伯駅下車⇩登山口まで徒歩10分、西登山口・北登山口から山頂まで10分

宮崎県

延岡空襲殉難碑

延岡市山下町・浜砂一丁目

延岡市は宮崎県北部最大の工業都市であり、戦時中は軍の命令により、火薬類を製造する軍需工場となっていた。このため昭和二十（一九四五）年三月四日から終戦前日まで、十数回にわたる空襲を受けることになった。五月の空襲では防空壕に避難中の親子や、工場に動員されていた学徒が犠牲になっている。

「太平洋戦争延岡空襲殉難碑」

しかし最も大規模な被害が出たのは、六月二十九日の空襲で、B29爆撃機四十余機が午前一時十五分から三時間に渡って、油脂焼夷弾五十万発を投下し、市民や動員学徒・産業報国隊など三〇〇名以上が犠牲と

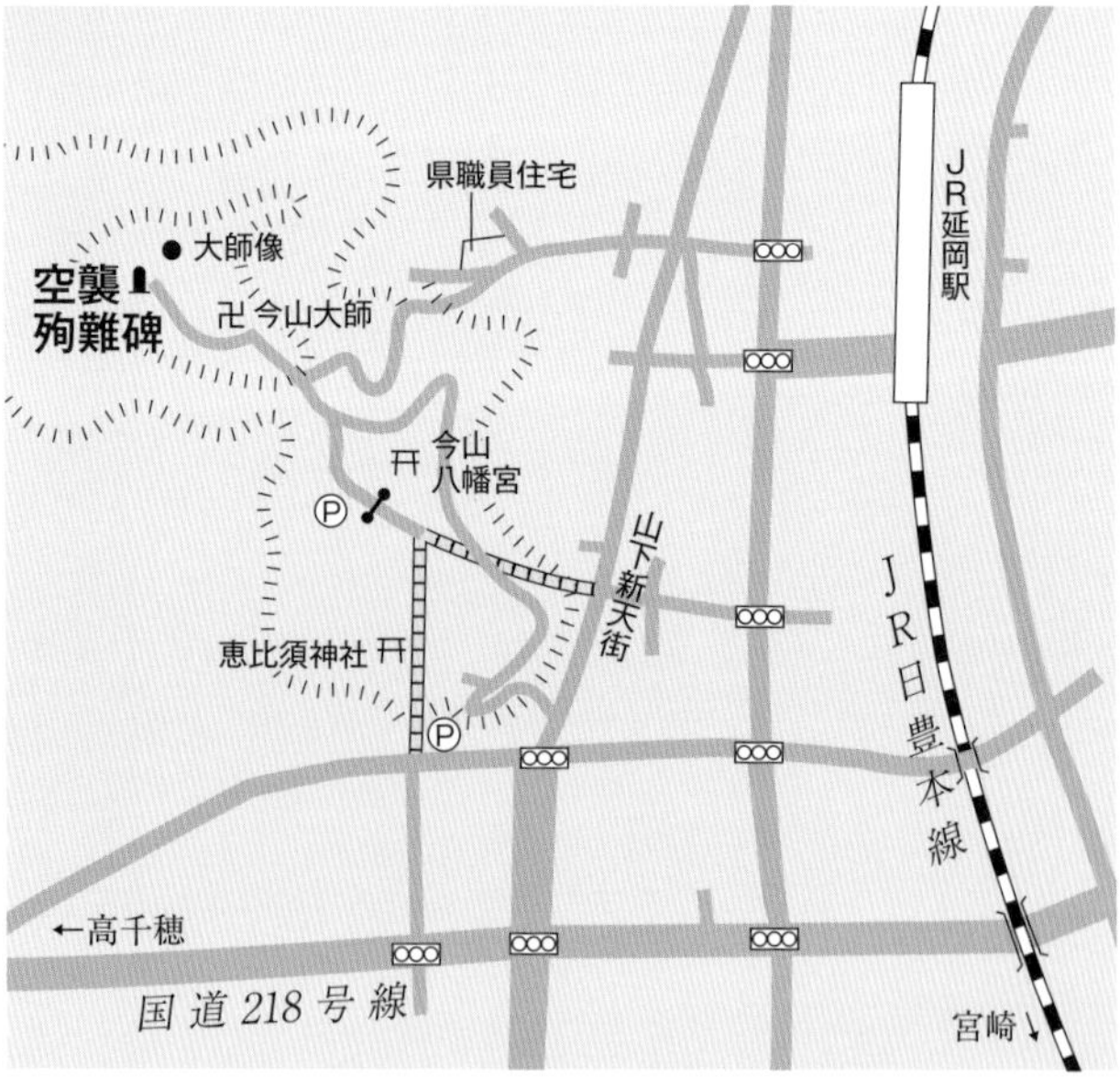

なった。被災家屋は三七六五戸（市全戸数の二八・七パーセント）、被災人口一五二三二人（市人口の二五・二パーセント）、被災面積二・一八平方キロメートルに及んだ。また、その後の空襲でも三十六名が犠牲になっている。

戦後、遺族や市民の間から空襲犠牲者の慰霊碑建立の運動が高まり、「太平洋戦争延岡空襲殉難碑建立委員会」が結成され、議会や市当局の支援もあり、市街地のやや北西部にある今山公園内に建立されることになった。そして空襲犠牲者の三十三回忌、また空襲当日にあたる昭和五十三年六月二十九日に除幕式が執り行われた。そして、現在も「今山大師」の主催で毎年六月二十九日に慰霊祭が行われている。

「萬靈塔」（上）や「平和観音」「戦災供養塔」も建立され、祈りの場となっている

自然石を研磨した碑の前面には「太平洋戦争延岡空襲殉難碑」と刻まれ、背面には空襲の経緯と被害の状況が書かれている。碑の横には犠牲者の芳名が刻まれた石板があるが、女性の名前が多く、さらに名前から高齢者と思われる男性も含まれている。また、碑の周辺には「平和観音」「戦災供養塔」「萬靈塔」も建立されており、全体が祈りの場となっている。

この場所に行くには、JR延岡駅西口または南側の祇園町から、今山公園への道を上がると、今山八幡宮がある。さらにその裏手を回ると駐車場があり、ここまで車で来ることができる。その先の階段を上ると「今山大師」の本堂があり、境内の案内板がある。案内に従ってさらに階段を上がると、弘法大師像のある今山最頂部の広場に達するが、その左手に前述の碑が建立されている。

また、中心街から国道10号線を南下し、五ヶ瀬川を渡ると右手に延岡市立延岡中学校があり、校門を入った左手に「栗田彰子《あきこ》先生之碑」があるが、これは六月二十九日の延岡空襲の際に殉職した栗田彰子先生の慰霊碑である。

　栗田先生は大正八（一九一九）年カナダのバンクーバー生まれで、カナダの日本語学校の教師になるため来日し、宮崎県立延岡高等女学校専攻科、宮崎県女子師範学校を経て安賀多《あがた》国民学校（現延岡市立延岡中学校）に赴任していた。栗田先生は空襲の際、燃える校舎の消火をしようとして防空壕を出たところ、焼夷弾の直撃を受けて亡くなった。享年二十五歳であった。

延岡中学校では毎年六月二十九日に慰霊祭を行い、戦争で無念の死を遂げた栗田先生や市民の犠牲者を悼み、平和への誓いを新たにしている。

延岡空襲で殉職した栗田彰子先生を偲ぶ碑

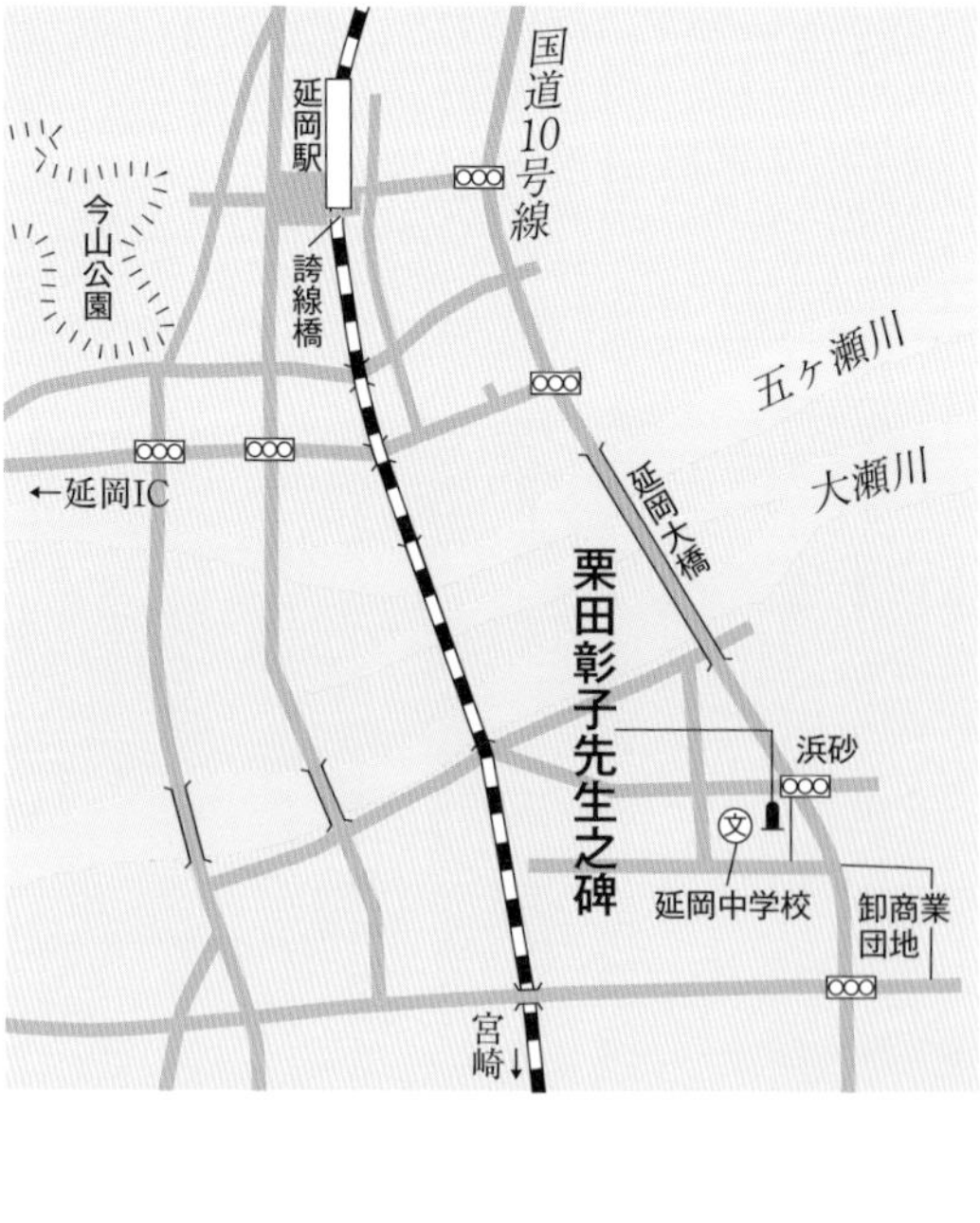

【アクセス】
太平洋戦争延岡空襲殉難碑
東九州自動車道延岡インターより車で10分、今山八幡宮下の駐車場から徒歩7分、今山大師手前の駐車場から徒歩すぐ
JR▽延岡駅下車⇩徒歩15分
栗田彰子先生之碑
東九州自動車道延岡インターより車で15分
JR▽延岡駅下車⇩徒歩20分

赤水震洋基地

延岡市赤水町

水上特攻艇「震洋」格納壕跡

宮崎県の日向灘沿岸にも特攻艇「震洋《しんよう》」の基地が数カ所造られたが、ここ延岡市の南部、日向灘に突き出た遠見《とおみ》半島の赤水地区にも震洋の基地が建設された。延岡市中心街から国道10号線を南下し、土々呂《ととろ》地区から左折して県道遠見半島線に入る。北に開くリアス式海岸の入江が続くが、三番目の入江沿いに赤水地区に入った所の崖面に、三つの震洋格納壕が並んでいる。その一番先の壕は入口に柵が設けられ入れないようになっているが、水上特攻艇「震洋」格納壕跡と書かれた、写真入りの説明板が立てられている。

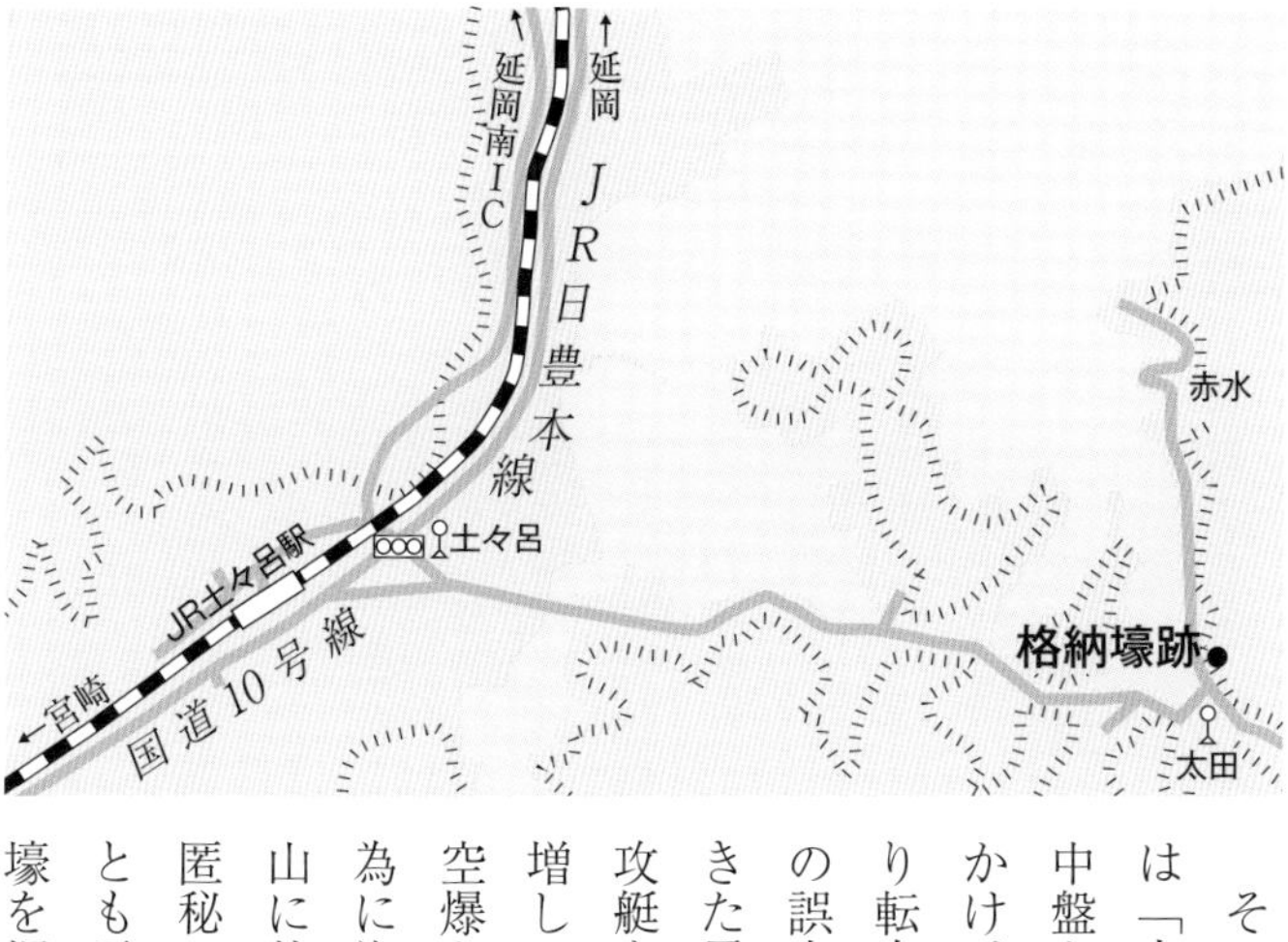

その説明文には「太平洋戦争中盤から末期にかけ、美々津より転身（※転進の誤字か）してきた震洋隊は特攻艇を激しさを増してきた敵の空爆から逃れる為に海岸沿いの山に特避壕（※匿秘の誤字か）とも言える横穴壕を掘った。硬

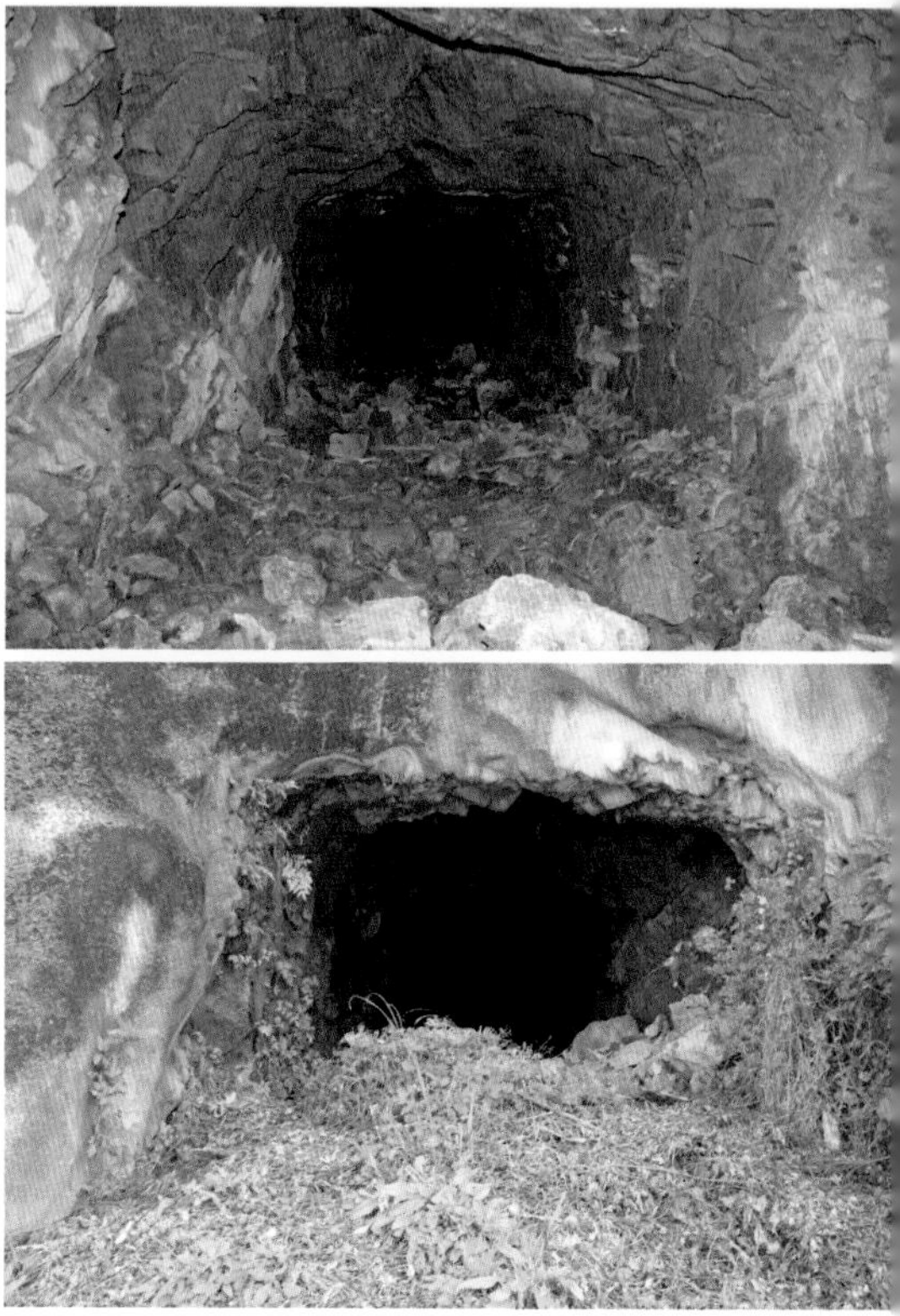

格納壕は幅・高さ3メートル、奥行き40メートルとなっている

い岩盤を掘削し、分厚い松板と坑木《こうぼく》で落石を防いでいたようである。（地区古老の話）　壕に格納した艇は、台車で出し入れするようになっていたが、25隻の艇は通常は5隻を海に浮かべて訓練に使っていたということである。（この赤水震洋基地の隊長であった、ジャーナリストで後に参議院議員となった田英夫《でんひでお》氏の著書から引用）」　また「格納壕の規模は幅高さとも3m　奥行き40m。壕を掘ったのは主に応召兵《おうしょうへい》（軍隊に入ること）の基地の隊員　地区の人々や朝鮮半島の人々も加わる。4人一組で運び出した。格納されていたのは二人乗りの震洋5型」と書かれている。

さらに出撃を目前にした震洋隊員の信条や決意が書き並べられているが、最後に終戦の詔を聞いていきり立つ若い隊員に対し「死ぬな。生きて国を再建するのだ」と諌める田英夫隊長の言葉が書かれている。そして、この説明板は「未来ある多くの若者達のかけがえのない命を一瞬で奪った戦争の悲劇を二度と繰り返してはなりません」という言葉で締め括られている。

【アクセス】

東九州自動車道延岡南インターより車で15分

宮崎交通バス▽太田下車すぐ（バスの本数が少ないので注意。国道10号線の土々呂バス停の方が本数が多い）、土々呂バス停下車⇩徒歩40分

JR▽日豊本線土々呂駅下車⇩徒歩45分

特攻第一二一震洋隊
細島基地跡

日向市細島

日向市は戦前多くの海軍施設があったが、日向灘に突き出た細島地区の御鉾《みほこ》ヶ浦《うら》にも昭和二十（一九四五）年五月に特攻艇震洋の基地が造られた。基地跡に立てられた説明板によると、震洋二十五隻が配備され、隊

潮位を観測する日本最古の施設「細島験潮場」

員は年齢十五〜十八歳の三重海軍航空隊乙種飛行予科練習生五十四名、そのほか基地隊・整備隊・基地付計百八十八名であった。そして彼らの手によって基地を設営し、格納壕を掘削した。また、六月には特攻魚雷艇回天も配備された。しかし、この基地も米軍の爆撃

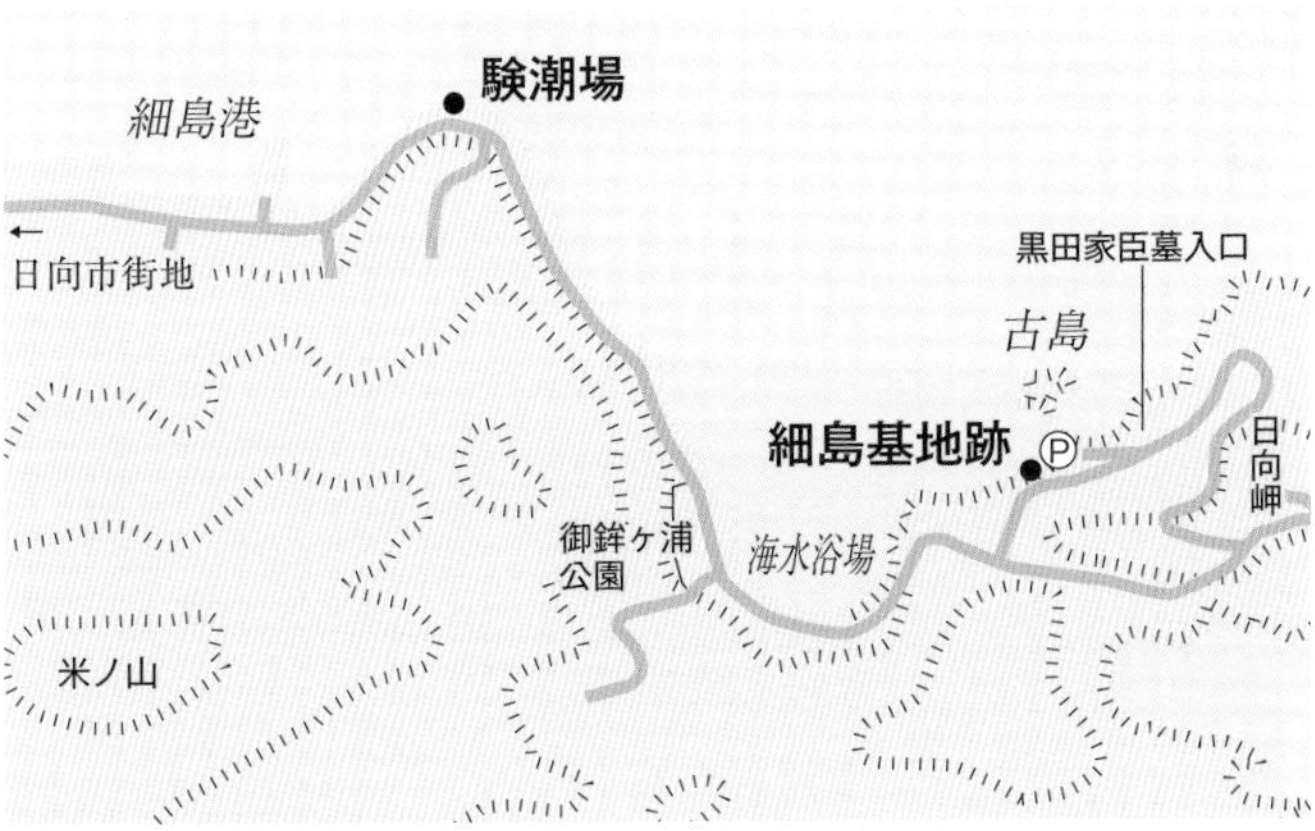

を受け、一隻が沈没、ほかは対岸の牧島の回天基地に避難した。この回天基地も海岸への入口には標識があるが、崩壊してその跡も分からない。その後細島基地は放棄され、北部の現在の門川《かどかわ》町向《むかえ》ヶ浜《はま》に梶木基地を建設したが出撃すること

海岸の崖面に掘られた格納壕跡

なく終戦を迎えた。なお、細島基地の格納壕は戦後国とGHQの命令により爆破された。

この細島基地跡に行くには国道10号線から細島港に行く県道23号線に入る。細島港を過ぎると、海岸に「細島験潮場」が見える。これは潮位の観測をする日本最古の施設で、明治二十五（一八九二）年に建設され陸軍参謀本部陸地測量部が管理した。戦後は国土地理院の管理となり、現在は無人化されているが、なお現役で活躍している。平成三十（二〇一八）年国の登録有形文化財となったが、これも一種の軍事遺跡と言えるかもしれない。

この験潮場を過ぎると御鉾ヶ浦海水浴場と公園になっているが、手前の集落は兵員の宿舎になっていたという。ここからさらに坂を登ると、左に「黒田家臣の墓」との標識があり、そこを下ると海岸に駐車場と維新の志士の墓がある古島の陸繋島《りくけいとう》がある。この駐車場から左手に進むと斜面に平成五年に元部隊員が立てた案内板と標識があるが、案内板は老朽化し標識は倒れている。ここからさらに海岸部に降りると半壊した格納壕があり、さらに進むとかなり原型を留めた格納壕が残っている。

なお、細川基地が移転した梶木基地は国道10号線で日向市街を抜け、門川《かどがわ》町に入った所で右折すると、向ヶ浜の海浜公園の南端に出るが、その南の神社がある丘の周辺にあった。今は格納壕はすべて埋め戻されているが、細島基地とほぼ同様の文面の説明板が立てられている。

【アクセス】

東九州自動車道日向インターより車で20分

宮崎交通バス▽イオンタウン日向下車⇩徒歩45分（イオンタウン日向からタクシーを利用した方が良い）

爆死学童の慰霊碑

日向市東郷町山陰

　終戦後、日本軍が遺棄した未処理の砲弾・弾薬が爆発し、多数の死傷者が出たことはよく知られているが、ここ日向市中心街からかなり南西部の田園地帯にある庭田《にわた》地区でも、寺迫《てらさこ》国民学校（現日向市立寺迫小学校）の学童が犠牲となっている。この地域は終戦前本土決戦に備えて陸軍の部隊が駐屯しており、終戦後廃棄した弾薬を学童たちが学校から帰宅途中に拾って持って帰る途中に爆発し、三名が死亡、二名が重傷を負っている。

　その現場には事故の五十年後の平成九（一九九七）年に庭田地区の住民によって慰霊碑が建立された。碑の前面には大きく「慰霊碑」、左側には「戦争の無情を偲ぶ童子らよ蕾のままに散りしこの地に」との歌が刻まれている。また裏面には「日本の国運をかけた太平洋戦争も昭和二十年八月十五日敗戦となり当時寺迫地区に一部隊が駐屯していたその戦後処理に土取り場に埋められていた弾薬を同年十月十五日五名の学童が持

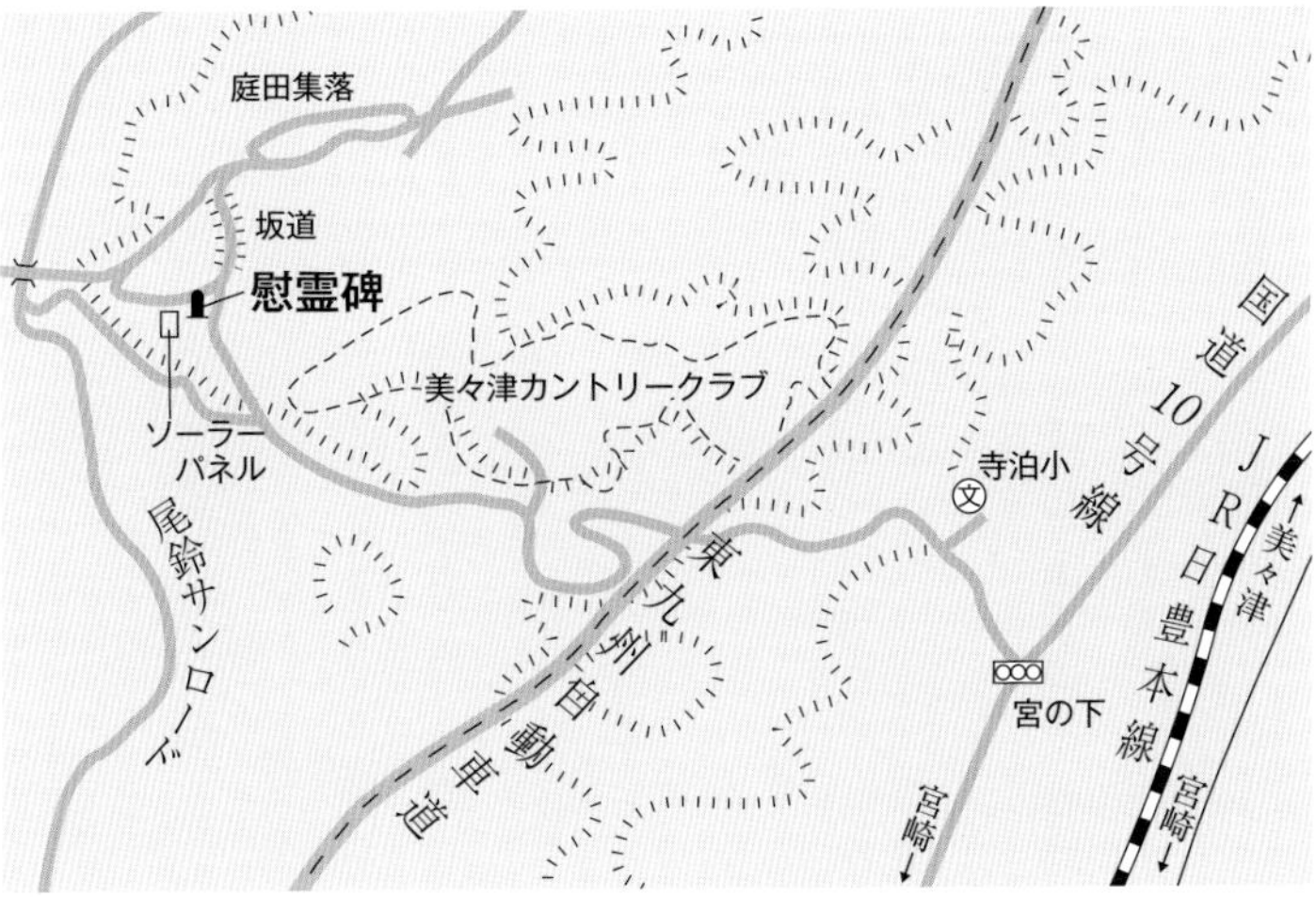

ち帰る途中此の地で炸裂させ三名死亡する事故が発生した軍の弾薬不始末で尊い前途ある少年の生命が失われた事は痛恨にたえない　戦後五十年とこの地の道路開削を期に犠牲者の慰霊と国の恒久平和地区の安全を願いこの碑を建立する　平成九年三月吉日　庭田地区民一同」と刻まれている。また、碑の前には色とりどりの花が供えられていた。

ここに行くにはJR日豊本線美々津《みみつ》駅前からさらに国道10号線を南下、宮の下信号から美々津カントリークラブ方面に右折、カントリークラブのはずれをさらに右折して庭田集落に向かうが、集落手前の坂の十字路を左折した所にある。慰霊碑は農道脇の雑木林の、うっかりすると通り過ぎそうな小広場にポツンと建っているが、終戦の僅か二カ月後、不慮の事故で死傷した学童と、その保護者の悲痛に哀悼の念を抱かざるを得ない。

軍の弾薬不始末で命を失った生徒の追悼碑

【アクセス】
東九州自動車道日向インターより車で30分（かなり場所が分かりにくいので、見つからない場合は庭田集落の方に聞いた方が良い）
JR▽日豊本線美々津駅下車⇩徒歩1時間30分（公共交通がないので、美々津駅前からタクシーを利用した方が良い）

島浦島空襲慰霊碑

延岡市島浦町

島浦島は延岡市の北東部、日向灘に浮かぶ面積二・八二キロ、周囲一五・五キロ、現在の人口約八〇〇人の漁業の盛んな島で、釣りやスキューバダイビングで訪れる人も多い。しかし、この島が終戦末期の五月二日に、米軍の爆撃を受け児童を含む多数の島民が、死傷した惨事を知る人は少ない。

島の対岸の浦城《うらしろ》港から高速艇に乗り、島の中央港船着場から左手に少し歩くと広場と交番があり、すぐ横の島野浦神社への階段を登ると公園がある。その公園の右奥に忠霊碑を挟んで、右側に「江りい丸戦歿者慰霊碑」と説明碑、左側に「満州支那事変大東亜戦争戦没者芳名碑」と「大東亜戦争戦災者慰霊碑」が建立されている。説明碑によると「江りい丸戦歿者慰霊碑」は昭和十九（一九四四）年一月十一日大分県佐伯港から南方戦線に向かっていた輸送船「江りい丸」が、島の灯台の一〇海里沖で米潜水艦に撃沈され、乗員二四五〇名のうち一九八名が犠牲となった。その遺族の方々が犠牲者の慰霊のため建立したとある。

そして一番左の「大東亜戦争戦災者慰霊碑」の裏面には「大東亜戦争ノ末期20年5月2日午前7時50分突如トシテ敵機来襲シ島浦小学校ヲ中心トシ町内全域ニ対シ数次ニ亘ル旋回銃爆撃ヲ敢行セリ、タメニ町内忽チニシテ戦場ヲ思ハセル修羅場ト化シ6名ノ犠牲者ヲ

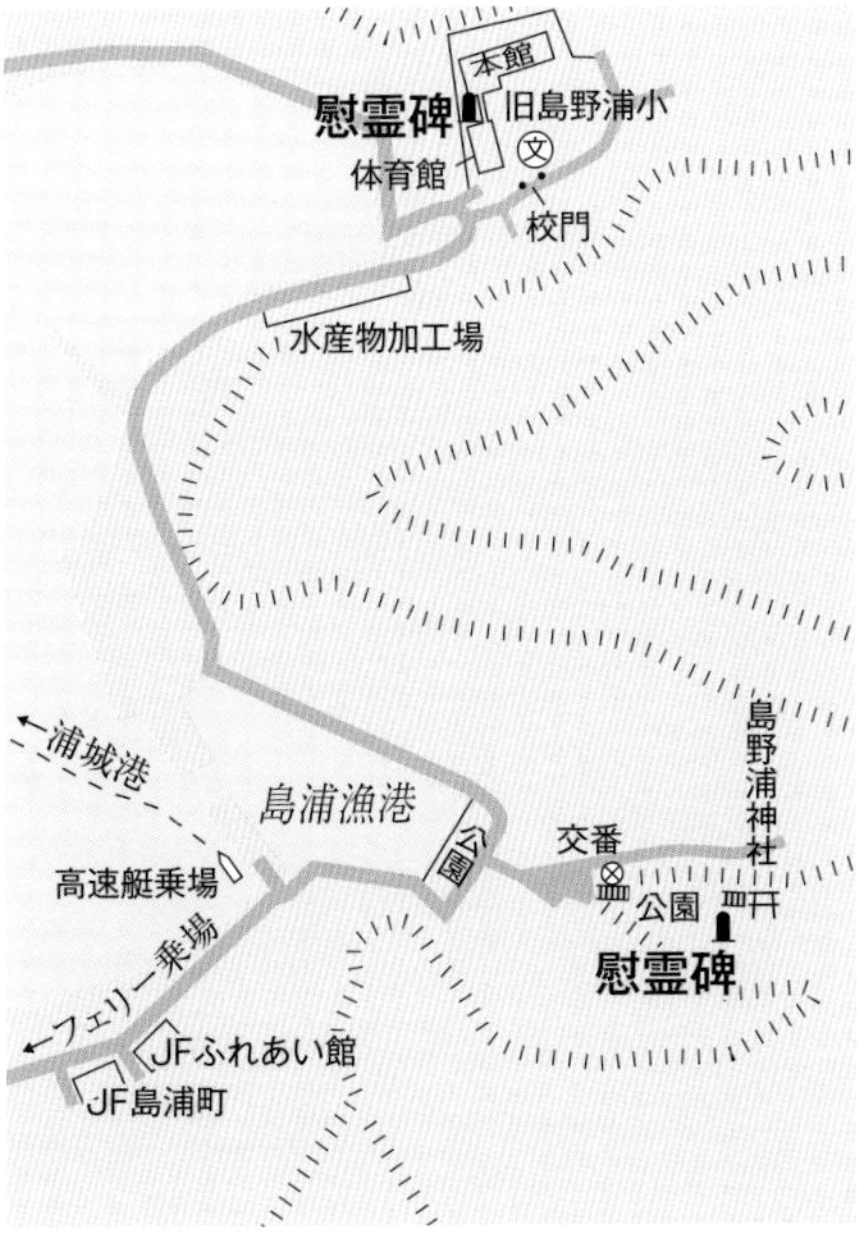

出シタリ、依ッテ町民一同トコシエニ此ノ悲シミヲ忘レル事ナク、昇天ノ御タマヲ慰メ、カヽル悲シサヲ二度トナキ様、戦ナキ平和ヲ祈願シ建立セシモノナリ　死亡者　池田髙利33才　島田ミツヨ14才　長野栄二11才　山本花子24才　山本豊生15才　富田逸男15才　昭和48年3月　島浦町町民一同建」と刻まれている（年齢はいずれもかぞえ年。富田逸男は速男の誤り）。たまたま広場で休憩されていた島民の方に伺うと、かつては毎年五月二日に慰霊祭が行われていたが、遺族の方がいなくなって今は行われていない、当時のことを体験した人もほとんど残っておられない、また思い出すのが苦しくてこのことを話す人も少なかった。子ども以外の犠牲者の山本花子さんは女子警防団員として任務中、在郷軍人の池田髙利さんは海上の船で攻撃され死亡した。死傷者は今は消防団倉庫になっている警防団詰所に運んだ。銃撃された子どもは「お母さん、お母さん」と言って死んでいったと聞いた。小学校が銃撃されたのは島の頂部に海軍の監視哨があり、兵舎と間違われたのではないかとのことであった。

この空襲を研究している永益宗孝《ながますむねたか》さんが作成した資料「日米資料でみる1945年5月2日島野浦空襲について」によると、この島を空襲したのは、海岸部・離島の目標を攻撃するため、遙か太平洋上の硫黄島を発進した米海軍の哨戒爆撃機BP4Y－2で、演芸会の劇団を迎えに行く漁船、海軍の監視船、国民学校・集落・工場などを攻撃した。米軍側の資料によると攻撃は八回にも及び、銃弾四五〇〇発、二五〇ポンド爆弾と焼夷弾を使用したとある。

また、当時この国民学校の二年生だった塩谷五月さんは、この悲劇が忘れ去られることを懸念し、半世紀を経た後、口を閉ざす島民を説得して文集「島物語―太平洋戦争末期悲話・島野浦戦災記」を制作し、これをもとに紙芝居もつくられた。この文集を見た宮崎の劇団がぜひ朗読劇にしたいと塩谷さんに申し入れ、令和三（二〇二一）年七月、延岡市立島野浦小学校で上演した。

この島野浦小学校の校内にも犠牲になった児童の慰霊碑がある。島野浦神社からもとの道に戻り海岸沿いに歩くと、入江の奥に小学校の校舎が見えてくる。校門を入って左手の、体育館と本館を結ぶ渡り廊下の脇

公園の一角に忠霊碑や慰霊碑が並ぶ

に「学童慰霊碑」と刻まれた石碑があり、裏面には「太平洋戦争の末期一九四五年午前八時頃米軍偵察爆撃機の急襲により島野浦国民学校を主に町内全域にわたり数次の機銃掃射を受け多数の死傷者が発生したその時に長野栄二（十二才）島田光代（十三才）山本豊生《とよき》（十四才）富田速雄《はやお》（十四才）の学童の尊い生命が奪われた　戦争の犠牲になった方々のご冥福を祈りこのような悲惨な戦争を再び繰り返さないよう平和を祈願してこの碑を建立した　一九九五年五月二日　島浦町地区青少年健全育成連絡協議会」とある（いずれも満年齢）。小学校に問い合わせたところ、毎年五月二日前後に、平和授業の一環として朝会の際に校長先生から、この空襲についての話があるとのことである。しかし、この小学校は令和四年に移転して小中一貫校の延岡市立島野浦学園となり、その跡地の利用方法は決まっていない。どのような施設になろうとも、この慰霊碑はここに残ってほしいと願う。

【アクセス】
東九州自動車道須美江《すみえ》インターより浦城港まで車で15分（延岡方面から出入りのみ）、佐伯方面からは北浦インターより車で30分（浦城港に駐車場あり）
宮崎交通バス▽浦城港下車すぐ
浦城港より島浦島までの航路
高速艇は中央港まで10分、フェリーは宇治港まで20分
※フェリーは宇治港から島浦島中心街（中央港）まで徒歩で15分位かかるので不便。高速艇で中央港に行くほうが便利
中央港から島野浦神社内慰霊碑まで徒歩3分、旧島野浦小学校内慰霊碑まで10分

都城陸軍墓地

都城市都島町

西都城《にしみやこのじょう》駅の南側のガードを潜って横川方面に向かう県道31号線をしばらく進むと、右側の小高い丘の上に都島《みやこじま》公園がある。公園の奥を見ると納骨堂と、その両側に七つの慰霊碑が建っているが、ここが都城陸軍墓地である。納骨堂は昭和十三（一九三八）年に建立されたもので、ここに駐屯していた陸軍歩兵二十三連隊関連の遺骨九三九五体を収納したものである。なお、連隊駐屯地の跡は現在陸上自衛隊都城駐屯地となっている。

「特別攻撃隊戦没者慰霊碑」

「傷病者之碑」

その納骨堂の左側には五つ、右側には二つの慰霊碑が建立されているが、一番左は「特別攻撃隊戦没者慰霊碑」で、この都城西・東飛行場から出撃した特攻隊員七十九名の慰霊碑である。慰霊碑までの踏み石は西飛行場で使用されていた滑走路であると案内碑に書かれている。戦没者芳名碑の年齢を見ると二十歳前後とみんな若い隊員ばかりである。その右隣は「満州事変戦没者合祀碑」、その右には「殉職自衛官之碑」がある。さらにその奥には傷痍軍人会が建立した「傷病者之碑」があるが、その碑文には、ほかの碑文とは異なり戦争の悲惨さと無意味さと恒久平和を祈る趣旨が書かれている。その右には「軍馬顕彰碑」があり、傍らには戦場に散った軍馬を哀れみ慰霊する趣旨が書かれた碑が建立されている。そのほか納骨堂の右側には昭和三年日中両軍が衝突した「済南事変戦死者之碑」、その隣には「旧衛戍地埋葬者合祀碑」がある。この陸軍墓地の手前は広場となっており、家族連れがのんびり遊んでいる平和な風景が広がっている。

「軍馬顕彰碑」

【アクセス】
都城インターより車で20分
宮崎交通バス・高崎観光バス▽岳《たけ》ノ下《した》下車すぐ

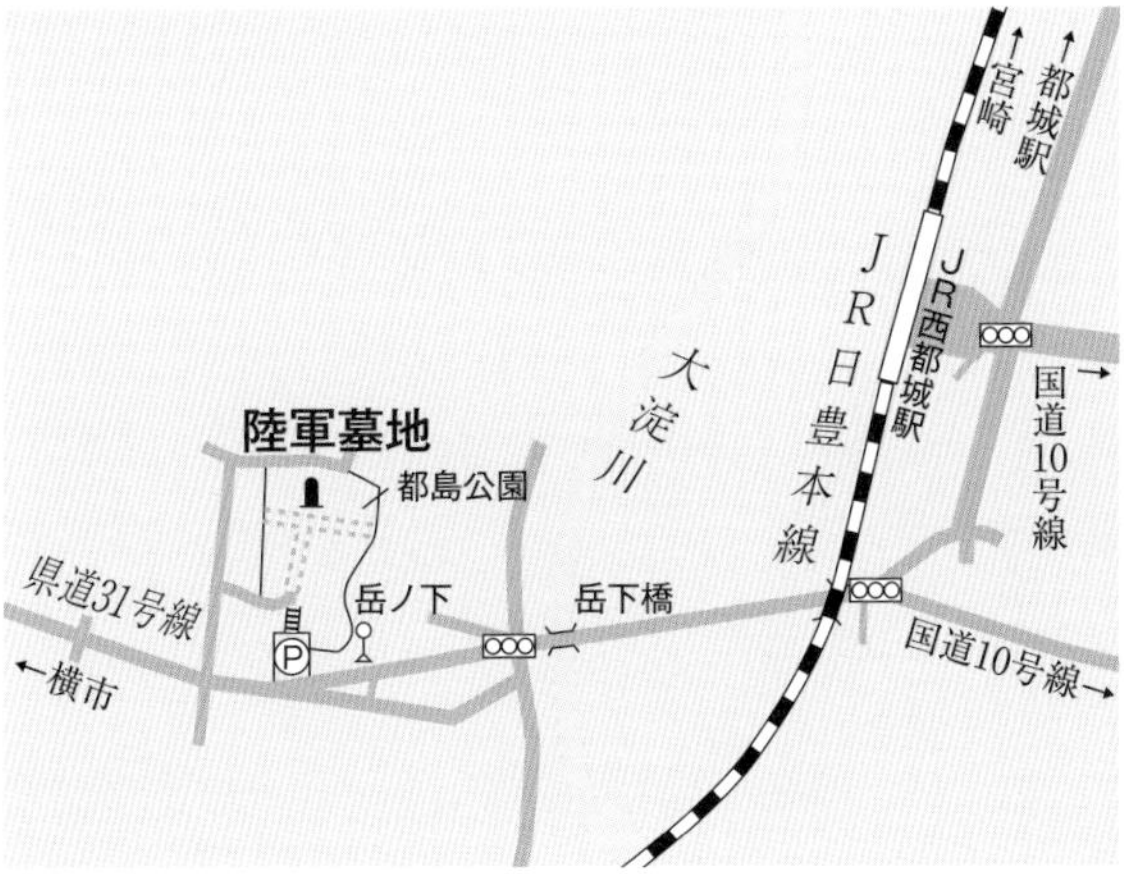

母智丘公園入口のトーチカ

都城市横市町

トーチカ頂部には「田の神様」が鎮座し水田を見守る

陸軍墓地からさらに県道31号線を北上し、横市地区に入るとすぐ左手に母智丘《もちお》神社・母智丘公園に向かう桜並木の坂道がある。この道を進むとすぐ左手に小高い丘があり、「戦跡トーチカ跡入口　平成二十六年十一月都城市教育委員会」の標識がある。ここから歩道を上がると、丘の頂部にコンクリート製の円形のトーチカがあり、なぜか頂部に「天明六年」との年号が刻まれた「田の神様」が鎮座している。トーチカの南側に入口があり、なかに入ることができる。銃眼が四つ取り付けられており、視界が開けている西・東・南側を防御するようになっていたと思われる。

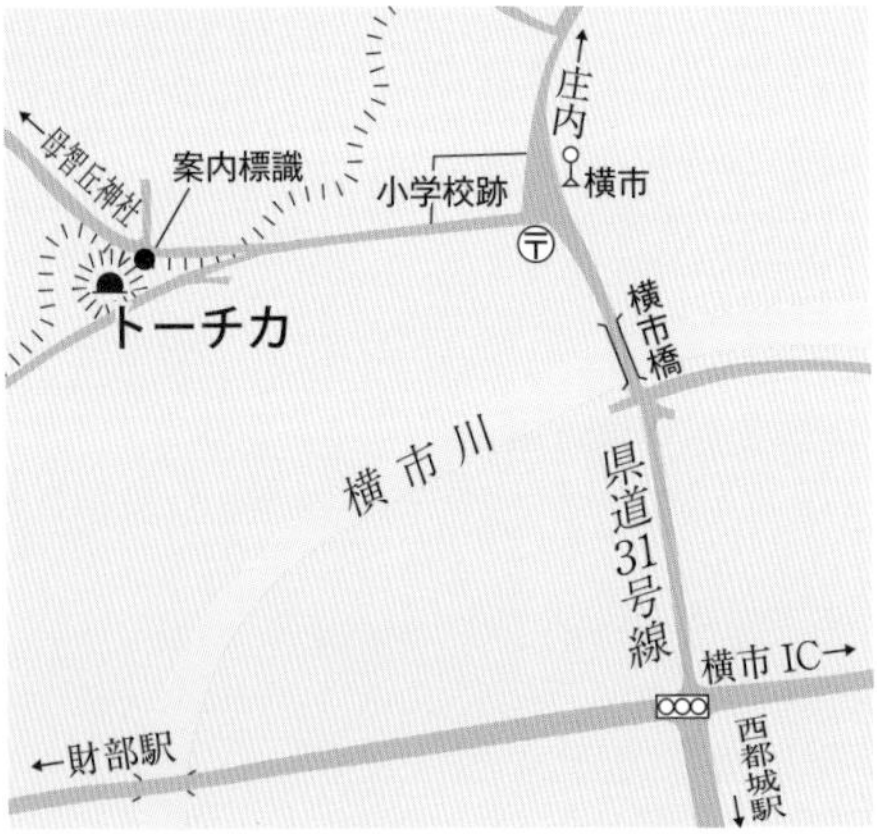

　トーチカの前には説明板があり、「トーチカと田の神　トーチカは、コンクリートで堅固に構築して、内に重火器などを備えた防御陣地のことで、ほとんど半地下式になっている。このトーチカもその様式になっており、太平洋戦争が激しくなってきた昭和十八年（一九四三）、本土防衛のために建設された。昭和十

高台から上空を監視していたトーチカ

九年八月以降、陸軍航空隊が都城西飛行場を全面使用することになり、さらに同二十年四月からは特攻基地となったため、米軍機の空爆が激しくなったので、このトーチカからも機関砲で応戦していた。しかし、同二十年八月十五日終戦を迎えたため、防御施設としての役目を終えた。

当時は数箇所にわたり設置されていたが、五十有余年の歳月とともに徐々に取り壊され、このトーチカが風雨に耐えて残った。

終戦直後、誰かがこのトーチカの上に田の神を据えた。以来、今日に至るまで豊作祈念の神として鎮座し、眼下に広がる水田を見守ってきた。田の神は、旧薩摩藩領内に多くみられ、稲穂の成長を願って作られ、田の神信仰として藩独特の文化を形成した。今後、このトーチカが戦争を語り継ぐ史跡として保存され、永遠の平和への願いを新たにする資となることを祈念して説明板を設置する。平成十年三月　都城市教育委員会」と書かれている。

トーチカもその周辺もよく整備されており、遺構を残そうとする行政と地元の方々の努力がよくわかる。

【アクセス】
都城インターより車で30分
高崎観光バス▽横市下車⇩徒歩5分（便数が少ないので注意）
宮崎交通バス▽蓑原入口下車⇩徒歩30分
※ＪＲ都城駅構内の観光協会にレンタサイクルあり
料金▼普通自転車無料／電動アシスト自転車4時間300円・1日500円
営業時間▼9：00～17：00
TEL０９８６（２３）２４６０
なお、レンタサイクルの場合陸軍墓地まで30分・トーチカまで50分

宮崎海軍航空隊遺構Ⅰ

宮崎市田吉・赤江

対空機銃陣地の弾薬庫跡

宮崎海軍航空隊跡は戦後宮崎ブーゲンビリア空港となり、その遺構はほとんど残っていないが、現空港の北西部にあたる田吉地区には弾薬庫、赤江地区には掩体壕が現存する。JR田崎駅の北側の踏切を渡り山内川緑地（グラウンド）に向かう道を東に進むと、山内川の橋を渡る手前の南側の農地のなかに二つのコンクリート製の遺構が見える。

あぜ道に沿って近づいてみると、かまぼこ型をしており、北側に庇《ひさし》つきの入り口があり、左右側面には二カ所ずつ窓が開いている。大きさは二カ所とも幅二メートル、奥行き八メートルほどである。遺構前には説明板があり、これは対空機銃陣地の弾薬庫であると書かれている。

民有地・国有地の掩体壕は立入禁止。写真左のものは手前まで近づけるが内部へは立入禁止

ここから橋を渡ると、内部が野球場・ラグビー場になっている山内川緑地（グラウンド）があるが、ここはかつての北西―南東向きの滑走路の北西端にあたる。ここから山内川右岸に沿って南下し、一ツ葉道路のガードを抜

けると、東側に田畑が広がり、そのなかに三つの掩体壕が見える。一番手前の掩体壕は民有地にあり真近まで行くことはできるが、入口には立入禁止の看板があり内部には入れない。宮崎市文化財審議会の調査によると、幅一四メートル・奥行き九・五メートルの大きさである。

その先の東側と南側にも掩体壕があるが、この二つは国有地にあり金網で囲まれており、立ち入りはできない。しかし、東側の掩体壕は真近まで行くことができ、説明板も立てられている。なお、宮崎市文化財審議会の調査によれば東側の掩体壕は幅一九メートル・奥行き一〇・五メートル、南側の掩体壕は幅一七・五メートル・奥行き九・五メートルの大きさである。

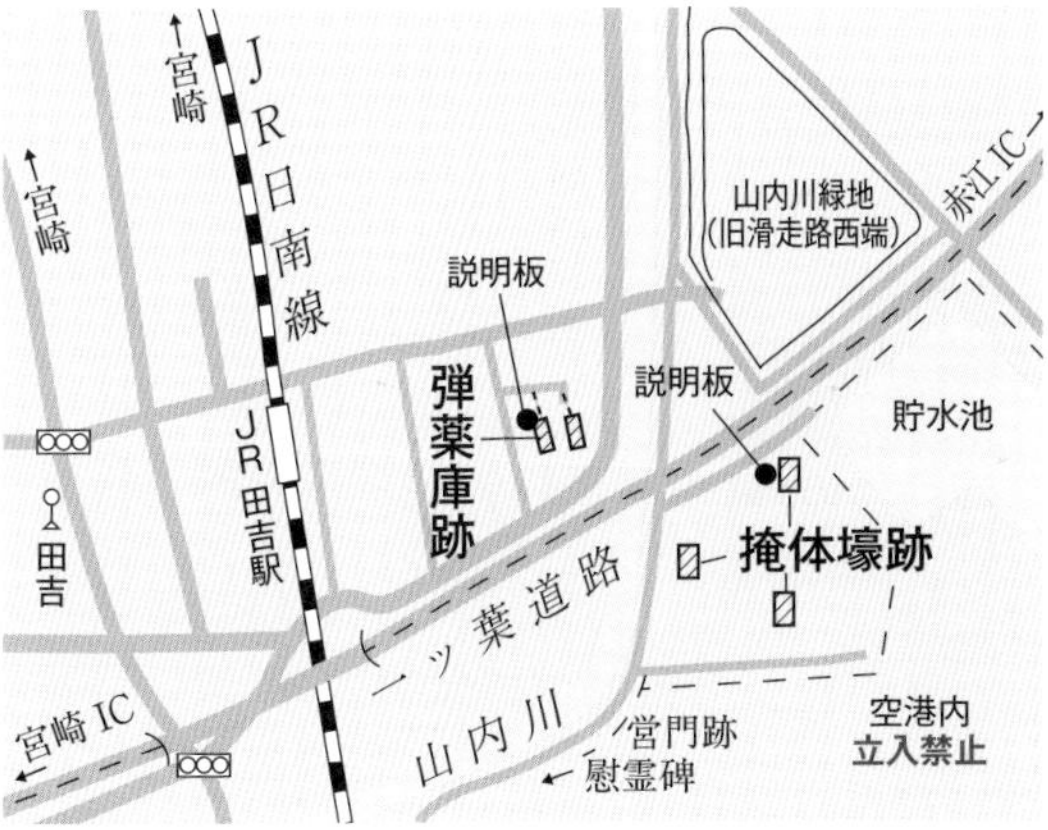

これら「立入禁止」の掩体壕は管理の問題や崩落の危険性などもあるため、必ず看板の指示に従うこと。

移設された航空隊正門

ここから山内川沿いに南下すると空港西端に達するが、ここには移設された航空隊正門と「宮崎特攻基地慰霊碑」がある。

【アクセス】
弾薬庫
一ツ葉道路田吉インターより車で4分
宮崎交通バス▽田吉下車⇩徒歩10分
JR▽田吉駅下車⇩徒歩7分
掩体壕
一ツ葉道路田吉インターより車で5分
宮崎交通バス▽田吉下車⇩徒歩13分
JR▽田吉駅下車⇩徒歩10分
※民有地内の農道・畦道に勝手に入らないこと

宮崎海軍航空隊遺構Ⅱ

宮崎市本郷北方・本郷南方

宮崎海軍航空隊の遺構は、飛行場よりやや南西部にあたる本郷地区の丘陵地帯にも残されている。ここにかつて、多数の掩体壕があったが、宮崎市文化財審議会の調査では、確実に原型を留めているのは四基だけで、北から順番に一号から四号と名づけられている。

倉庫として使用されている１号掩体壕

２号掩体壕

４号掩体壕

まず一号は、宮崎南バイパスの山崎台バス停のすぐ東にあるガソリンスタンドから南に入り裏に回ると、掩体壕の側面に出ることができる。掩体壕の正面は、一度市道に出てすぐ右側の奥に見える。正面のコンクリート壁は蔦に覆われており時の流れを感じさせる。大きさは幅三二メートル・間口二七メートル・奥行き二四メートル・高さ九・五メートルの巨大なもので、現在は建設会社の倉庫に使用

一般公開されている３号掩体壕

されている。

二号掩体壕は希望ヶ丘地区に向かう市道を南下し、介護施設に上る道を右折すると、すぐ突き当りにある。大きさは幅二九・五メートル・奥行き二三メートルで、やはり倉庫に使用されている。

さらにその南側に三号掩体壕が見える。正面はデイサービスセンター側にあり、大きさは幅二七メートル・奥行き二四メートルで、私有地であったものを市が買取・整備し令和三（二〇二一）年に一般公開を始めた。駐車場や説明板もあり真近で見学もできる。なお、介護施設の駐車場まで来ると、掩体壕の側面と天井部分をよく見ることができる。また、駐車場から南側を見ると工事用の足場が設置された掩体壕が見下ろせるが、これが四号掩体壕である。正面はデイサービスセンター前から希望ヶ丘に向かう市道を少し南に行った所の奥の方にあるが、民有地内を通らねばならず近づくことはできない。

ここからさらに市道を南下し、歯科医院前を左折してしばらく行くとトンネルがあり、車止めはあるが、人は通行することができる。これが通称「海軍隧道《すいどう》」（海軍トンネル）で全長五五メートル・内側の幅一・五メートル・高

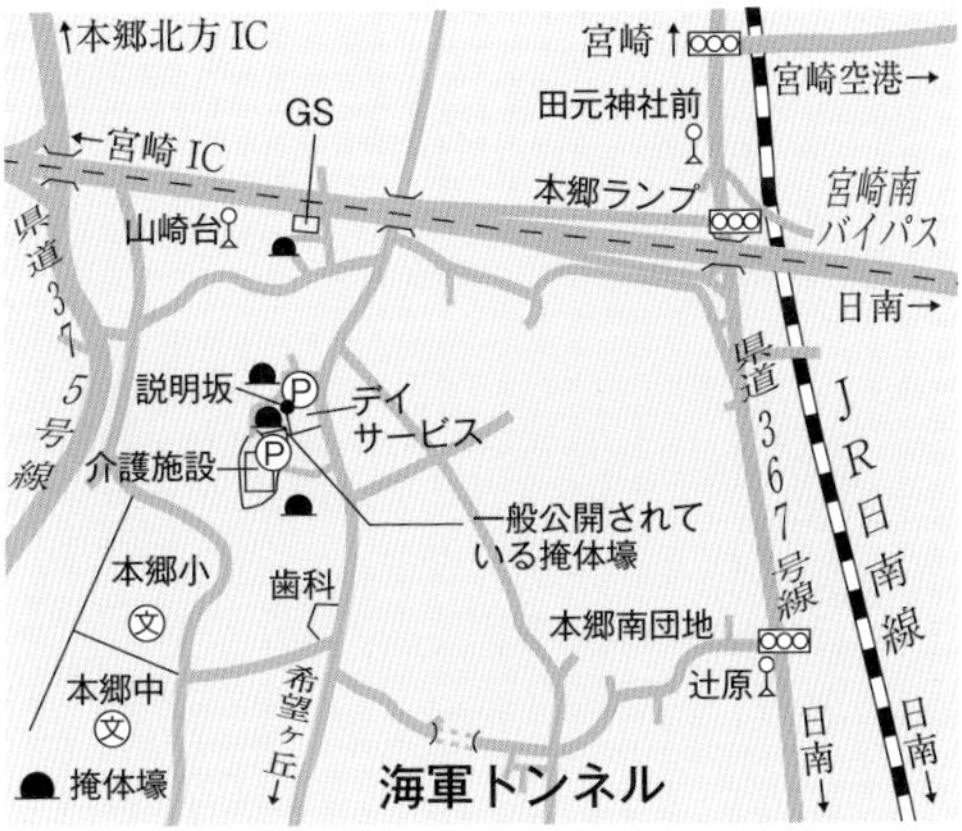

さ二メートルである。このトンネルの用途は不明であったが、その上の住宅団地で陥没事故があり、調査の結果、トンネルの途中に横穴があり、その奥は複雑な構造の地下壕であることがわかった。この地下壕は埋め戻されたが、海軍の野戦病院であったという説が有力である。

このトンネルを抜けると、住宅地内を通り宮崎市と日南市を結ぶ県道３６７号線に出ることができる。このように軍用のトンネル式地下壕が、その後地元住民の通路として使用されている例は、九州各地でも何カ所か見かけることができる。

「海軍隧道」（海軍トンネル）と呼ばれているが実際は地下壕の入口のようだ

【アクセス】

掩体壕一〜四号

宮崎自動車道宮崎インターより車ですぐ

宮崎交通バス▽山﨑台下車⇩徒歩3〜10分、田元神社前下車⇩徒歩10〜15分

海軍隧道（海軍トンネル）

宮崎自動車道宮崎インターより車で5分

宮崎交通バス▽辻原下車⇩徒歩7分、山﨑台下車⇩徒歩15分

鹿児島県

出水海軍航空基地跡

出水市知識町・平和町・大野原町

鹿児島県の北部、鶴の越冬地として知られる出水《いずみ》市にも、海軍の航空基地があった。『出水郷土誌』（出水市）によれば、昭和十二（一九三七）年、出水市街地の西部、畑作地であった大野原地区で突然測量が始まり、農地の所有者たちはただちに売却を命じられたという。昭和十三年には飛行場の建設が始まり、完成後は航空機の離発着も行われるようになったが、昭和十八年四月には出水海軍航空隊として正式に開隊した。最初は飛行訓練が中心であったが、昭和十九年になると実戦部隊が配置されるようになった。また同年には基地の西部の高尾野地区に航空機整備の教育を行う出水第二海軍航空隊も設置された。

　しかし、昭和二十年に入ると特攻隊の出撃基地となり、二六〇名を超える隊員が帰らぬ人となった。また

特攻神社内の特攻隊員のブロンズ像

特攻神社内に移設された旧出水第二海軍航空隊の正門

この基地に対して、同年三月十八日に、米軍機の最初の空襲があり、その後十四回にわたる空襲が続き、基地は壊滅状態となり、周辺の民家も被害を受け、軍民合計で一〇〇名を超える死傷者を出した。

戦後は、基地跡はその名も「平和町」となり、現在は農地・工場敷地・公共施設・一般住宅・自動車学校・ゴルフ場などになっている。また、出水第二海軍航空隊跡は出水市立下水流《しもずる》小学校の敷地となっている。

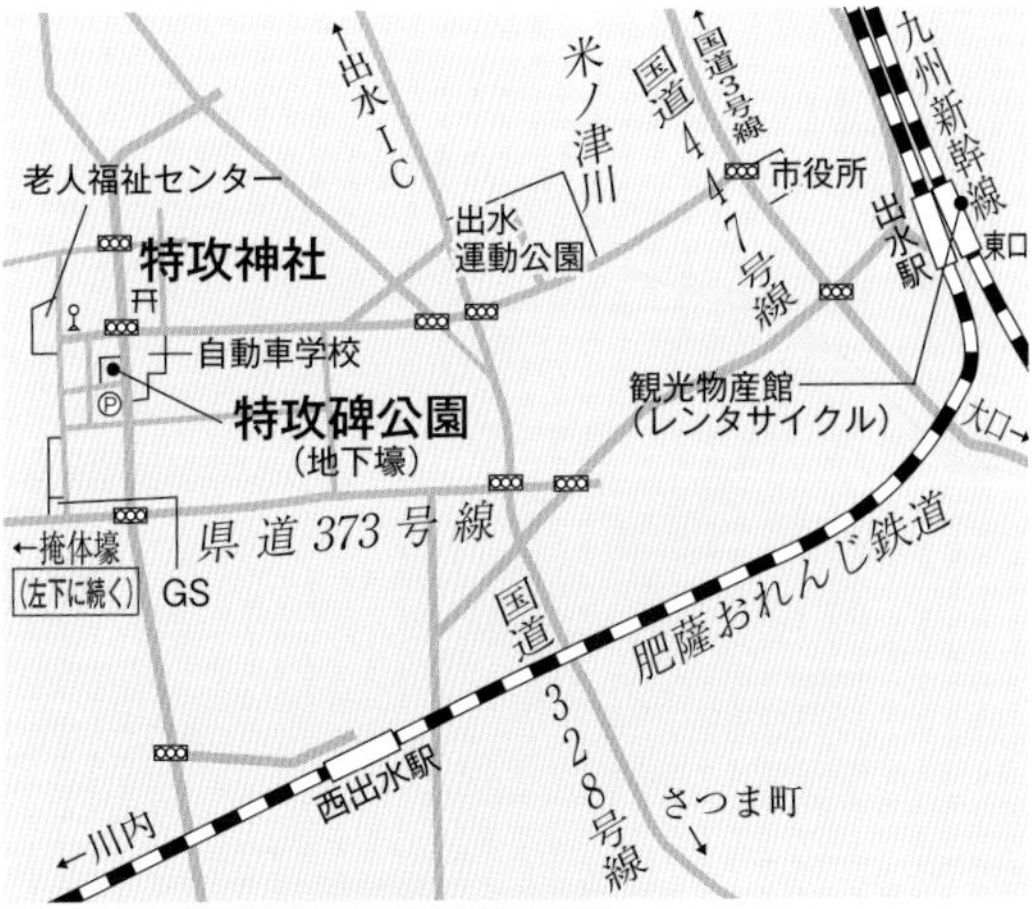

現在、飛行場の跡はまったくわからなくなっているが、関連する遺構は市内で数カ所に見受けられる。

出水市役所前から西に出水運動公園前を過ぎ、国道328号線を横切ると出水自動車教習所角の交差点に出る。ここを右折すると、すぐ右側に特攻神社がある。ここは元々航空隊の守護神として、基地内に鎮座していたが、終戦後は撤去され民有地となっていた。平成元（一九八九）年、その場所の宅地造成によって、かつての台座が発見されたため、崇敬者等が土地を買い取り、特攻神社として再建したものである。

境内には特攻隊員のブロンズ像、この基地への爆撃の犠牲になった隊員の慰霊碑、ここに移築された出水第二海軍航空隊の正門が設置されている。奥の社殿内には隊友への慰霊の短歌、社殿右側の覆い屋には特攻機の写真や資料が展示されているが、そのなかで、隊員の一人が描いた昭和二十年三月十八日の米軍機による基地空襲のスケッチ画が目を引く。空襲後の写真はよく見受けられるが、空襲最中の様子を描いたスケッチ画は珍しい。おそらく絵心のある隊員が、避難中に目に焼きついた風景を空襲後に描いたものであろう。

この特攻神社から交差点に戻り、道を少し南下すると特攻碑公園があり、道路に面して出水基地の地図が描かれた説明板が立てられており、かつての基地の様子がよくわかる。また、その先にはコンクリート製の衛兵塔があり、説明板には「衛兵塔　旧出水海軍航空隊の正面道路脇に設置され、基地の入口に衛兵が立哨し警戒をしたところです。衛兵塔の外壁には、爆撃による弾痕が残されています。出水市教育委員会」とある。衛兵塔を見ると確かに左上に爆撃による破損跡が残っている。また、公園設置の由来についての説明板もあり、「この公園は昭和四十三年に一部開設され、若き英霊を弔うために昭和三十五年に建立された特攻碑が、基地跡とともに昭和五十四年に特攻碑保存会（当時）から市に寄贈されて、現在の姿となっています」とある。

左に爆撃による破損跡が残る衛兵塔跡

　公園内に入ると、東西向きに人工の小山があり、両側にコンクリート製のアーチ型の出入口がある。その入口の説明板には「防空壕　この防空壕は、昭和十九年に開設された地下戦闘指揮所の地下壕です。空襲の激化に伴い、この境内から全ての戦闘指揮がなされま

地下戦闘指揮所跡入口

地下戦闘指揮所跡の地下壕は
反対側の出入口に通じている

した。壕の入口は四箇所ありましたが、その内二箇所は空襲により破壊されました」とある。

また、この地下壕見学については無料で、年中無休、開扉時間は午前九時から午後五時までである。

その地下壕の東側の出入口から手摺りつきの急な階段を降りると細長い通路があり、その奥にドーム状の戦闘指揮所がある。そこからまた通路を通り、階段を上がって反対側の出入口から出るようになっているが、通路・階段とも爆風を避けるためか、直角にカーブしている部分がある。

近海から引き揚げられた戦闘機のプロペラ

小山の上の覆い屋のなかには近海から引揚げられた戦闘機のプロペラが設置してあり、また、この小山の上や周辺に慰霊碑・記念碑が建立されている。そのなかに学徒出陣の経験のある文学者、故阿川弘之氏が特攻隊員の悲劇を描いた小説『雲の墓標』にちなんで建立された慰霊碑がある。そこには「雲こそわが墓標　落暉よ碑銘を飾れ」と、特攻隊員の心情を表した小説のなかの一節が刻まれている。

そのほか、この基地から出撃して戦死したす

毎年八重桜の季節には遺族を迎えて慰霊祭が行われている

べての兵士の名前が刻まれた「鎮魂　殉國之英霊」の慰霊碑、「出水海軍航空隊無名戦士墓」、「陸攻隊銀河隊出撃之地」の碑などがある。

この公園では、ソメイヨシノが満開になる三月末に桜祭りが開催されるが、八重桜が満開になる四月十六日には遺族を迎えて慰霊祭が行われる。会場には特攻隊員の遺影も飾られる。

筆者が訪れた時は八重桜が満開で、その下で近隣の住民らしい方々が宴会を楽しんでおられる、とても平和な風景であった。

この公園から、まだ掩体壕が残っているという大野原地区に向かったが、公園の前の道をさらに南下すると、高尾野町へ向かう県道373号線との交差点に出るので、ここを県道に右折する。

右手には出水ゴルフクラブのグリーンが広がっているが、ここにはかつて基地の滑走路があったところの一部である。その主滑走路は北西―南東向きで長さ一五〇〇メートル・幅五〇メートル、副滑走路は規模は不明であるが、ゴルフクラブ内を東西に延びていたようである。

県道をさらに進むと大野原バス停があり、そのすぐ先の右側の畑のなかに、二つの掩体壕が見える。そのうちの手前の掩体壕の前には、出水市教育委員会が立てた説明板があり、出水基地の説明文と航空写真が掲示されている。

また、見学者用の駐車場とトイレがあり、掩体壕の

すぐ近くまで行ける歩道も整備されている。

さらにここから少し離れた西側にコンクリートがむき出しの掩体壕があり、近づいてみると天井部に爆弾による穴が開いている。

見学用に設備の整えられた掩体壕（上）、そこから少し離れた場所には爆弾で穴のあいた掩体壕が残る（下）

【アクセス】

特攻神社・特攻碑公園

南九州自動車道出水インターより車で10分

出水市コミュニティバス「ふれあいバス」⇩老人福祉センター下車⇩徒歩5分

JR九州新幹線▽出水駅下車⇩徒歩45分

肥薩おれんじ鉄道▽西出水駅下車⇩徒歩30分

掩体壕

特攻碑公園より徒歩20分

南九州自動車道出水インターより車で10分

ふれあいバス▽大野原下車すぐ

肥薩おれんじ鉄道▽西出水駅下車⇩徒歩30分

JR九州新幹線▽出水駅下車⇩徒歩1時間

※「ふれあいバス」は本数が少なく、経路も複雑なため注意。出水駅よりタクシー利用の方がよい

※出水駅構内の観光特産品館「飛来里《ひらりん》」にレンタサイクルあり。要身分証明書

営業時間▼9：00〜17：00

料金▼ふつう自転車・シティサイクル4時間以内500円、1時間延長100円。クロスバイク4時間以内700円、1時間延長200円

TEL0996（79）3030

※自転車利用の場合、特攻神社・特攻碑公園まで25分、さらに掩体壕まで10分

天狗鼻海軍望楼台

薩摩川内市寄田町

薩摩川内《さつませんだい》市の西端、東シナ海に突き出た天狗鼻《てんぐばな》と呼ばれる岬に、日露戦争に備えた海軍望楼台が造られていた。

天狗鼻海軍望楼台入口

薩摩川内市中心街から県道43号線を川内川河口、川内原子力発電所を経由して、南国交通の寄《より》田新田《たしんでん》バス停まで来ると、「天狗鼻海軍望楼台まで一・五キロ」と書かれた標識があり、ここから右に舗装された林道を進む。峠を越えてしばらく行くと再び「天狗鼻海軍望楼台まで五〇〇メートル」と書かれた標識があり、望楼台の説明板も設置されている。

裏の高台から内部を見下ろすことができる

それによると、ここ天狗鼻は東シナ海の展望がよく、江戸時代には見張り台が置かれていた所で、日露戦争に備えて海軍望楼台が設置されたとある。現存するのはここと北海道宗谷岬の大岬旧海軍望楼台のみであり、竣工は明治三十三（一九〇〇）年で、海上監視、通信、気象観察などを行っていたようだ。

また、望楼台のイラストがあり、それによると奥行

望楼台の屋根は失われ壁は一部破損しているが、監視窓などの状態はよい

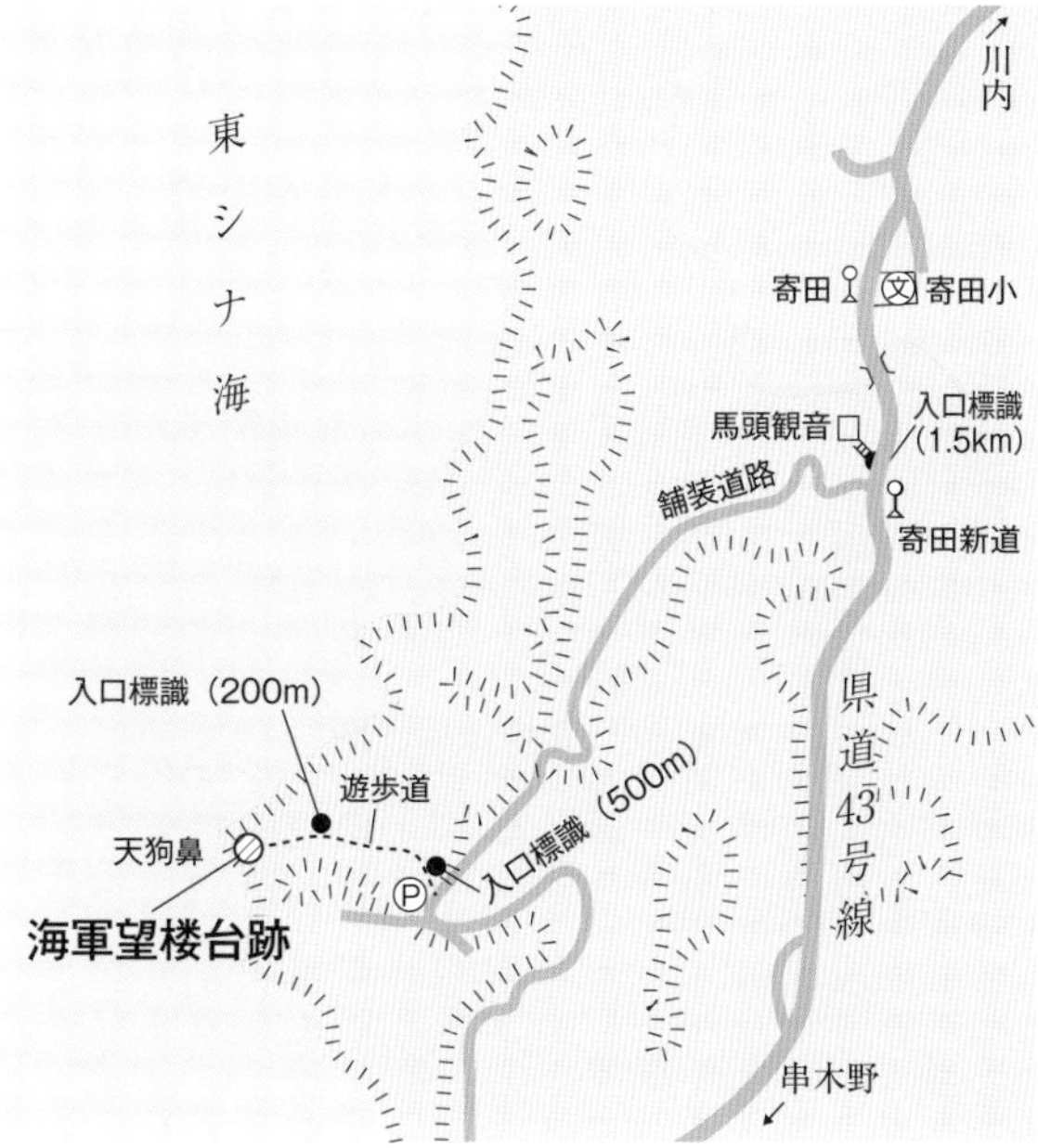

き四三六センチ、幅四三六センチ、高さ三一〇センチの大きさである。

ここから右手に海軍望楼台へ向かう遊歩道に入ると、遊歩道はよく整備されており、迷わないように赤ペンキの目印があり、危険な場所にはロープが設置されている。やがて「海軍望楼台まで一五〇メートル」という標識がある小平地に出るが、ここには望楼台に駐屯

天狗鼻は東シナ海の展望がよく、江戸時代にも見張り台が置かれていた

する兵士の宿舎があった。

ここからすぐレンガ造りの望楼が現れるが、その手前には教育委員会が建てた「薩摩川内市指定文化財天狗鼻海軍望楼台」の標識がある。

望楼台の屋根は失われ、壁の一部も破損しているが、アーチ状の入口も、監視窓もよく原型を留めている。

ここからは東シナ海が一望であり、ここに望楼台が建設された理由もよくわかる。行政と地元の方の努力で整備されたこの戦争遺跡、いつまでも保存されてもらいたいと思う。

【アクセス】
南九州自動車道薩摩川内水引インターより車で30分、遊歩道入口から望楼台まで徒歩10分（林道は普通車通行可。遊歩道入口先に駐車可）
南国交通バス▽寄田新田下車⇩望楼台徒歩まで40分（バスの便数が少ないので、事前に時間を調べる事）

溝辺上床運動公園内特攻慰霊碑

霧島市溝辺町麓

空を見上げる特攻隊員のブロンズ像と芳名碑

鹿児島空港から北西、上床《うわとこ》山の山頂部付近に、スポーツ公園・体育館・文化ホール・コミュニティセンターなどが設置されている、上床公園があるが、その一角に「慰霊の碑」と刻まれた台座の上で腕を腰に当てて、南方の空を見上げる特攻隊員のブロンズ像が建立されている。またその手前には戦死した特攻隊員の芳名が刻まれた石碑が設けられている。さらに、慰霊碑の近くの広場には慰霊の歌碑や、海中から引き揚げられた零戦のプロペラ、自衛隊から貸与されたT－34練習機なども置かれている。

海から引き揚げられた零戦のプロペラ

実はここから見下ろせる鹿児島空港は、昭和二十（一九四五）年二月に開隊した海軍の第二国分基地の跡

特攻隊員の慰霊の歌碑

地に昭和四十七年に開港したものである。そして、この基地からは特攻機一七一機、二一七名の特攻隊員が出撃し、帰らぬ人となった。この特攻隊員に関してはすぐ横の溝辺コミュニティセンター内に「特攻資料室」があり、第二国分基地の説明文とともに当時の滑走路・遺書を書く特攻隊員・別盃の様子・特攻機を見送る兵士たちの写真があり、また出撃した特攻隊員の遺影・遺品が並べられている。

【アクセス】
九州自動車道溝辺鹿児島空港インターより車で10分
南国バス▽水尻入口バス停・上床公園入口バス停から徒歩でも行けるが、便数が少ないため利用は難しい。鹿児島空港前からタクシーを利用したほうが良い。

【溝辺コミュニティセンター】
開館時間▼8：30〜22：00
休館日▼12月29日〜1月3日
入場料▼無料

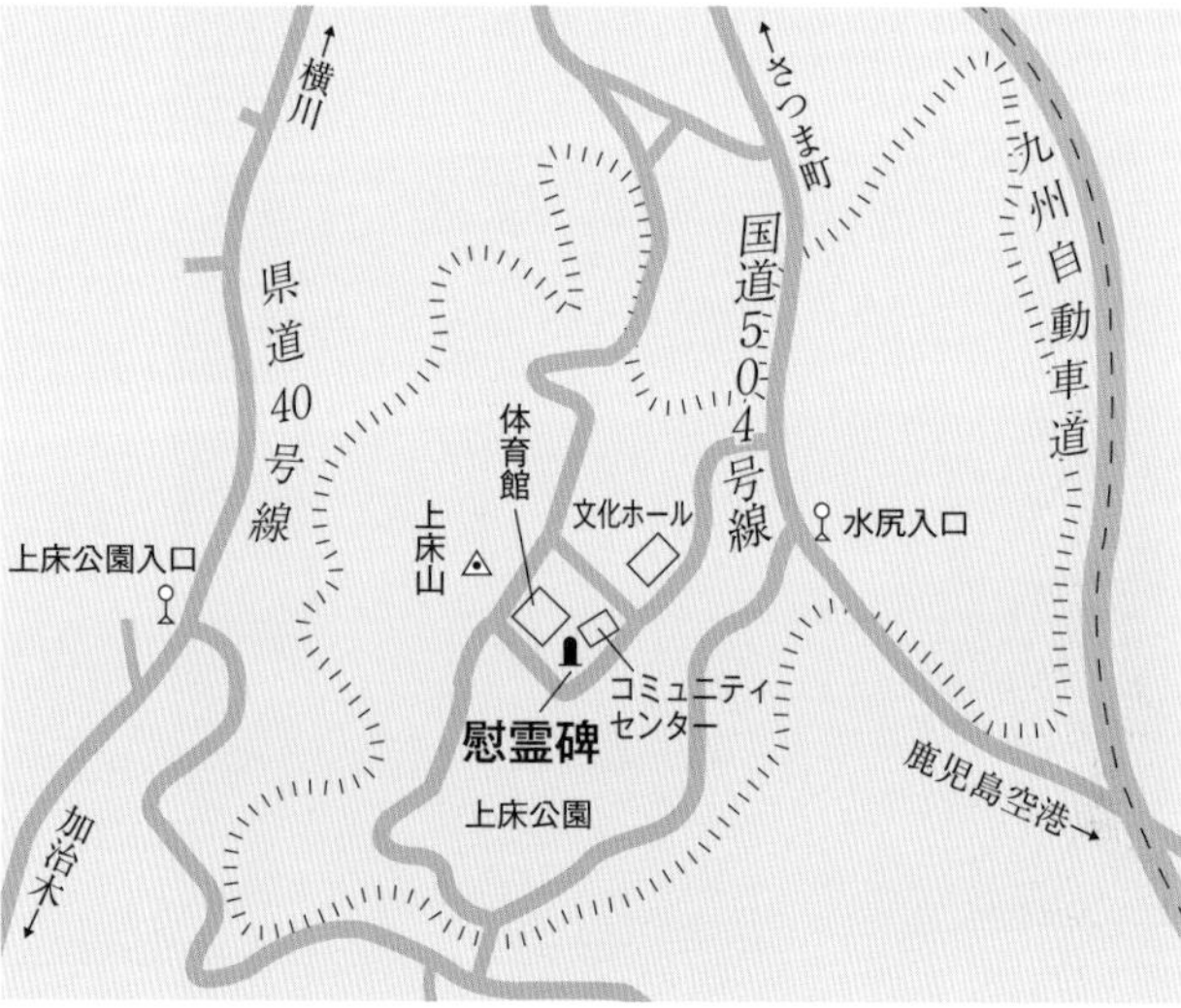

バレル・バレープラハ&GEN内 慰霊碑と特攻記念館

霧島市溝辺町麓

特攻隊員のレリーフが嵌め込まれた慰霊碑

前述の通り海軍第二国分基地の跡に鹿児島空港が造られたが、その鹿児島空港から九州自動車道を挟んで西側に「バレル・バレープラハ&GEN《ゲン》」（焼酎酒造メーカーによる焼酎とチェコビールのテーマパーク）があり、その施設を通り抜けた庭園内に特攻隊員の慰霊碑が建立されている。

慰霊碑には特攻隊員のレリーフ・慰霊の言葉・特攻隊員の芳名がはめ込まれており、横の建立趣意書には、この施設を造る際に基地の地下壕が発見されたことを契機に、山元正博社長が平成十四（二〇〇二）年に建立したもので、毎年八月十五日には社内で慰霊祭を行っていることや、当時の基地とその関連施設の配置図、また基地の様子や特攻隊員の写真などが掲示された説明板が設置されている。

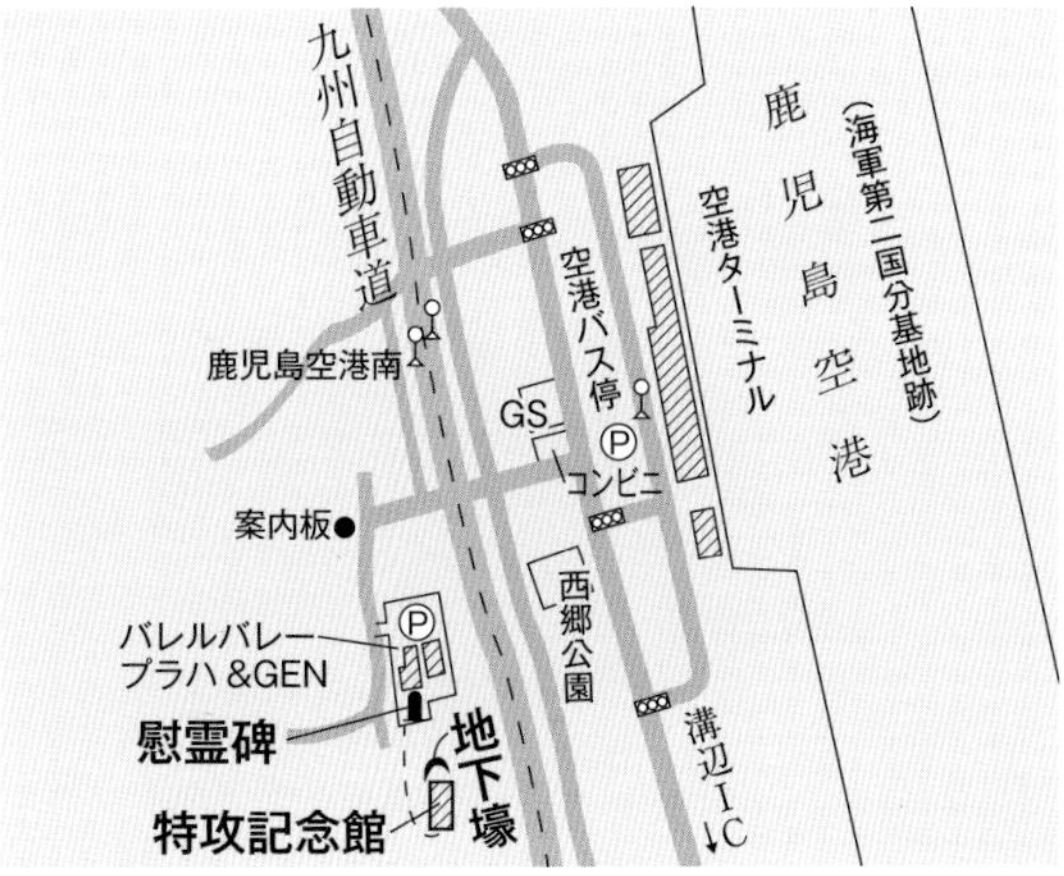

この慰霊碑から二〜三分坂道を下ると「十三塚原《じゅうさんつかばる》特攻記念館」があり、なかに入ると多数の特攻隊員の遺影が掲げられており、写真の下には氏名・階級・出身都道府県・出撃年月日などが書かれている。ほとん

酒造施設を造る際に発見された地下壕の入口

どの出撃が四月の沖縄方面であり、わずか十七歳の特攻隊員二名も含まれている。

またほかの特攻資料館と異なるところは、隊員の遺書以外に、特攻に異議を唱える司令官の言動、決意が揺るぎ苦悩する隊員や、生きて帰ってほしいと願う家族の心情、隊員が恋人に宛てた最後の恋文など、特攻隊員やその周りの人々の本音が表された説明文が掲示されていることである。

特に恋文については大分県立中津北高等学校の放送部員が直接元恋人の女性から取材し、第五十三回ＮＨＫ杯全国高校放送コンテストラジオドキュメント部門で優勝を果たしており、またこの女性も慰霊祭に訪れ献花されている。

また、この記念館の一番奥に祭壇があるが、その先の館外に酒造施設を造る際に発見された地下壕の入口が見える。鉄柵が設置されているため入ることはできないが、丘陵斜面に掘削された、断面が半円形のコンクリート製で奥行きは二〇メートルぐらい、崩壊防止のため鉄枠で補強されている。

「十三塚原特攻記念館」

慰霊碑も特攻記念館も地下壕保存も、山元社長の特攻隊員への慰霊と平和への熱意がわかるものばかりであり、ぜひ立ち寄っていただければと思う。

【アクセス】
九州自動車道溝辺鹿児島空港インターよりすぐ
高速バス▽鹿児島空港または鹿児島空港南下車⇩徒歩10分
【バレル・バレープラハ＆ＧＥＮ】
営業時間▼9：00～17：00
工場見学・特攻記念館入場料▼無料
TEL 0995（58）2535

指宿海軍航空基地跡

指宿市東方

指宿《いぶすき》の北東部にあった田良浜《たらはま》地区に海軍から基地建設と土地収用の要請があったのは、昭和十七（一九四二）年のことである。一三六戸の住民はわずかな移転費を受け取っただけで、三キロ離れた内陸部に移住させられたが、移住先の土地は劣悪で住民たちは大変苦労したといわれている。

指宿海軍航空基地は水上機専用の基地として昭和十九年一月に開隊し、主に索敵《さくてき》訓練や対潜哨戒《たいせんしょうかい》、船団護衛を行っていたが、昭和二十年四月からは沖縄方面への特攻基地となった。特攻機は九二式水上偵察機・零式観測機・零式水上偵察機に爆弾を取り付けたものであったが、重量がありスピードも遅く特攻機としては不向きであったという。この基地にも五月に米軍機による大規模な爆撃があり、百名を超える兵員が死亡し基地は壊滅状態となった。また、米軍機の機銃掃射により住民に死傷者が出ている。

現在この基地跡は野球場・陸上競技場・市民会館・休暇村・公園・キャンプ場などになっている。そしてその休暇村本館の左手の松林のなかに「田良部落跡」

指宿海軍航空隊基地の防空壕跡

入口は封鎖されている

の記念碑がある。これは昭和四十年に旧住民が建立したもので、碑文には八百年にわたる集落の歴史、終戦後旧住民に一部土地が返還されたが、昭和三十九年休暇村の建設用地となったと書かれている。この碑文のなかからはもとの集落に戻ることができなかった旧住民の悲しみが伝わってくるようだ。

現在基地があったことを示す唯一の遺構として「慰霊碑公園」がある。かつて基地の軍用道路の一部であった県道238号線を北上し、休暇村の前を少し進むと道路右側に「慰霊碑公園　指宿海軍航空基地跡入

「指宿海軍航空基地哀惜の碑」

口」の標識がある。ここから右手に歩道を進むと小山のようなものが見えてくる。これは基地の防空壕で、入口は柵で閉鎖されているが、壁がコンクリートで固められたトンネル式で、反対側まで貫通している。また、当時の基地の施設配置図も置かれている。

その横の階段を頂部まで上ると広場になっており、正面に「指宿海軍航空基地哀惜の碑」と刻まれた慰霊碑があり、三人の特攻隊員のレリーフが取り付けられている。碑文には「君は信じてくれるだろうか　この明るい穏やかな田良浜がかつて太平洋戦争の末期本土

最南端の航空基地として琉球弧の米艦隊に対決した日々のことを　拙劣の下駄ばき水上機に爆弾と片道燃料を積み見送る人とてないこの海から萬感をこめて飛びたち遂に還らなかった若き特別攻撃隊が八十八人にも達したことを　併せて敵機邀撃《ごうげき》によって果てた百有余名の基地隊員との鎮魂を祈ってここに碑を捧ぐ」と書かれている。

枕崎市沖合から引き揚げられたプロペラ

裏面には「戦いに生き残った者と心ある指宿市民によってこの碑を建てる　一九七一年五月二十七日」とある。そして、この碑の前で毎年海軍記念日にあたる五月二十七日に慰霊祭が行われている。

慰霊碑の右側には慰霊の観音像、さらにその右側にはプロペラが置かれている。昭和五十三年六月三日、枕崎市沖合の水深四〇〇メートルから引き揚げられたもののようだ。慰霊碑の左側には「指宿航空基地戦歿者及び殉職者」の芳名碑があるが、その出身地は全国に及ぶ。また基地の説明板があり、特攻隊員の遺書・特攻機の写真などが表示されている。この慰霊碑のある場所からは、彼らが飛び立った、今は静かで平和な鹿児島湾が一望である。

また、ここから北上したところにある田良岬と知《ち》林《りん》ヶ島の間は大潮の干潮時に砂州で繋がることで有名だが、その付け根の海中に、この基地の水上機の残骸がわずかに見えていた。これを保存しようという声もあったがついに破損し、消滅してしまった。現在残骸の一部は指宿市内にある指宿市考古博物館「時遊館《じゆうかん》CO《コ》CCO《コ》はしむれ」に収められているが非公開である。

【アクセス】
九州自動車道鹿児島インターから指宿市内まで車で1時間、指宿駅前から休暇村指宿まで車で10分、休暇村前に駐車場あり（田良部落跡碑・慰霊碑公園前には駐車場がないのでここに停める）
ここから徒歩で田良部落跡の碑まで3分、慰霊碑公園まで5分
鹿児島交通バス▽休暇村下車⇩徒歩は車の場合と同じ
※JR指宿駅構内の観光案内所に電動アシストレンタサイクルあり。休暇村まで25分
要身分証明書
営業時間▼9：00～17：00
料金▼2時間600円／4時間1100円／6時間1600円／1日レンタル2100円
TEL0993（22）4114

権現島水際陣地跡

志布志市帖

こんもりとした森のなかに権現島水際陣地跡がある

米軍は日本本土占領の一環として、鹿児島県の志布《しぶ》志《し》湾・吹上浜、宮崎県の宮崎海岸から上陸する「オリンピック作戦」を計画していたが、日本軍も本土決戦を見越して、これらの地域を要塞化し、大量の兵員を配置した。そのなかで昭和十九（一九四四）年九月頃から、志布志湾沿岸のシラス台地の崖面や前面の島に全長一六キロに及ぶ地下壕の建設が始まり、昭和二十年七月時点には八～九割が完成し、二千人を超える兵士が配置されていたという。

現在ほとんどそれらの地下壕の入口は閉鎖され、内部を見ることはできない。

「権現島水際陣地跡」が志布志地区で唯一間近に見る

権現島水際陣地の地下壕入口は封鎖されているが、柵越しに方形に掘削された内部が確認できる

ことができる地下壕である。ここに行くには志布志市街地を通る国道220号線を東に向かい、前川に架かる権現橋まで来ると、前川の左岸、JR日南線の鉄橋越しに小高い丘が見える。これが権現島で、かつては海岸から離れていたが、後の埋め立てで陸地と繋がったものである。橋を渡って右に志布志港へ向かう道に進み、JR日南線のガードを潜り、すぐ右手の小道に入ると防波堤に突き当たる。それに沿って川の下流に進むと、「権現島水際陣地跡入口　志布志文化財愛護会」の標識がある。

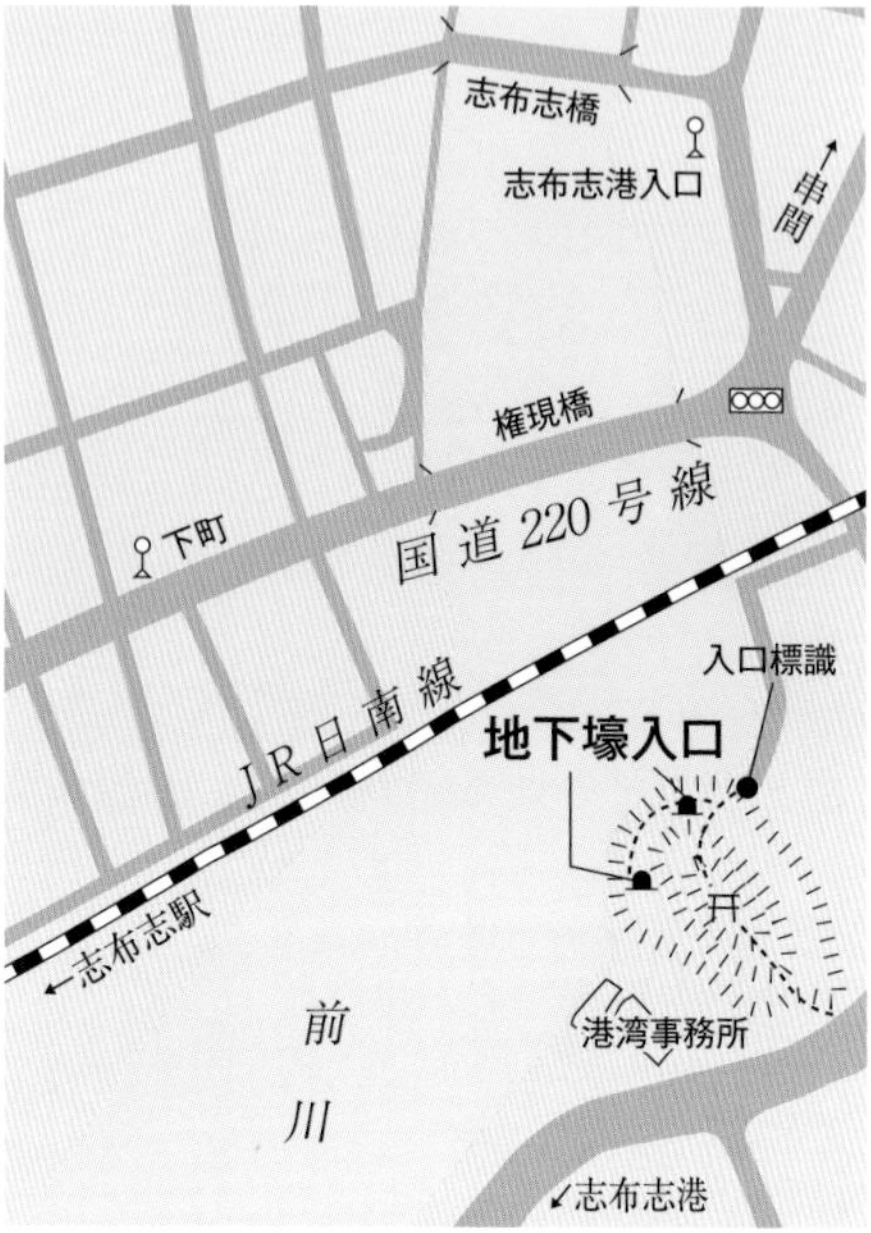

ここから右手の川沿いの小道に入ると、すぐ崖面を刳り抜いた地下壕の入口が見える。入口は木の柵で閉鎖されていてなかには入れないが、柵越しに方形に掘削された構造が確認できる。また、入口の右手には、防御用の銃眼が設置されている。この先の道を川沿いに進むと、奥の方がやはり木の柵で閉鎖されている地下壕の入口があり、さらに進むと銃眼とみられる方形に掘削された施設が見える。ここからは港湾事務所の建物が見えるが、そこからの出入りはできない。

【アクセス】
東九州自動車道曽於弥五郎《そおやごろう》インターより車で30分
鹿児島交通バス▽志布志港入口下車⇩徒歩5分
※JR志布志駅の観光協会に無料のレンタサイクルあり
要身分証明書
営業時間▼9：00～17：00
TEL 099（472）2224
※最初の地下壕入口から先の道は荒れているうえに、河岸の崖上をぎりぎりに通っているため、足元に注意すること。運動靴を用意したほうが良い

内之浦砲台跡　海蔵地区要塞跡

肝属郡肝付町北方海蔵

豊予要塞から移設された大砲が設置されていた内之浦砲台跡の入口

前述の通り志布志《しぶし》湾は、米軍上陸の想定地とされたが、志布志湾に突き出したここ内之浦海《かい》蔵《ぞう》地区にも、それに備えた要塞が数カ所建造された。そのなかで、よく整備され容易に見学できるのが、この「内之浦砲台跡」と「海蔵地区要塞跡」である。

　ここに行くには鹿《かの》屋《や》または志布志から、大隅半島東岸を「内之浦宇宙空間観測所」に向かう国道448号線に入る。肝属《きもつき》川を渡ったところから国道は志布志湾を見下ろす急峻な坂道となるが、海蔵地区に入ったところで、まず左手に昭和六十二（一九八七）年まで使われていた人工衛星追跡用自動追尾アンテナが見え、やがて右手の路肩に駐車場やトイレ、日本最初の人工衛星「おおすみ」のレプリカが設置されている「ふれあいパーク内之浦」がある。

砲台跡の内部

　その左隅に「米軍オリンピック作戦（志布志湾上陸作戦）に備えた内之浦砲台跡」の説明板があり、「この陣地の大砲は豊予要塞から移設したもので、昭和十九年九月から、九

内部が繋がった二連式トーチカ

州・中国地方の歩兵・工兵・砲兵などを動員して建造された」との趣旨の説明文が書かれている。そしてそのすぐ奥の崖下に頑丈なコンクリート製の砲台入口が見える。ここからは立入禁止であるが、外から覗くと内部は奥行きが一〇メートル以上あり、底部は水が溜まっている。壁と天井は湾曲状で、やはり頑丈なコンクリートで覆われている。

この内之浦砲台跡から国道448号線を少し進むと、海蔵のバス停があり、すぐ横に「海蔵地区要塞跡入口」の標識がある。ここから左折して海蔵集落に下る道に入る。道は狭いが舗装されていて普通車も通行できる。

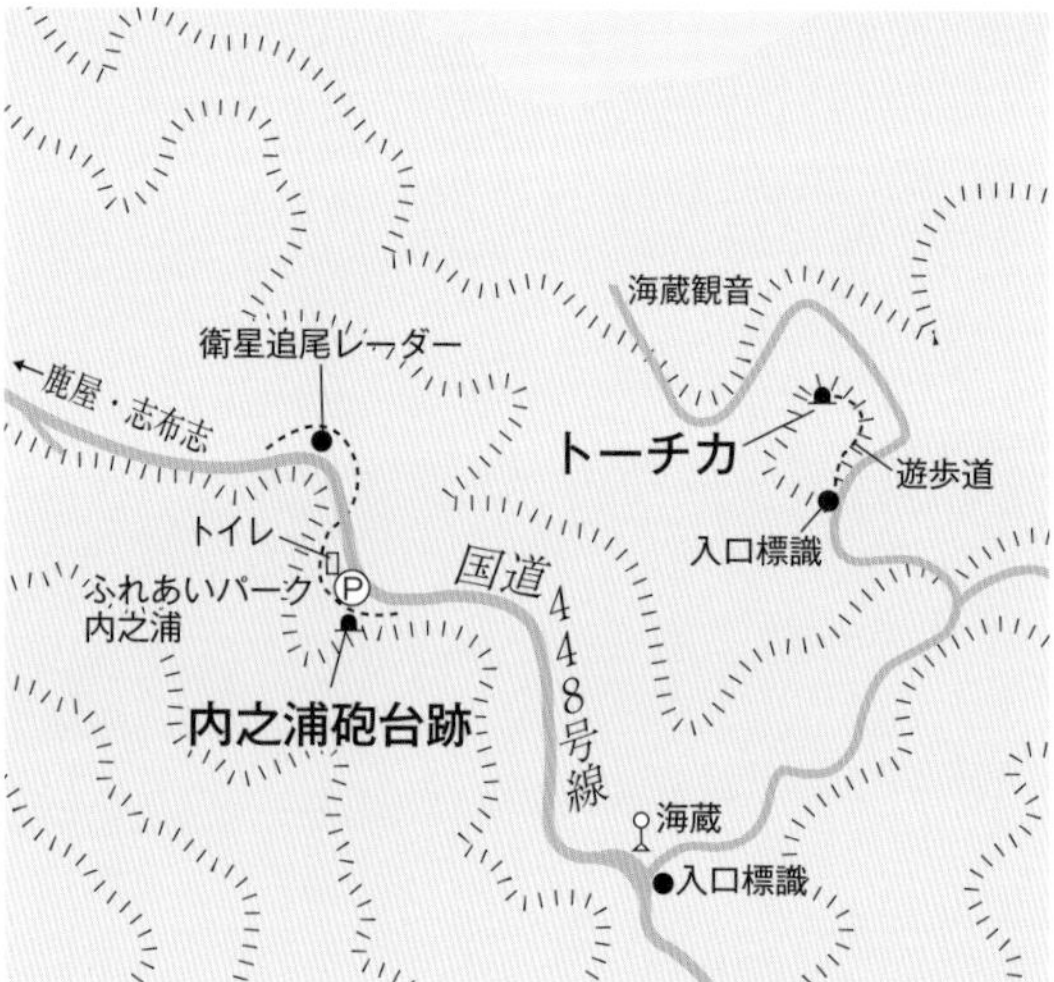

やがて大きな芭蕉の木が道路の両側に植えられている場所を通り過ぎると、左手にやはり「海蔵地区要塞跡入口」の標識があり、ここから左手の遊歩道に入る。遊歩道は丘陵斜面を登っているが、休憩用のベンチや木の階段とロープが設置されよく整備されている。遊歩道が終わると広場となっており、頂部が土で覆われ、地面すれすれに銃眼が開いた、右が大きく・左が小さい二連式のトーチカが現れる。

左手のトーチカ横から背面に回るとコンクリート製の入口があるが、立入禁止となっている。後ろの斜面上に登ることができ、トーチカの背面の様子がよくわかる。トーチカ前面に戻り狭い銃眼から覗いてみると、両方のトーチカとも強固なコンクリート製で、内部で繋がっており、機銃を設置したと思われるコンクリート支柱も見える。

トーチカの銃眼から内部が見える

横の説明板には「内之浦の海蔵集落の要塞跡」とある。それによると、本土決戦に備えて志布志湾両岸に軍事施設が構築された時に、海蔵集落一帯は戦略的価値が大きいため、砲台・機関銃座・弾薬庫・探照灯が設置されたようだ。この二連式トーチカ（機関銃座）は本体は幅約七・六メートル、高さ約三メートル、奥行き四メートル、内部は幅六・六メートル、高さ二メートル、入口は幅約一メートル、高さ約一・五メートルで、内部に口径七・七ミリ、全長一一九センチ、発射速度一分間六〇〇発の軽機関銃が設置されていたという。

このトーチカに行く遊歩道もよく整備され、トーチカやその周辺もきれいに草が刈られており、地元の方々の戦争遺跡を守ろうという心がよく伝わってくる。

【アクセス】

内之浦砲台跡

東九州自動車道笠之原インターより車で40分

鹿児島交通バス▽海蔵下車⇩徒歩5分

海蔵地区要塞跡

東九州自動車道笠之原インターより車で40分（遊歩道入口に若干の駐車スペースあり）

鹿児島交通バス▽海蔵下車⇩徒歩10分

※内之浦行きのバスは便数が少ないので事前に時間を調べておくこと

岩川海軍航空基地跡

曽於市月野大田尾・志布志市松山町西馬場

戦争末期、鹿児島の志布志《しぶし》湾岸は米軍の上陸が想定される地域として、海岸に要塞が築造されるとともに、その内陸部には本土決戦に備えた特攻基地が造られた。その一つが、現在の曽於《そお》市と志布志市にまたがる、岩川海軍航空基地である。平成の大合併により、曽於市となった旧曽於郡大隅町の『大隅町誌』（大隅町）によると、昭和十八（一九四三）年に海軍の担当者より、八合原《はちごうばる》と呼ばれていた台地に飛行場を造りたいとの申し入れが該当町村にあり、昭和十九年には土地を収用し、ただちに建設工事が始まった。それに付随して滑走路周辺には格納庫・掩体壕も造られたが、航空隊本部や兵舎・厨房・浴場・発電壕・通信壕などは、飛行場から丘陵地を隔てた東側の、大田尾地区や西馬場地区に設けられた。

深さ13メートルの地下発電所へ続く階段

そのなかで、発電壕・通信壕は現存し、地元の方の手によって整備・保存されている。まず発電壕であるが、地元西馬場に住んでおられた平田悦大さんが、自費で発電壕の場所を購入し、見学できるように整備されたものである。平田さんは二〇一九年に逝去され、現在は谷口和廣さんがその管理を引き継ぎ、発電壕横で「お食事処ふよう」を営んでおられる。

この発電壕・通信壕は、県道１１０号線の大田尾バス停と松山駅跡のバス停の中間を、少し東に入った住宅地内にある。通常入口は扉で閉鎖されているので、見学の際は事前に谷口さんへ連絡しておく必要がある。

なかに入ると手摺りが取りつけてある急な階段が地下深くまで続いており、そこを下まで降りると最大一・五メートルの分厚いコンクリートで覆われた、天井の高さ四メートル、広さ六〇平方メートルの地下室に着く。

発電壕内部。手前の穴は発電機を設置した跡

なかは照明が設置されており、その構造がはっきりわかる。また、壁には説明板がとりつけてあり、「地下発電所の深さ一三メートル　地下への降り口階段四十段　階段の傾斜は四五度の角度　地下壕内温度年間一五度」「ここの発電壕は発電機で電気を起こし三〇〇メートル先にある通信壕に送っていました」とある。ここの電力は地下ケーブルで北に三〇〇メートル離れた通信壕に送られていたとのことである。

また「壁は鉄不足のため竹筋を（孟宗竹を割って）使用してあります」とあるが、確かに壁面には丸い穴が規則正しく並んでいる。両側の壁には通風孔が、さらに地下室の奥にも通風を兼ねた出入口があるが、これらは閉鎖されている。

地下室中央の床面には発電機を設置した穴があるが、ここは湧水が溜まるため、水中ポンプで排水している。かつて平田さんは、この湧水が管理上の一番の悩みの種だと言っておられた。

この発電壕の電力が送られていた通信壕まで足をのばしたが、住宅地内の複雑な道で、案内なしではわからない場所であった。

発電壕は曽於市側にあるが、この通信壕は志布志市側の西馬場三区公民館の敷地内にある。敷地を囲むようにコンクリート製の地下通信壕入口が五カ所あるが、入口は埋められるか、コンクリートで閉鎖されている。

一番手前の入口には「旧海軍岩川基地芙蓉《ふよう》部隊使用の通信壕入口　岩川芙蓉会」と書かれた案内板が設置され、地下壕の推定図も添付されている。また、五つのうち一番南側の出入口の天井部分が高く、奥は埋められているが急傾斜で地下に降りている。おそらくこれがメインとなる出入口だったのだろう。

しかしよくここまで個人や地元団体の方の尽力で、戦争の遺構が残されてきたものだと感心しきりであった。その後大田尾のバス停に向かったが、このバス停からの道が、公民館に行くには比較的わかりやすい。

西馬場三区公民館の敷地内には通信壕入口跡が5カ所あり「岩川芙蓉会」によって管理されている

【アクセス】

発電壕・通信壕

都城志布志道路松山インターより車で5分

鹿児島交通バス▽大田尾下車、松山駅跡下車⇩徒歩いずれも5分

※発電壕見学は「お食事処ふよう」に事前連絡が必要

営業時間▼11：00〜15：00

TEL 099（479）4604

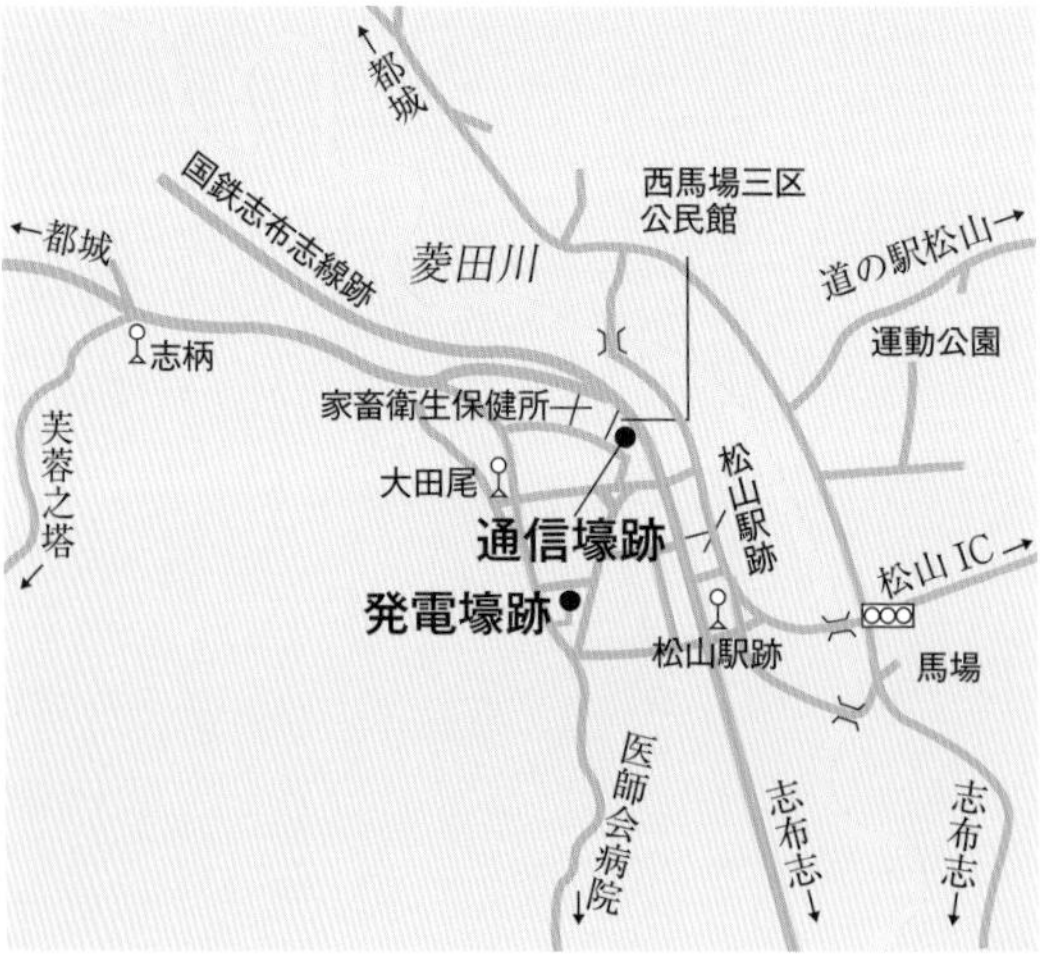

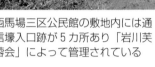

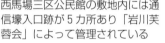

万世飛行場跡

南さつま市加世田高橋

薩摩半島の知覧《ちらん》特攻基地を知る人は多いが、もう一つの特攻基地「万《ばん》世《せい》飛行場」を知る人は少ない。国道3号線の市来《いちき》から国道270号線に入り、薩摩半島を南下、南さつま市の中心街加世田《かせだ》から右折して吹上浜《ふきあげはま》海浜公園に向かうと、まず飛行場の営門跡が見え、そこを右折してすぐのところに「万世特攻平和祈念館」がある。

「万世特攻平和祈念館」外観

　万世飛行場の跡は現在まったくその面影はなく、田園や吹上浜海浜公園・市の観光施設「ガンバリーナかせだ」・薩南病院などの敷地になっており、唯一前述の営門が残っているのみである。また、飛行場への人員への物資の輸送を行っていた南薩鉄道万世線は廃線後、サイクリングロード（りんりんロード）として利用さ

万世飛行場の唯一の遺物である営門

「万世特攻平和祈念館」に展示された零式水偵機の実物

れている。

この飛行場は不足する飛行兵養成のため、昭和十七（一九四二）年この地域を強制収用し昭和十八年に着工、地元の人々や動員学徒や朝鮮人労働者も使役して昭和十九年完成した。しかし昭和二十年三月には米軍の空襲により勤労奉仕者十三名、住民二十五名が亡くなっている。

この飛行場も戦争末期には特攻隊の発進基地となり、飛行場空襲の犠牲者を含め二〇〇名を超える隊員が帰らぬ人となった。戦後この飛行場は機密保持のために徹底的に破壊され歴史の上から消え去った。

しかしこの飛行場の特攻隊員だった人々が慰霊碑を建て、また全国にいる遺族から遺書や遺品を集め、平

成七（一九九五）年、旧加世田市と元隊員と遺族で結成した「萬世特攻慰霊碑奉賛会」の手により、「加世田市平和祈念館」、現在の「万世特攻平和祈念館」を開館した。令和三（二〇二一）年にリニューアルオープンし、図書室・会議室・ビデオ観賞ができる映像資料室が設置された。この館内の一階には近くの海中から引きあげられた零式水偵機の実物や、特攻機九九式爆撃機の模型が設置されている。二階には特攻隊員の遺書・血書・遺品・写真などが展示されている。

遺影の年齢を見るとほとんどが二十代前半の若者、なかには十七歳の少年隊員が五名もいる。また、子犬

を抱いてほほえむ特攻隊員の写真があるが、これは知覧基地のものではなく、ここ万世基地で撮られたものである。

知覧の「特攻平和会館」とともに、ぜひ寄っていただきたい施設である。

戦後、万世飛行場は機密保持のために徹底的に破壊され歴史の上から消え去ったが、その跡地に「万世特攻平和祈念館」が開館した。入口横には特攻慰霊碑が建てられている

【アクセス】

南九州自動車道市来インターより車で1時間、九州自動車道鹿児島インターより50分

鹿児島交通バス▽加世田ターミナル下車野間池行き、または南さつま市コミュニティバス（つわちゃんバス）に乗り換え、海浜温泉前下車すぐ（本数が少ないので加世田バスターミナルよりタクシーを利用した方がよい。徒歩の場合は50分ほどかかる）

※南さつま市観光協会（鹿児島交通バス合庁前下車すぐ）にレンタサイクルあり。

営業時間▼9：00〜17：00

料金▼2時間以内200円／1時間延長につき20円

TEL0993（53）3751

※ここから自転車で万世特攻平和祈念館まで25分。サイクリングロード入口はわかりにくいので観光協会にきくこと

【万世特攻平和祈念館】

開館時間▼9：00〜17：00

休館日▼年末年始

入館料▼大人310円／小中学生210円

TEL0993（52）3979

九州海軍航空隊種子島基地跡

熊毛郡中種子町増田

地下式の弾薬庫

種子島のほぼ中央部の東海岸に面する標高一〇〇メートル前後の牛《うし》之原《のはら》台地に、海軍航空隊の基地建設の要請と土地収用が始まったのは昭和十六（一九四一）年一月のことであった。住民の強制移転のあと、建設作業には種子島島民だけでなく屋久島からも大勢が徴用された。航空隊が開隊したのは昭和十九年十一月であったが、工事は続行され一本の滑走路も完成したが、昭和二十年三月には米軍の爆撃を受け破壊され、基地は利用されることなく終戦を迎えた。戦後はもとの住民に土地が返還され入植したが、滑走路跡は締め固められていたため耕作に苦労したという。

現在、航空基地跡には国立研究開発法人宇宙航空研究開発機構（ＪＡＸＡ）の宇宙通信所が建設され、その周辺は一面の畑地が広がっており、そのなかに基地

上・貯水槽
下・作戦室壕

の遺構が点在している。この遺構に関しては中種子《なかたね》町教育委員会・牛之原桜同志会（地元在住の元隊員の団体）・中種子火縄銃保存会が作成したイラスト入りのパンフレット「増田戦跡見聞録」が現地に配置されており、確実に基地の遺構を見て回ることができる。

ここに行くには県道75号線を中種子町増田の東海岸方面に向かう。増田の海岸部から牛之原台地に上がる手前の向井町地区から左の町道に入り少し行くと、まずコンクリートの貯水槽が現れ、その先の崖下に地下式の弾薬庫が口を開けている。なかに入ると壁はコンクリート貼りで、入口の説明板によると弾薬庫の大きさは高さ一・三メートル、幅約五メートル、奥行き一〇メートルとある。もとの県道に戻り台地に上がる少し手前の左側にコンクリートの建造物が見えるが、これは基地の作戦室跡である。

入口は崖下に設置され、爆風を避けるためか通路は直角に曲がって崖を掘削した地下式の作戦室に繋がっている。入口は扉が施錠され、十時から十七時までなかに入れるようになっているが、入口には内部の写真と説明文が掲示されている。それによると、基地内の

基地跡のシンボル「戸畑の煙突」

電探施設や防空砲台と連絡を取り、空襲時の指揮・発令をしたとある。

　ここからすぐ県道は台地に上がるが、道路脇に駐車場があり、そこから左に入ると基地跡のシンボルになっている「戸畑《とばた》の煙突」が立っている。レンガ造り

兵士用の浴槽跡

の六角形の煙突で、下に焚口があり、一辺が七五センチ・高さは一〇メートルであり、かつては鉄梯子も取り付けられいた。平成十八（二〇〇六）年町の文化財にも指定されている。

　説明板によると、基地の兵士の厨房や風呂場に湯を供給した「烹水所《ほうすいしょ》」とも言われているとある。実際煙突の場所の先には楕円形の浴槽が二つと、いくつかのかまど跡が残っている。またここでは軍の班長と三十五名の地元の男女が働いており、午前一時には起床し食事の準備をし、また国民学校や高等女学校の生徒が配膳をしていたという。

　ここから県道を少し進み右に入ると、土地返還後入植した人々の記念碑があり、移転前の集落の配置図も置かれている。また、コンクリート製のポンプ小屋があるが、説明板には基地が水源用として掘削した井戸を、入植者が生活用水として利用し改良しながら使い続けていたが、平成二十八年には水道が引かれ、今は農業用水として使用していると書かれている。

　ここからさらに県道を北上すると、左側に元海軍大佐・参議院議員であった源田《げんだ》實《みのる》氏が揮毫した「九州

海軍航空隊種子島基地之碑」が建立されている。また、この碑から左手に滑走路があったとされているが、今はサトウキビ畑となり、なにも残っていない。さらにこの県道沿いに未完成の滑走路があったとされているが、詳細は不明である。これらの遺構を巡ってみて、自治体や地元の方々によって、本当によく整備されていることに感心させられた。

かまどが設置された厨房などの建物跡

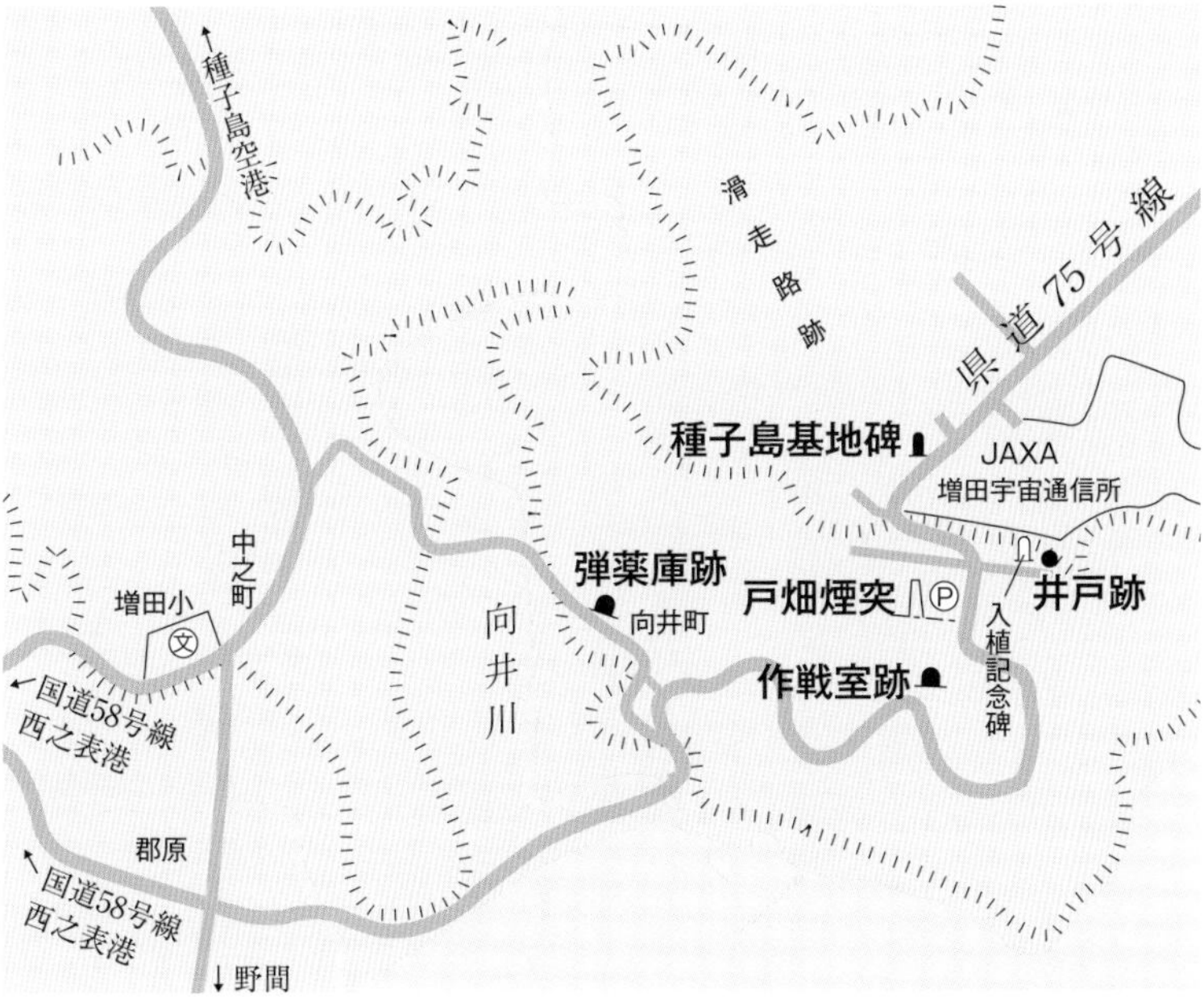

「九州海軍航空隊種子島基地之碑」

【アクセス】

種子島

飛行機▽鹿児島空港から種子島空港まで40分

船▽鹿児島本港南埠頭から西之表港までジェットフォイル1時間35分、フェリー3時間30分

種子島海軍航空基地跡

西之表港から車で45分、種子島空港から10分、中種子町中心街から10分

大和バス▽種子島空港から中種子町（野間）まで15分、西之表港から中種子町（野間）まで45分

※バスは日祭運休なので注意

※西之表港・種子島空港にレンタカー・タクシーあり

種子島空港・中種子町中心街からタクシー利用の場合

タクシー代は往復6千円程度、案内付きで1時間程度

※中種子町コミュニティバスは便数が1本で利用は難しい。徒歩の場合大和バス空港線大平からは7キロ、中央本線池之向からは8・8キロ、野間からは7・6キロの距離があり、2時間前後かかるので健脚の方以外は難しい。

戦争・平和資料館

能古博物館

福岡市西区能古

博多湾に浮かぶ能古島《のこのしま》の渡船場から北西の丘の中腹に「公益財団法人亀《き》陽《よう》文庫　能古博物館」がある。この博物館の前身は、昭和四十九（一九七四）年甘木市（現朝倉市）に設立された「亀陽文庫」であるが、平成元（一九八九）年この地に移転し、その後リニューアルを重ねて現在に至っている。

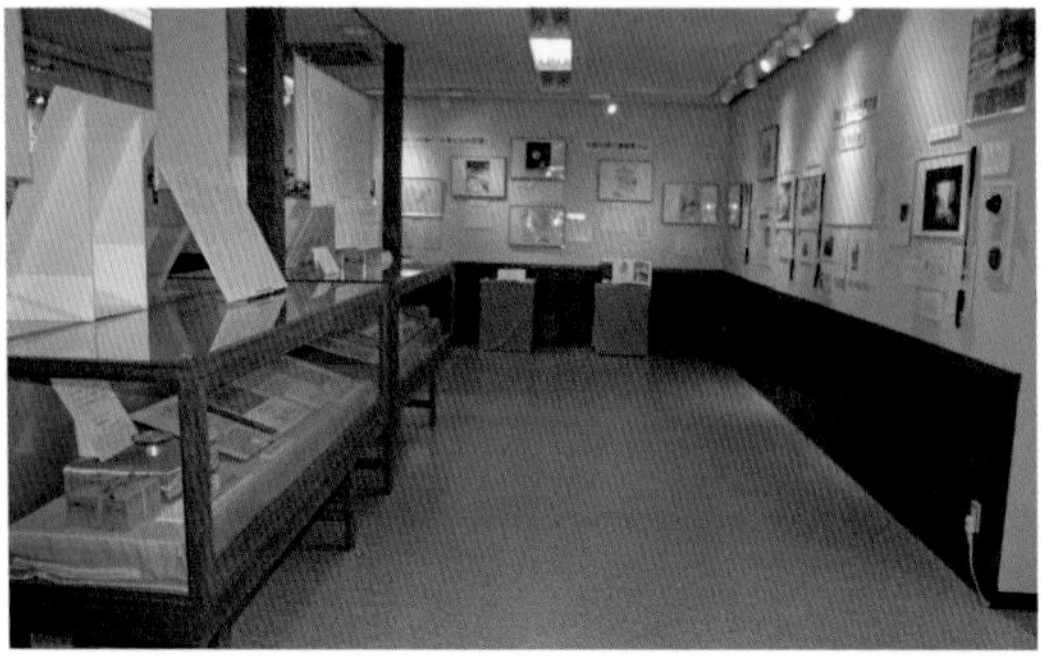

「能古博物館」別館の様子

当博物館の本館は、福岡藩の儒学者亀井南冥《かめいなんめい》とその後継者の資料、またこの島を拠点とし、日本全国に物資を運搬した「筑前五ヶ浦廻船」の資料や船の模型、ヨットで太平洋単独往復に成功した牛島龍介氏の資料と写真などが展示されている。

そして、この本館の左隣の別館二階に博多港引揚げに関する資料・写真が展示されている。そのきっかけになったのは、平成二十一年、現副館長で元朝日新聞記者の西牟田耕治氏が館の運営に関わってからである。西牟田氏は旧満州から母に連れられ、苦労して博多港に引揚げて来られた方で、その時引揚げ船の右舷に能古島が見えたことを覚えておられる。

西牟田氏は博多港が全国最大級の約一三九万人の引揚げ者を受け入れ、また約五十万人の中国・朝鮮半島への帰国者を送り出したにも関わらず、引揚げに関する記念館・資料館がない事ことに驚き、市民団体「引揚げ港・博多を考える集い」や「中国引揚げ漫画家の会」などの協力を得て企画展を開催した。また、その時の展示資料や写真・遺品などの提供を受け、ここに常設展示することになった。

主な展示品は博多港から中国・朝鮮半島に帰国する人たちの写真、大陸から引揚げて来る人たちの写真、「中国引揚げ漫画家の会」の森田拳次氏・上田トシコ氏・赤塚不二夫氏・ちばてつや氏のイラスト、引揚げ者から提供された衣服・リュックサック・各種証明書などである。しかし、その中で目を引くのは、旧満州で写真家の飯山達雄氏が撮影した、遺骨を抱く男装の少女の写真である。その二十四年後に飯山氏は、無事に帰国し今は二児の母となったその時の少女と奇跡的な出合いを果たし、にこやかな笑顔の写真を撮っている。

博多港引揚げに関する資料・写真が展示されており、「中国引揚げ漫画家の会」の森田拳次氏・上田トシコ氏・赤塚不二夫氏・ちばてつや氏のイラストもある

展示されたこの二つの写真は、本当に戦争の悲惨さと平和の尊さを物語っている。

　この博物館に行くには、バスを利用するより徒歩で向かった方が良く、各所に道標が設置されている。渡船場から左手に向かい、旅館・料亭などがある道を少し進むと、右手に曹洞宗永福寺に向かう道があり、石段を上がると能古島出身の戦死者の慰霊碑・海難者慰霊碑があり、寺の境内に至る。本堂横を左に上がると、立派に保存された福岡市文化財指定史跡「能古焼古窯跡」があり、すぐ目の前に博物館の建物が見える。なお、永福寺の石段を通らず、左側の車道を上がっても博物館に至る。

「能古博物館」外観

【アクセス】
西鉄バス▽能古渡船場行き終点下車渡船場まですぐ
能古島行き市営渡船で10分、渡船場から永福寺経由で徒歩10分、渡船場から博物館まで道標あり。または渡船場から西鉄バス乗車、能古学校前下車徒歩4分
一般車両の乗船は難しいので、渡船場横の専用有料駐車場に停めた方が良い

【能古博物館】
開館日▼毎週金・土・日・祝日（5月・10月は全日開館予定）20名以上の団体は連絡があれば平日も開館
開館時間▼10：00〜17：00
入館料▼大人400円・高校生以下無料
TEL092（883）2887

北九州市平和のまちミュージアム

北九州市小倉北区城内

「北九州市平和のまちミュージアム」外観

北九州市では永年「北九州平和資料館をつくる会」などの市民団体が、公営の平和資料館を建設するよう市当局に請願してきた。

これを受けて市側も「平和資料館のあり方を考える懇話会」を開設して建設計画を進め、平成四（二〇二二）年に四月十九日に「北九州市平和のまちミュージアム」を開館した。

館内に入るとまず、「戦前の北九州」のコーナーがあり、戦前の人々の暮らしの展示や、かつてここにあった小倉陸軍造兵廠のプロジェクションマッピングが見られる。

その隣には「広がる戦争と空襲」のコーナーがあり、戦災の資料・写真や実物大の焼夷弾の模型があり、手で触れたり持ち上げたりすることができる。

念願の「公営の平和資料館」が開館

またその奥には八幡空襲から小倉に投下する予定だった原爆搭載機の来襲までの、アニメーションによる三六〇度画面のシアターがある。
そして最後は「終戦の混乱と戦後復興」のコーナーがあり、入口に戻ってくることになる。

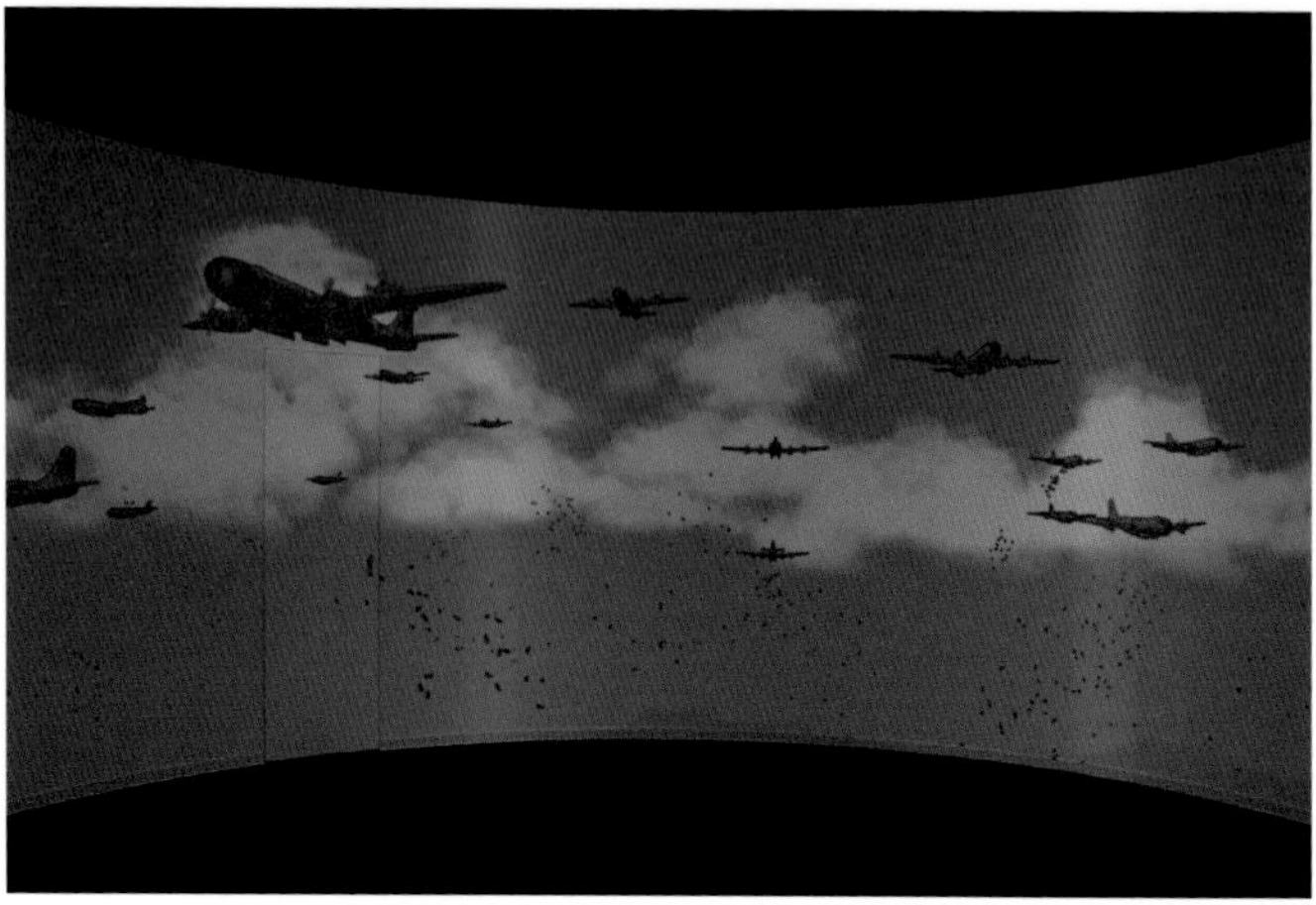
シアターでは八幡空襲の様子を360度アニメーションで上映している

展示品は焼夷弾の模型を除いて触ることはできないが、一部を除いて撮影は自由である。
このミュージアムは「松本清張記念館」から道路を挟んだ勝山公園の一角にあり、公園を訪れた際に立ち寄ってみてはいかがだろうか。

【アクセス】
北九州都市高速道路勝山インターより車ですぐ（ミュージアム前に駐車場あり）
JR▽西小倉駅下車徒歩10分

西鉄バス▽市立中央図書館・文学館前または小倉城・松本清張記念館前下車すぐ
【北九州市平和のまちミュージアム】
開館時間▼9：30～18：00
休館日▼月曜（祝日の場合は火曜日）、年末年始
入館料▼一般200円／中学生・高校生100円／小学生50円。ただし北九州市・福岡市・熊本市・鹿児島市・下関市在住の65歳以上の入館者は160円（居住地・年齢を証明するものが必要）
TEL 093（592）9300

北九州平和資料館

公営の平和資料館の設置を請願していた「北九州平和資料館をつくる会」が若松区で運営していた「北九州平和資料館」は、令和4（2022）8月末で閉館となるが、再開を目指して移転先を探している。

この資料館の展示品は、もともと当会の代表だった故古賀猛氏が自宅ビルの「北九州平和資料館準備室」に収集展示されていたもので、古賀氏の逝去と閉館に伴い、当会の方が展示物の散逸防止と市当局の正式な平和資料館建設を願って、一度市に寄贈したものである。市ではそれを受けて、平成16（2004）年に市の埋蔵文化財センター内に戦時資料展示コーナーを設けて一般公開した。しかし展示場所も限られ展示品も一部に過ぎず、当会では本格的平和資料館を請願していたが、市からは明確な計画が示されなかった。

そこで当会では当面私的な資料館を設立することとし、大変な努力の末、平成24年に「北九州平和資料館」を開館した。一方、市の方でも「平和資料館のあり方を考える懇話会」を開設するに至ったのである。

筆者も民間と公営、コンセプトの違う2つの平和資料館があれば理想であると思う。

移転先の情報などは当会のHPを参照のこと。

【北九州平和資料館】 https://kitakyushu-heiwa.com

兵士・庶民の戦争資料館

福岡県鞍手郡小竹町御徳

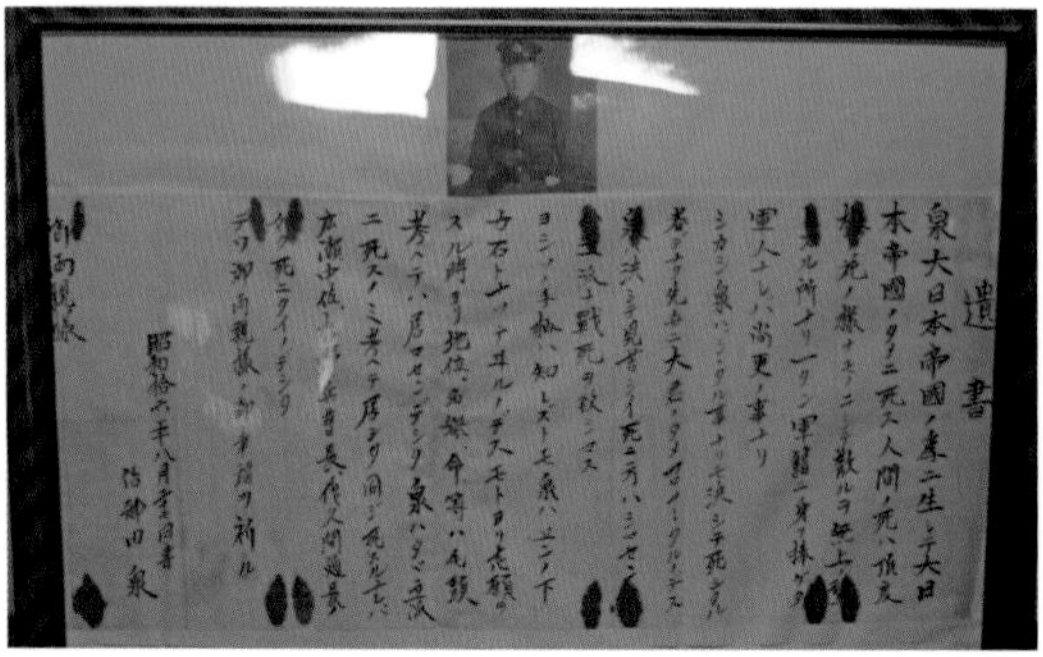
遺書

出征にむけて遺された遺書

JR筑豊本線小竹駅から国道200号線を北上、御《ご》徳《とく》大橋を渡ってしばらく行くと、資料館の案内板があるので、それに従って進むと左手の住宅地の奥にプレハブ建ての「兵士・庶民の戦争資料館」がある。

この資料館はもともとJR飯塚駅のやや南、旧忠隈《ただくま》炭鉱のボタ山の麓にあり、徴兵されてビルマ戦線に従軍した経験のある故武富登《と》巳男《みお》氏が、昭和五十四（一九七九）年、還暦を迎えたことを契機に、反戦平和の願いを込めて、自分や父・祖父の所有物、また知人・遺族などから寄贈された遺品を自宅に展示したのが始まりである。その後武富氏は平成九（一九九七）年に現在の小竹町に転居されたが、これらの展示物も一緒に持参し、自宅横に新たな

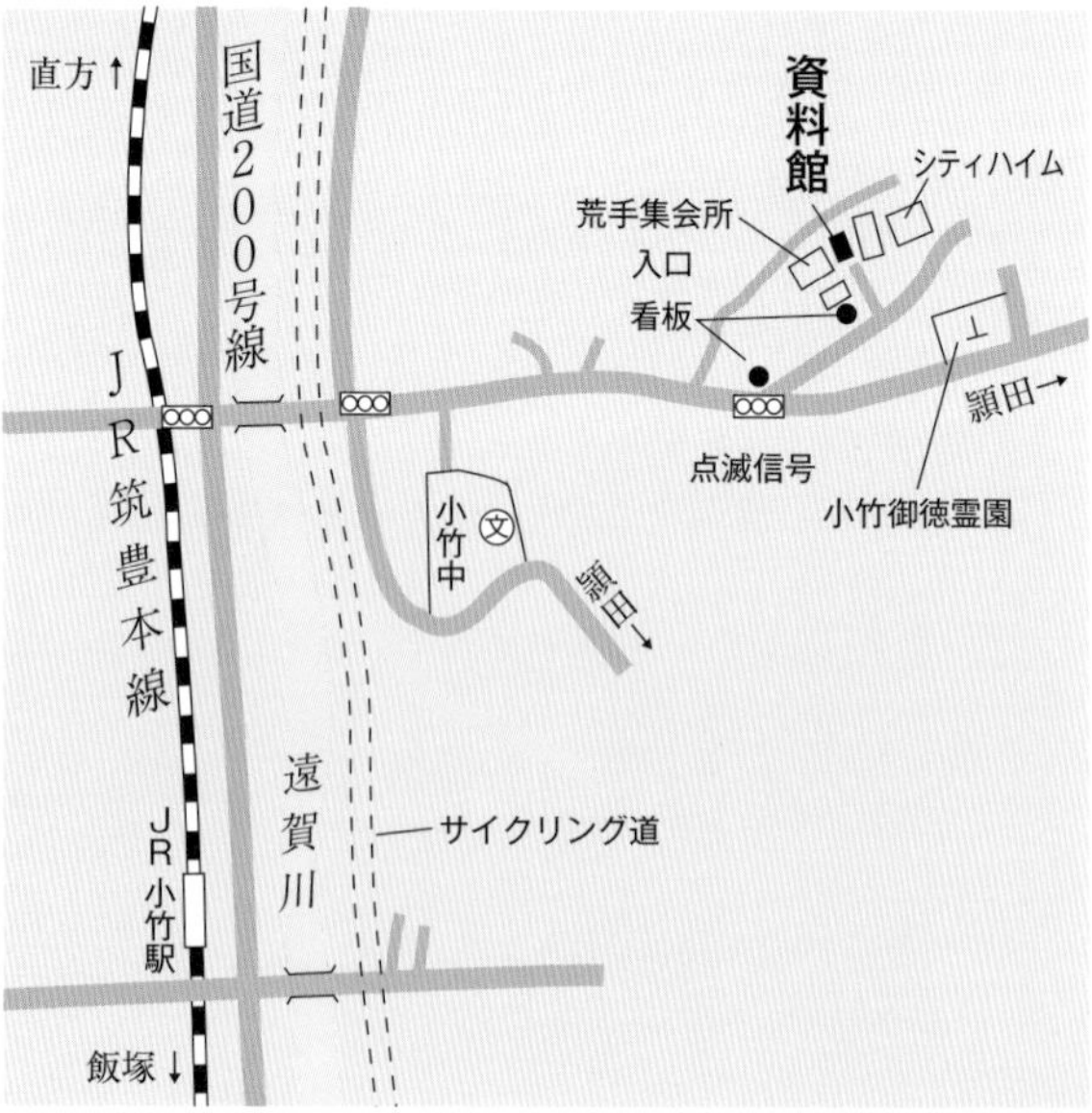

資料館を造って展示品の説明や、学校での平和教育をされてこられた。

しかし、平成十四年に武富氏が亡くなられ、資料館の存続も危ぶまれたが、妻の智子さんが夫の遺志を継いで館長となって資料館を運営され、また息子の慈海《じかい》さんが副館長として活動を手伝っておられた。令和元（二〇一九）年智子さんが亡くなられると、慈海さんが館長となり、資料館の運営と活動を行っておられる。

資料館に入ると陶器製の地雷や手榴弾、鉄かぶとや軍靴・軍服・外套などが展示されているが、特に供出された犬の毛皮を使った防寒具は注目に値する。また、壁には戦意高揚のポスターや、軍馬として徴用される愛馬と別れを惜しむ兄弟の写真などがあるが、その写真の兄弟も徴兵されて戦死したとの説明書きがある。そしてこれらの展示品は自由に手に触れたり、写真撮影ができる。

個人で運営している数少ない資料館。館長は講演活動も行っている

館長さんのお話では全国から見学者が来訪している、またテーマを決めた企画展や学校などでの展示品を持ち込んだ講演会も行っているとのことである。兵士・庶民と戦争の関係をテーマとした稀有な資料館をいつまでも存続してもらいたい。そして多くの人に訪問していただきたいと思う。

【アクセス】
国道200号線小竹駅前より車で5分
JR▽小竹駅下車⇩徒歩25分
【兵士・庶民の戦争資料館】
見学の際は事前に連絡が必要
TEL0949（62）8565
入館料▼無料

宇佐空の郷

大分県宇佐市江須賀

宇佐空《くう》の郷は宇佐海軍航空隊跡など宇佐市内の戦争遺跡めぐりの拠点として、航空隊正門跡に平成二十九（二〇一七）年四月に開館し、「宇佐海軍航空隊保存会」が管理している。建物は航空隊の司令部を模して建設され、建物の外には正門の門柱のレプリカが設置されている。建物内部に入ると、中央にはかつて宇佐市立柳ヶ浦小学校の敷地に保管されていた実物の正門が展示されている。また、壁面には現在も残る航空隊の遺構の場所が表示された航空写真地図・主な航空隊の遺構の写真と説明文などが掲示されている。

また、これらの遺構をまわるには、「うさんぽチャリ」と呼ばれるレンタサイクルを利用するのが便利で、受付でこれらの遺構とコースが載っている「宇佐サイ

「宇佐空の郷」外観

機銃掃射の跡が残るエンジン調整室跡

クリングマップ」がもらえる。このマップに従ってまわると、宇佐空の郷から比較的近いのが、耐弾式コンクリート建物（電信室か配水場か）・電信室・通信室・レンガ造り建物（落下傘整備所か）・エンジン調整室で、米軍機による機銃掃射の跡が残るものもある。少し南に向かうと米軍機の爆撃によってできた「爆弾池」があり、すぐ横の展望台から見下ろすこともできる。

　ここからさらに西に進むと宇佐市指定史跡の「城井《じょうい》一号掩体壕」があり、休憩所・モニュメント・特攻隊員の芳名碑などがある。

　この隣接地に平和資料館の「宇佐市平和ミュージアム」が建設される予定だが、完成時期は未定である。ここから北西方面に行くと中型掩体壕があるが、かなり離れているので、時間に余裕があれば行ってみよう。また、これらの遺構に向かうコースには道標が整備され、遺構の前には詳しい説明板がたてられている。

米軍の爆撃によってできた爆弾池（上）と通信室壕（中）。掩体壕（下）の内部には国東沖で引き揚げられた零戦のエンジンとプロペラがある

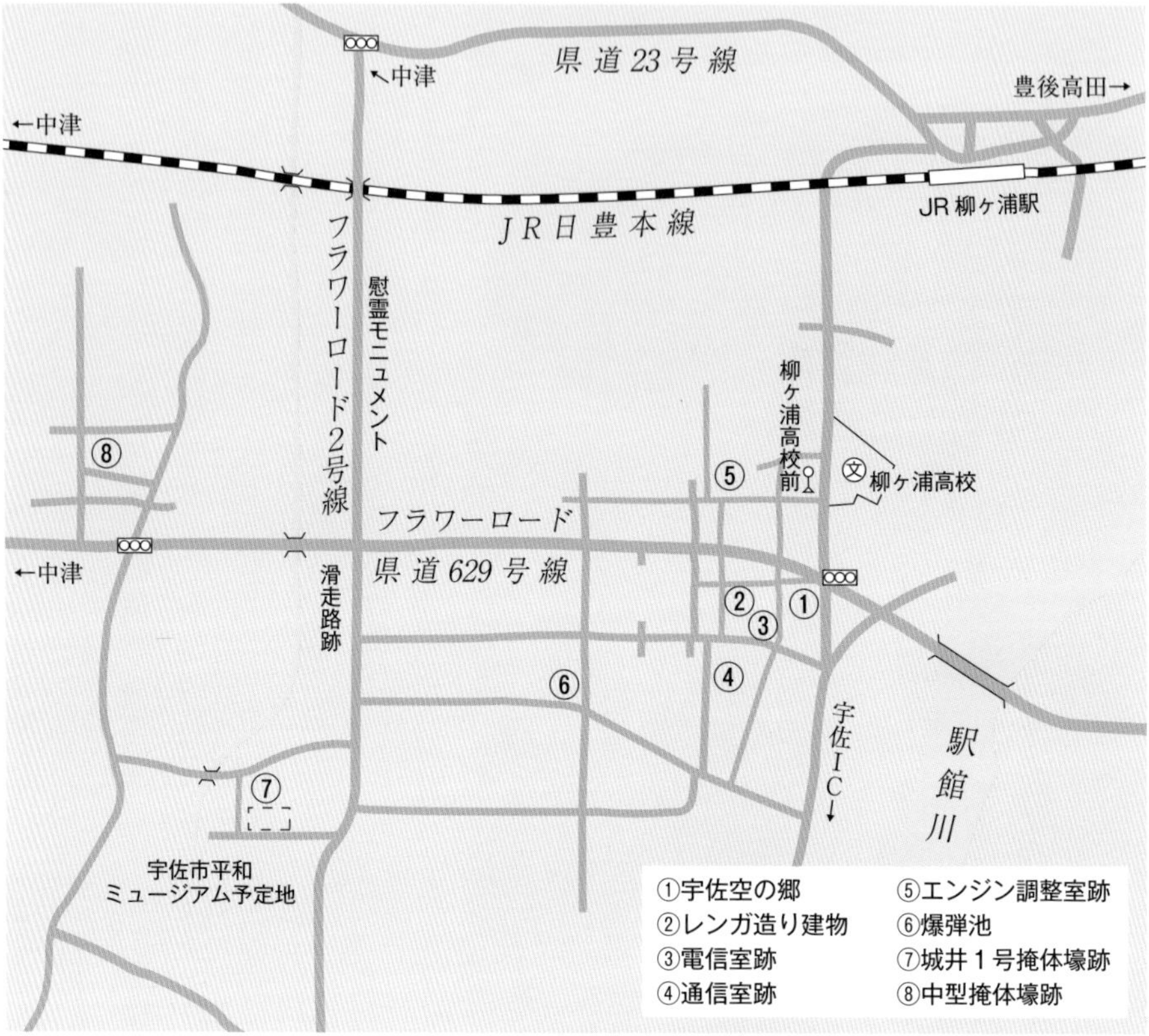

【アクセス】
東九州自動車道・宇佐道路宇佐インターより車で10分
ＪＲ▽日豊本線柳ヶ浦下車⇩徒歩20分
大分北部バス▽柳ヶ浦高校前下車⇩徒歩5分（便数が少ないので注意）
※レンタサイクルあり
営業時間▼9：00〜16：00
料金▼1日300円

【宇佐空の郷】
開館時間▼9：00〜17：00
休館日▼12月31日
入館料▼無料
TEL0978（58）3453

佐伯市平和祈念館やわらぎ

大分県佐伯市鶴谷町

佐伯海軍航空隊について詳しく知るには、その歴史や資料を集めて展示している「佐伯市平和祈念館やわらぎ」を訪問するのがよい。JR佐伯駅から国道388号線をまっすぐ東に向かい、日本文理大学付属高等学校の前を通ると、その先の右側に二階建てのレンガ色の建物が見えてくる。これが「佐伯市平和祈念館やわらぎ」で、平成九（一九九七）年に開館したが、その敷地はかつての航空隊の兵舎跡である。

入館すると順路が示してあり、まず二階から巡るよ

上・「佐伯平和祈念館やわらぎ」外観
下・裏の壁には零戦が描かれている

日本文理大学付属高等学校前の道路から移転された佐伯海軍航空隊の正門

「佐伯・ハワイ友好のネムの木の由来」碑（左）と「聯合艦隊機動部隊眞珠湾攻撃發進之地」碑（右）

うになっている。二階は「明治以降の世界と日本」と「佐伯と戦争」がテーマで、開隊当時の様子や航空隊での生活や真珠湾攻撃の写真、施設の模型、航空服などの軍装品などが展示されている。一階に降りると「戦争中から戦後までの庶民の暮らし」がテーマになっており、千人針・防毒面・防空頭巾・子どもたちへの「少国民」教育用品などもあり、そのなかでも航空兵型の貯金箱が目を引く。

館外中庭には佐伯湾で引き揚げられた航空機の残骸、日本文理大学付属高等学校前の道路から移転された航空隊の正門が置かれている。

祈念館の外は「野岡緑地ふれあい広場」と名づけられた緑地になっており、軍艦の錨のモニュメント、「聯合艦隊機動部隊眞珠湾攻撃發進之地」と刻まれた石碑が、佐伯の戦争遺構研究団体「歴進会」によって建立されている。その碑文には真珠湾攻撃までの経過と、戦死者への慰霊の言葉が書かれている。また、その近くには大きなネムの木が枝を伸ばしており、その横に

近海で引き揚げられ展示されている機雷。海中に投下すると船舶の接近に反応して爆発する

その由来を書いた石碑が建立されている。その前面には日本とアメリカの国旗と、その間で握手する図柄、英語の説明文が刻まれている。
　その裏面には「佐伯・ハワイ友好のネムの木の由来
昭和十六年十二月八日未明、日本機動部隊が真珠湾を攻撃しました。その時応戦したアメリカ軍人であった方々が、半世紀に及ぶ恩讐を超え、固く手を結びました。この木は機動部隊発進の地である佐伯市に、平和祈念館が建設されることを祝い、永遠の友好、友情を願い、平成九年十月二十四日に贈って下さったものです。　建碑　海原会会員　歴進会会員　赤松勇二」と書かれている。さらにこの緑地の南側を見ると野岡緑道の標識のある歩道が東西に続いているが、これは航空隊への引き込み線の跡である。

※「佐伯市平和祈念館やわらぎ」の地図は「佐伯海軍航空隊」を参照

【アクセス】
東九州自動車道佐伯インターより車で20分
JR▽佐伯駅⇩徒歩10分

【佐伯市平和祈念館やわらぎ】
開館時間▼9：00〜17：00
休館日▼月曜日（月曜が祝祭日の場合はその翌日）
12月29日〜1月3日
入館料▼大人300円／小中高生100円
TEL0972（22）5700

「野岡緑地ふれあい広場」に佐伯海軍航空隊関連の記念碑が並ぶ

豊砲台跡（長崎）

参考文献

※はパンフレット・リーフレット

参考文献の順番は、本編項目のページとほぼ同順

福岡県

川口勝彦・首藤卓茂『福岡の戦争遺跡を歩く』海鳥社、2010年

※立石武泰「ハカタ・リバイバル・プラン博多博物館」ハカタ・リバイバル・プラン、2001年

『県別マップル40福岡県道路地図』昭文社、2020年

『レトロマップシリーズ5　昭和23年、昭和36年の福岡と現在の福岡』塔文社、2004年

Y氏（山田孝之）『福岡の路上遺産』海鳥社、2016年

宮崎克則・福岡アーカイブ研究会『古地図の中の福岡・博多　1800年頃の街並み』海鳥社、2005年

毎日新聞西部本社報道部『写真でたどる福岡県の戦後75年』石風社、2020年

木村秀明『進駐軍が写したフクオカ戦後写真集』西図協出版、1983年

『最新実測福岡市街全図』高田弘陽堂、1908年

『最新実測福岡市街全図』弘陽堂書、1914年

『福岡市航空写真測量図東部西部』日本地形社、1945年

『最新福岡市地図』福岡協同社、1942年

『福岡市街地図』同潤社、1948年版・1958年版

木村文助『福岡市街地図』塔文社、1950年

アメリカ戦略爆撃調査団聴取書を読む会『福岡空襲とアメリカ軍調査アメリカ戦略爆撃調査団聴取書を読む』海鳥社、1998年

和白郷土史研究会編・刊、『和白郷土史ふる里のむかしわじろ』2006年

古賀幸雄『目で見る久留米・筑後・八女100年』郷土出版社、2001年

※池田拓「戦争遺跡保存全国シンポジウム熊本大会分科会レポート集　西戸崎飛行場跡の掩体壕群と誘導路」九州近現代考古学研究会、2019年

「西日本新聞」2020年6月21日「B29搭乗員を処刑した父戦争の業、私も背負う　息子の決意」

「毎日新聞」2020年8月26日「75年前の記憶ひっそりと　福岡・大島観光ににぎわう島に戦争遺跡」

弓削信夫『福岡県JR全線』葦書房、1993年

弓削信夫『明治・大正・昭和九州の鉄道おもしろ史』西日本新聞社、2014年

弓削信夫『福岡鉄道風土記』葦書房、1999年

飯田則夫『図説日本の軍事遺跡』河出書房新社、2004年

久門守『保存版北九州の今昔下巻』郷土出版社、2010年

小野逸郎『改訂版北九州の戦争遺跡』北九州平和資料館をつくる会、2016年

『最新刊北九州市小倉』（地図）同潤社、1996年

北九州市の文化財を守る会『北九州市歴史散歩　豊前編』海鳥社、2019年

柏木實・時田房恵他『北九州を歩く街角散歩から日帰り登山まで全100コース』海鳥社、1999年

五十嵐賢『福岡県の山(分県登山ガイド)39』山と渓谷社、2016年

『日鉄二瀬六十年史』日鉄鉱業株式会社二瀬鉱業所、1959年

飯塚市史編さん委員会『飯塚市史中巻・近世・近現代』飯塚市、2

016年
古野日出男『桂川町誌』桂川町、1967年
「西日本新聞」2018年10月10日「『家入荒男さん』情報求め米国人遺族12日桂川町へ」
「西日本新聞」2018年10月14日「元捕虜の遺族桂川町訪問米国人のジェームズ・ライトさん『家入荒男さん』捜し意見交換」
久留米郷土研究会『語り継ごうよ久留米人の戦争を』久留米市、1996年
カメラがとらえた久留米市の100年実行委員会『カメラがとらえた久留米の100年』久留米市教育委員会、1998年
※田所寛和「第3回　空襲・戦災・戦争遺跡を考える九州・山口地区交流会報告集　知られざる『軍都・久留米』の実像を探る－フィールドワーク報告」2016年
「西日本新聞」2014年7月26日「戦後70年へ『軍都』の駅謎の六芒星JR南久留米　兵士出征の拠点「無事で」魔除け？に願い」
「西日本新聞」2021年1月22日「頑丈な石室弾薬庫や防空壕に戦時中の重定古墳と楠名古墳　うきは市」
『福岡県の戦争遺跡　福岡県文化財調査報告書第274集』福岡県教育委員会、2020年
『最新大久留米市街地図』和楽路屋、1928年

佐賀県

鳥栖市史編纂委員会『鳥栖市史』鳥栖市、1973年
鳥栖市教育委員会『鳥栖市誌第4巻近代・現代編』鳥栖市、2009年
「西日本新聞」2018年7月12日「『鳥栖空襲』なぜ狙われた？　終戦直前に3波の攻撃死者119人戦禍をたどる」
佐賀市史編さん委員会『佐賀市史第4巻近代編大正・昭和前期』佐賀市、1979年
※高校生平和大使・川崎花笑（鹿島高校2年・当時）鹿島高校生徒会「学徒動員等による佐賀県立鹿島高等女学校及び鹿島立教実業学校の戦没者追悼会」2020年
「毎日新聞」2020年10月16日「『友よやすらかに』空襲の犠牲の女学生　佐賀の高校生が27年ぶりに追悼式」
安本末子『にあんちゃん十歳の少女の日記』光文社、1959年
嶋村初吉『九州のなかの朝鮮文化』明石書店　2019年
※川原浩心「浄土宗荘厳山光明寺　大鶴炭鉱供養塔が語り続けるもの」浄土宗光明寺

長崎県

『県別マップル42長崎県道路地図』昭文社、2020年
井上晋・山野辺捷雄『新・分県登山ガイド41長崎県の山』山と渓谷社、2005年
戦争遺跡保存全国ネットワーク『戦争遺跡から学ぶ』岩波書店、2003年
池田和博『させぼの歴史を歩く』ライフ企画社、1996年
※佐世保観光コンベンション協会「海軍さんの散歩道」
西海町教育委員会『西海町郷土誌』西海町、2005年
「長崎新聞」2021年8月26日「古里の歴史を掘り起こし　特攻艇の中継基地　野母崎地区の樺島」
「長崎新聞」2020年10月5日「水上特攻艇『震洋』の格納壕確認　長崎・牧島の基地跡で計11　地元の郷土研究会『平和学習で活用を』」
『分県登山ガイド41長崎県の山』山と渓谷社、2017年
「西日本新聞」2018年5月28日「帰郷待つ遺骨壱岐へ　戦後引き揚げ中海難朝鮮人131人分　供養続ける住民31日に法要」

厳原町誌編集委員会『厳原町誌』厳原町、1997年
美津島町誌編集委員会『美津島町誌』美津島町、1978年
豊玉町誌編纂委員会『豊玉町誌』豊玉町、1992年
上対馬町誌編纂委員会『上対馬町誌』上対馬役場、1985年
※「対馬全島要塞マップ・対馬の砲台一覧表」対馬観光物産協会
※「国指定特別史跡　金田城跡」対馬市教育委員会

熊本県

『県別マップル43　熊本県道路地図』昭文社、2020年
※「荒尾二造近代化遺産東京第二造兵廠荒尾製作所の戦争遺跡」(「荒尾二造サイクリングルートマップ・ウォーキングルートマップ」近代化遺産荒尾二造変電所等をいかす市民の会、NPO法人大牟田・荒尾炭鉱のまちファンクラブ、三池炭鉱掘り出し隊)
髙谷和生『くまもとの戦争遺産　戦後75年平和を祈って』熊日出版、2020年
※「くまもと戦争遺産ガイドマップ」くまもと戦争遺産・文化遺産ネットワーク
※「山の中の海軍の町にしき　ひみつ基地ミュージアム　人吉海軍航空基地跡」錦町立人吉海軍航空基地資料館
※「シンポジウム　山の中の海軍のまち～熊本県錦町の戦争遺跡をどう生かすか～」熊本県錦町、九州経済調査協会、西日本新聞社2020年
本渡市史編さん委員会『本渡市史』本渡市、1991年
玉名市史編纂委員会『玉名市史資料編Ⅰ絵図・地図』玉名市、1992年
玉名市立歴史博物館こころピア『玉名市史　通史篇下巻』玉名市、2005年
※「熊本県玉名市大浜飛行場　伝えたい戦禍の記憶と平和への想い」くまもと戦争遺跡・文化遺産ネットワーク
菊池市史編纂委員会『菊池市史下巻』菊池市　1986年

大分県

『県別マップル44　大分県道路地図』昭文社、2017年
神戸輝夫『おおいたの戦争遺跡』大分県文化財保存協議会、2005年
平田崇英・松木郁夫『宇佐航空隊の世界』Ⅰ・Ⅱ・Ⅲ、豊の国宇佐市塾、1991・1992年
宇佐高田「戦後50年」平和を願う記念行事実行委員会・平和読本編集委員会編・刊『掩体壕の残るまち―平和な21世紀を求めて―第一集』1996年
日出町役場『日出町誌本編』日出町役場、1986年
佐賀忠男『ドキュメント戦後史別府と占領軍』「別府と占領軍」編集委員会、1981年
大分市史編さん委員会『大分市史』大分市、1988年

宮崎県

『県別マップル45　宮崎県道路地図』昭文社、2019年
福田鉄文『宮崎県の戦争遺跡旧陸・海軍の飛行場跡を歩く』鉱脈社、2010年
延岡市史編さん委員会『延岡市史下巻』延岡市、1983年
※「八紘一宇」の塔を考える会「第23回戦争遺跡保存全国シンポジウム熊本大会資料　宮崎県の戦争遺跡」2019年
※永益宗孝「第7回空襲・戦災・戦争遺跡を考える九州・山口地区交流会北九州集会資料　日米資料でみる1945年5月2日島野浦空襲について―硫黄島からの米海軍陸上機による空襲―」2020年

「朝日新聞」2021年8月1日「戦争遺跡『掩体壕』を公開　宮崎　平和教育の題材としても注目」

鹿児島県

『県別マップル46　鹿児島県道路地図』昭文社、2020年

南日本新聞社『記憶の証人かごしま戦争遺跡』南日本新聞開発センター、2011年

溝辺町郷土誌編集委員会『溝辺町郷土誌』溝辺町長有馬四郎、1973年

「毎日新聞」2016年8月27日「波間の『戦争遺跡』鹿児島・錦江湾の砂州」

「西日本新聞」2020年10月31日「本土決戦死が待つ防衛網　1945・11・1米軍上陸想定志布志湾岸地下壕16キロ　住民総出の九州防衛陣地構築武器竹やり」

※「中種子町文化財資料」中種子町立歴史民俗資料館、2016年

※「増田戦跡見聞録　九州海軍航空隊種子島基地跡」中種子町教育委員会社会教育課文化係、牛之原桜同志会、中種子火縄銃保存会

九州複数県にまたがる資料

砂田光起『九州遺産近現代編101』弦書房、2005年

山本光『別冊歴史読本　旧軍史跡現代に遺された戦争遺跡』新人物往来社、2009年

全国交流集会九州委員会『九州の強制連行全国交流集会九州編』、1997年

十菱駿武・菊池実『調べる戦争遺跡の事典』柏書房、2002年

十菱駿武・菊池実『続調べる戦争遺跡の事典』柏書房、2003年

歴史教育者協議会『新版平和博物館・戦争資料館ガイドブック』青木書店、2000年

平岡昭利『九州地図で読む百年』古今書院、1997年

松本達雄・野田光雄・宮久三千年『日本地方地質誌九州地方』朝倉書房、1970年

戦争遺跡保存会ネットワーク『保存版ガイド日本の戦争遺跡』平凡社、2004年

太平洋戦争研究会『戦争遺跡を歩く』ビジネス社、2006年

戦争・平和資料館

※「創館30周年記念誌　博多湾物語」公益財団法人能古博物館

※「20世紀を悼む　北九州平和資料館」北九州平和資料館をつくる会

参考ホームページ

福岡県

上呉服町に今も残る戦争の爪痕／スマイルプラザ　https://www.smileplaza-chintai.jp/contents/welove/254.html

壱岐要塞探訪⑥～小呂島砲台／戦争遺跡に行ってみた。～山口県の戦争遺跡　https://ameblo.jp/mango2-100822/

大島（洞窟）砲台　https://www7.big.or.jp/~father/fortress/kanmon/ooshima/ooshima2.html

POW研究会　http://powresearch.jp/jp/index.html

長崎県

鎮守府　横須賀・呉・佐世保・舞鶴／日本遺産ポータルサイト　https://japan-heritage.bunka.go.jp/ja/stories/story035/

戦争遺跡・遺構・長崎県　https://www.pref.nagasaki.jp>13747

15308.pdf
壱岐要塞探訪⑩〜生月砲台（前編）／戦争遺跡に行ってみた。〜山口県の戦争遺跡　https://ameblo.jp/mango2-100822/entry-12640350182.html
面高砲台　https://topposaku.sakura.ne.jp/omodaka-houdai.html
佐世保要塞ー石原岳砲台・面高砲台・琴平神社防空砲台／京都大学戦争遺跡研究会　https://senseki.kyotolog.net
虚空蔵山　防空砲台　http://www17.big.or.jp/~father/aab/sasebo/kokuzou/kokuzou.html
野母崎樺島の戦中記録　昭和38年長崎新聞から／みさき道人〝長崎・佐賀・天草ｅｔｃ．風来紀行〟　https://misakimichi.com/archives/325
発見！　長崎の歩き方「もうひとつの夏　特攻基地・牧島」／長崎ｗｅｂマガジン　ナガジン！　http://www.city.nagasaki.lg.jp/nagazine/hakken1208/index1.html
黒崎砲台跡／スポットー体験ー【公式】壱岐観光ナビ　https://www.ikikankou.com/spot/10104
ながさき旅ネット　https://www.nagasaki-tabinet.com
島旅の魅力ーＯＲＣオリエンタルエアブリッジ　orc-air.co.jp>trip
エヌの世界　対馬マニアックの情報サイト　https://kacchell-tsushima.net
対馬の要塞遺跡めぐり／デイリーポータルＺ　https://dailyportalz.jp/kiji/120308154102

熊本県

宮地空港跡地／空港探索・3　https://airport1111.blog.ss-blog.jp

宮崎県

6月29日延岡大空襲　https://nobeoka-backstage.com
延岡空襲殉難慰霊祭／総務省　https://www.soumu.go.jp/main_sosiki/daijinkanbou/sensai/attend/detail/miyazaki_nobeoka_008/index.html
延岡市における戦災の状況（宮崎県）／総務省　https://www.soumu.go.jp/main_sosiki/daijinkanbou/sensai/situation/state/kyushu_09.html
銃弾４５００発が撃ち込まれた宮崎の島「記憶がなくなる」焦燥とわずかな光／戦跡　薄れる記憶　ＮＨＫ　https://www3.nhk.or.jp/news/special/senseki/article_117.html

鹿児島県

種ケ《ママ》島航空基地（増田）航空基地跡／空港探索・3　https://airport1111.blog.ss-blog.jp

戦争・平和資料館

宇佐空の郷　https://ctiy.usa.oita.jp/tourist/touristspot/touristspot2/touristspot3/11310.html
戦争遺構めぐり拠点施設「宇佐空の郷（うさくうのさと）」https://www.city.usa/oita.jp/sougo/soshiki/18/syakaiyouiku/4/usakuunosato/4968/html

あとがき

　高等学校の社会科教諭として、また教職員組合の平和教育担当として戦争遺跡の調査に取り組んで十余年、退職を機にその集大成として二〇一二年に『九州の戦争遺跡』を出版してあっという間に十年経ってしまいました。その間ずっと戦争遺跡の調査に邁進し、二〇一八年には第二編となる『新装改訂版　九州の戦争遺跡』を出版しましたが、今回の『新編　九州の戦争遺跡』が最終編となります。

　ここに終了の筆を擱くと十年間のさまざまな思い出がよみがえってきます。なかなか目的の戦争遺跡が見つからず、迷い迷ってやっとたどり着けた時の喜び、たどり着いた時にはすでに消滅あるいは破壊しつくされていて、呆然と立ち尽くした悲しみ。戦争遺跡の近くで偶然出会って、詳しいお話を聞かせていただいたうえ、案内までしてくださった方には心から感謝いたしました。しかし、終戦から七十七年経た今、そのような方に出会えることはもうなくなるでしょう。

　一方で、戦争遺跡を未来への遺産として、整備・保存・フィールドワークのガイド・平和教育活動をしておられる、地元や自治体の方々。そして、さまざまな困難のなか私設の平和資料館を運営し、戦争の遺品を収集・展示されておられる方。市民の要望に応え、平和資料館・資料室を設置する自治体も次第に増えています。このような方々がおられることで、私は戦争の悲惨さと平和の尊さが後世に伝わっていくことに大きな希望を持っています。

さて、今回をもって私の著書出版は終了しますが、今後も体力の続く限り、戦争遺跡の調査と研究を継続し、戦争遺跡フィールドワークのガイド、研究会などでの発表、小冊子の発行などにも取り組んで行きたいと思います。

最後にこの著書を出版するにあたって、お忙しいなか貴重なお話をしてくださった方々、戦争遺跡へわざわざ案内していただいたうえ、丁寧な説明をしてくださった地元や自治体の方々、多くの貴重な資料を提供してくださった資料館・図書館の方々、原稿への的確なアドバイスと精力的な編集をしてくださった海鳥社の方々、物心両面で支えてくれた家族、すべての皆様方に心より感謝申し上げます。

そして、故ドイツ大統領ワイツゼッカー氏のこの言葉で締めくくりたいと思います。
「過去に目を閉ざすものは、現在にも盲目となり、将来再び危険を冒すことになる」

江浜明徳

二〇二二年五月二十五日

江浜明徳　（えはま・あきのり）
昭和25（1950）年，福岡県久留米市に生まれる。福岡教育大学卒業後，昭和49（1974）年，福岡市立高等学校の社会科教諭（地理専攻）として採用される。同時に福岡市立高等学校教職員組合に加盟。主に平和教育担当となり，教師・生徒向けの平和教育教材の作成・平和教育講演会や平和教育フィールドワークの企画実行責任者となる。その間，戦跡の調査・研究をはじめ学校での教材化，組合機関紙への連載，戦跡ガイド冊子の発行などを行う。平成22（2010）年の退職後も戦跡調査をライフワークとしている。PP21ふくおか自由学校会員。著書に『九州の戦争遺跡』（2012年），『新装改訂版　九州の戦争遺跡』（2018年、共に海鳥社）がある。

カバー・表紙・本扉デザイン：いのうえしんぢ

新編《しんぺん》　九州《きゅうしゅう》の戦争《せんそう》遺跡《いせき》

■

2022年6月19日　第1刷発行

■

著者　江浜　明徳

発行者　杉本　雅子

発行所　有限会社海鳥社

〒812-0023 福岡市博多区奈良屋町13番4号
電話092(272)0120　FAX092(272)0121
http://www.kaichosha-f.co.jp

印刷・製本　有限会社九州コンピュータ印刷

ISBN978-4-86656-124-0

［定価は表紙カバーに表示］